# DE LA
# CONTRAINTE
## PAR CORPS
### EN MATIÈRE CIVILE ET COMMERCIALE.

DE L'IMPRIMERIE DE C. FARCY,

DE L'IMPRIMERIE DE C. FARCY,
RUE DE LA TABLETTERIE, N° 5.

DE LA

# CONTRAINTE

## PAR CORPS

### EN MATIÈRE CIVILE ET COMMERCIALE,

PAR

**Loubens et G. Bourbon Leblanc,**

AVOCATS;

SUIVIE DE

# CONSIDÉRATIONS

MORALES, HISTORIQUES ET DESCRIPTIVES

SUR LE MÊME SUJET;

PAR

**G. Touchard Lafosse.**

OUVRAGE DÉDIÉ AUX CHAMBRES.

PARIS.

L'HUILLIER, ÉDITEUR, RUE HAUTEFEUILLE, N° 20.

### 1829

A LEURS SEIGNEURIES LES MEMBRES DE LA CHAMBRE DES PAIRS, ET A MESSIEURS LES DÉPUTÉS DES DÉPARTEMENS,

NOSSEIGNEURS ET MESSIEURS,

Au moment où le Gouvernement se dispose à présenter aux Chambres un projet de loi tendant à réformer le régime *de la Contrainte par Corps*, nous avons l'honneur de mettre sous vos yeux un travail sur cette matière d'un intérêt aussi puissant que général.

En traçant cet ouvrage, nous avons essayé de nous élever à la hauteur d'où vous considérerez vous même, lors de la discussion, les droits sociaux, mais surtout les droits de l'humanité, trop complettement sacrifiés par la redoutable législation que vous allez être appelés à rectifier.

Si nous avons imparfaitement rempli une tâche entreprise, peut-être, avec témérité, notre plume a, du moins, été constamment dirigée par une bonne foi exempte de prévention. Vous jugerez, Nosseigneurs et Messieurs, à quelle distance nous sommes restés du but que votre sagesse va marquer ; but que la haute sollicitude du Roi et la vôtre assigneront, comme terme, à l'exécution juridique *par corps*, pour la mettre en harmonie avec les exigences de la société et les besoins de la civilisation.

Nous sommes avec un profond respect,

Nosseigneurs et Messieurs,

Vos très humbles et très obéissans serviteurs,

LOUBENS, G. BOURBON LEBLANC, avocats ;

G. TOUCHARD-LAFOSSE, homme de lettres.

# DE LA
# CONTRAINTE
## PAR CORPS
### EN MATIÈRE CIVILE ET COMMERCIALE.

## INTRODUCTION.

### COUP-D'OEIL GÉNÉRAL SUR LA CONTAINTE PAR CORPS, ET SUR LES CAUSES QUI L'ONT FAIT ÉTABLIR OU SUPPRIMER A DIVERSES ÉPOQUES.

LA contrainte par corps, dépourvue de toute analogie avec le reste de nos lois, est un vestige du droit de conquête et d'usurpation qui a présidé à l'origine de la plupart des sociétés : son introduction ou son existence dans un système législatif consacre un reste de barbarie. Si

l'on consulte l'histoire, on verra que la contrainte par corps n'a existé que dans des temps
de faction ou de trouble, ou chez des peuples
qui, méconnaissant le principe de l'égalité originelle, s'étaient organisés de manière à placer
une ou plusieurs classes de citoyens sous la dépendance des autres, en sacrifiant les faibles aux
forts, les pauvres aux riches, les vaincus aux
vainqueurs.

Quoique nous connaissions peu de chose de
la législation civile des Grecs, nous savons qu'il
était d'usage parmi eux d'emprisonner un débiteur jusqu'à ce qu'il se fût acquitté envers son
créancier. Les Romains, qui empruntèrent de
la Grèce la plupart de leur institutions et de
leurs lois, adoptèrent cette jurisprudence inhumaine; et renchérissant d'abord sur des dispositions déjà trop rigoureuses, la loi des douze
tables donnait à un créancier le droit de s'em-
parer des biens de son débiteur, de vendre sa
personne, et même, dans certains cas, de le mettre à mort. Plus tard, lorsque la république pa-
rût définitivement assise, cette législation mons-
trueuse fut remplacée par une autre presqu'aussi
barbare : le créancier fut autorisé à réduire son
débiteur en esclavage jusqu'au moment où il lui
aurait donné satisfaction. Mais la jurisprudence

s'étant adoucie avec les mœurs et par le progrès des lumières, la loi *Papiria* organisa la contrainte par corps à peu près telle que nous l'avons aujourd'hui, et la loi *Julia* vint encore en tempérer les dispositions, en créant le bénéfice de la cession de biens, qui donna aux débiteurs insolvables le moyen de se soustraire à l'exécution de ce régime rigoureux.

La législation des Romains ayant passé dans les Gaules avec leur puissance, la contrainte par corps y dut être également transportée; mais l'irruption des Barbares, les guerres particulières ou générales qui en furent la suite, la longue tourmente qui précéda la formation des divers États de l'Europe moderne, en un mot toute cette crise du moyen âge qui semble former une espèce d'interrègne des lois, empêchent de suivre les traces de la contrainte par corps, qui semble s'anéantir à la chute de l'empire d'Occident, pour ne reparaître qu'au commencement du quatorzième siècle.

Des passages d'Orose, de Grégoire de Tours, d'Éginard, de Luitprand, de Cedrenus, du moine Gratien, de Mathieu Paris, du sire de Joinville et de Froissard, expliquent comment se formèrent dans certains lieux, sur les débris de la jurisprudence romaine, dont le fil était rompu et la tradition presqu'éteinte, des usages particuliers, par suite desquels la contrainte par corps était, dans certains cas, attachée de plein droit à l'inexécution de toutes sortes d'engagemens civils.

Les abus d'un pareil régime étant devenus intolérables en France par les injustices particulières qu'il favorisait, Philippe-le-Bel fit cesser les plus révoltans par son ordonnance de 1304, qui déclarait que la contrainte par corps ne serait applicable qu'à ceux qui s'y seraient formellement soumis. Mais le bienfait de cette loi devint illusoire par l'adresse des tabellions, qui ne manquaient jamais d'insérer dans leurs actes que les parties se soumettaient à ce genre d'exécution.

L'agitation entretenue en France pendant les deux siècles et demi qui s'écoulèrent après la promulgation de cette loi, agitation produite par les guerres longues et sanglantes que la France eut à soutenir contre les Anglais, les Italiens et les Espagnols, empêcha de sentir ou peut-être rendit nécessaire l'injuste sévérité de la contrainte par corps ; mais la guerre civile ayant été pour la France la suite de la paix de religion signée à Augsbourg, l'esprit de parti enfanté par la ligue trouva l'ordonnance de Philippe trop douce, et le vertueux chancelier Lhopital secondant par entraînement ou par faiblesse les vues du farouche Charles IX, rendit en 1566, quatre ans après le massacre de la Saint-Barthélemy, cette fameuse ordonnance de Moulins qui déclara que les *débiteurs, pour quelque cause que ce soit,* pourraient être *pris au corps et tenus prisonniers jusqu'à cession de leurs biens.*

Ce régime, adouci par l'usage, se maintint jusqu'à l'ordonnance de 1667, qui, s'écartant de son but principal, celui de régler les formes de la procédure, renferme un titre particulier relatif à la contrainte par corps. Cette loi réduisit au terme de quatre mois l'emprisonnement pour dettes purement civiles, et détermina de nouvelles règles pour l'application de la contrainte en matière commerciale.

Mais ces règles, se trouvant déplacées dans une loi de procédure, furent transportées, avec quelques modifications, dans l'ordonnance du commerce de 1673, dont les dispositions, combinées avec celles de l'ordonnance de 1667, formèrent le droit commun de la France jusqu'à la révolution.

Le système républicain, parvenu à son plus haut degré d'exaltation, s'offensa d'une loi qui tendait à gêner la liberté individuelle, cette

dole mal connue d'une nation en effervescence.
Dans un de ces momens d'enthousiasme et d'i-
vresse populaires qui quelquefois égarent même
les hommes sages, l'abolition de la contrainte
par corps fut demandée et prononcée par accla-
mation, le 9 mars 1793.

La nation française, qui n'était pas encore
mûre pour la liberté, et qui ne possédait ni les
mœurs ni les vertus républicaines, ne se montra
pas généralement digne du bienfait dangereux
qu'elle venait de recevoir : l'abolition de la contrainte ayant brisé le frein qui avait contenu la
cupidité et la mauvaise foi, la fraude se répan-
dit dans quelques transactions et empoisonna
certains engagemens. Des plaintes firent sentir
au législateur la nécessité de rétablir une digue
salutaire ; et ne pouvant improviser un système
de contrainte adapté à la situation de l'époque,
il se borna d'abord à déclarer en principe, par
la loi du 24 ventose an 5, que la contrainte
par corps était rétablie. Ce ne fut qu'une année
après, c'est-à-dire le 15 germinal an 6, que parut
la fameuse loi qui nous régit encore, et dont les
dispositions seront examinées dans les chapitres
qui lui sont spécialement consacrés. Nous au-
rons occasion de faire remarquer combien
une grande réputation et des talens supérieurs

sont insuffisans pour faire une bonne loi, lorsqu'on n'a pas fait une étude approfondie de l'objet spécial sur lequel elle est rendue : les noms de MM. Merlin et Boulay de la Meurthe se rattachent à celle dont il s'agit. Nous verrons, en présentant notre analyse, que ces jurisconsultes, devenus depuis si recommandables, n'avaient pas la première notion de la matière qu'ils avaient entrepris de traiter, et que leur loi incomplète, imprévoyante, fausse et inhumaine, a fait plus de malheureux et de victimes que les lois odieuses *des suspects, des otages.*

Quoi qu'il en soit, nous ne sommes entrés dans tous ces développemens historiques que pour en faire jaillir une proposition qui nous paraît évidente : savoir, que l'établissement de la contrainte par corps accuse les vices du gouvernement qui l'établit ou la maintient, et la dégradation du peuple qui l'accepte; que plus le régime de la contrainte est dur et sévère, plus il y a dépravation ou désordre dans l'État ; qu'au contraire, plus il se relâche et s'adoucit, plus il y a marque d'harmonie et de vertu dans une nation ; qu'enfin l'abolition totale de ce régime annonce un gouvernement parfait et un peuple dont toutes les vertus civiles sont entièrement développées.

Le tableau qui précède et qu'on pourrait rendre et plus démonstratif et plus complet, justifie du moins, dans son ensemble, l'opinion que nous venons d'énoncer. On y voit en effet que les Grecs et les Romains, peuples essentiellement belliqueux, avaient adopté la contrainte par corps, et cela devait être ; chez une nation où la population est divisée en hommes libres et en esclaves, la valeur du *moi humain* est évidemment altérée, et se calcule moins par sa valeur intrinsèque et originelle, que par sa valeur conventionnelle et civile. Or, du moment où dans un État il existe des hommes dont la valeur est centuple de celle des autres, il existe nécessairement aussi des hommes dont la valeur n'est que le centième du *moi* : car les uns perdent ce que les autres gagnent. Aussitôt que cette inégalité est légalement établie, la valeur réelle de l'homme disparaît pour céder la place à une valeur factice : et comme cette valeur factice se compose de distinctions, de priviléges ou de biens que chaque individu favorisé incorpore pour ainsi dire à son existence, et qu'il considère comme inhérant à sa nature, il s'en suit que l'homme n'est plus estimé pour lui-même, mais uniquement pour les biens dont il est pourvu.

Lorsqu'une nation est parvenue à ce point de

délire, la dignité de l'homme disparaît ; son individu est sacrifié aux plus légers intérêts, aux plus frivoles considérations. C'est d'après cette échelle que les maîtres traitent leurs esclaves, les vainqueurs ceux qu'ils ont vaincus, le parti dominant ceux du parti terrassé, les fanatiques ceux qui ne le sont pas, les théocrates, ceux qui sont philosophes, en un mot, les riches puissans, ceux qui sont pauvres et humiliés.

Revenons maintenant sur les époques historiques parcourues plus haut, et nous verrons que les Grecs et les Romains devaient nécessairement adopter et maintenir la contrainte par corps, puisqu'ils avaient détruit la valeur naturelle de l'homme en établissant l'esclavage, l'affranchissement et plusieurs distinctions sociales qui subordonnaient la valeur réelle à la valeur fictive, et par conséquent les hommes aux choses.

Les rangs et les conditions étant devenus incertains durant l'interrègne légal qui s'est écoulé du cinquième siècle au quatorzième, la valeur de l'homme est demeurée indéterminée jusqu'à ce qu'un parti ait pris l'avantage sur l'autre, et que le calme ait été rétabli en Europe, ce qui n'a guère eu lieu qu'à la fin des croisades. Les vainqueurs accablèrent les vaincus pendant cette

longue période ; mais Philippe-le-Bel sentit la
nécessité de relever un peu la dignité humaine.
Pour se soustraire à l'aristocratie qui le domi-
nait, il affermit les communes, organisa le tiers-
état, et posa des limites à l'exercice de la contrainte par corps. Charles IX, fanatique et
cruel, crut que les lois ne pouvaient être trop
injustes ou trop sévères contre les huguenots,
et cette contrainte redoubla de sévérité sous son
règne et fut déclarée applicable dans tous les
cas.

Louis XIV, qui voulut tout contenir par une
règle imposante approximative de la justice,
modifia la contrainte civile et renforça celle des
fonctionnaires et des commerçans. Sous son
règne, qui servit de modèle aux règnes suivans,
la dignité de l'homme fut en général assez respectée, pourvu qu'elle se subordonnât avec do-
cilité au pouvoir du maître et à la marche du
gouvernement.

Enfin la révolution, qui voulut tout régler
d'après le principe d'une justice absolue, sans examiner si elle était applicable, supposa l'homme
réintégré dans toute sa valeur naturelle, et abolit la contrainte par corps. L'erreur ne fut pas
de longue durée ; le législateur ne tarda pas à
voir qu'il y a loin du désir d'être libre à la sa-

gesse qui en confère le droit. La contrainte par corps fut rétablie ; mais, comme au temps de Charles IX, elle le fut d'une manière injuste et cruelle, parce que le parti vainqueur prévit qu'elle ne serait guère appliquée qu'au parti vaincu.

Depuis cette époque, la nation française a passé par toutes les phases du fanatisme révolutionnaire, de l'enthousiasme militaire, de l'amour du repos et de l'indépendance tempéré par le goût des bonnes institutions politiques et d'une organisation systématiquement combinée. La contrainte par corps est demeurée stationnaire pendant ces diverses dispositions morales; et ce n'est qu'après un long calme, fruit de la restauration, qu'on a enfin senti la nécessité de réformer un régime qui ne nous sied plus.

A mesure que les États voisins sont parvenus à ce point de maturité, de vertu et de sagesse qui caractérise le dernier degré de la civilisation politique, ils ont modifié la contrainte par corps; quelques-uns l'ont abolie. Dans cette réforme, les États-Unis ont donné l'exemple; l'Angleterre va le suivre, et la France ne tardera à pas l'imiter. Car l'esprit de parti et la diversité d'opinions, l'esprit d'inégalité sociale et la distinction de classe ou de rang s'effaçant chaque jour pour ramener les hommes à leur appréciation réelle et native : le *moi humain* va bientôt reprendre sa valeur et exercer toute son influence.

# PREMIÈRE PARTIE.

## POINT DE VUE LÉGISLATIF. — DROIT.

## CHAPITRE PREMIER.

Du fondement et de la légalité de la contrainte par corps en matière civile et de commerce. — Son alliance ou son antipathie avec les autres institutions, et notamment avec la religion et la charte constitutionnelle.

Il existe aujourd'hui dans toute l'Europe ci-vilisée une disposition générale des esprits qui les porte à rechercher en toute chose la per-fection et la vérité absolues, sans avoir égard aux traditions, aux usages antérieurs, et par-ticulièrement sans observer ce respect servile qui faisait fléchir autrefois la raison elle-même sous l'influence des autorités et des noms. La France entre pour beaucoup dans ce mouvement géné-ral, qu'elle dirige peut-être sous bien des rap-ports; son ardeur d'investigation est tellement libre et hardie, que les plus grandes renommées n'ont pu lui imposer un frein. Montesquieu et d'Aguesseau sont certainement les deux plus grands flambeaux qui aient éclairé parmi nous la science du droit public et du droit civil ; mais de même que Beccaria, Jean-Jacques Rousseau et leurs nombreux élèves franchirent hardiment les bornes où la timide circonspection de leurs prédécesseurs s'était arrêtée, de même les publicistes de notre époque ont envahi avec audace le vaste domaine des spéculations, dans le dessein d'explorer et de mettre au grand jour les parties jugées impénétrables par leurs devanciers.

Nul ne peut assigner les dernières limites de l'esprit humain ; mais si l'on juge des découvertes qui restent à faire par la constance et l'activité des recherches que les hommes éclairés tentent de toutes parts, on doit croire que la science du droit public et privé est bien loin d'être parvenue à son entier développement. Cette vérité va devenir bien plus frappante, si l'on jette un coup-d'œil sur l'organisation actuelle de la contrainte par corps en matière de dettes civiles et commerciales.

Ceux qui veulent envisager l'établissement de ce système sous le point de vue le plus général, remontent à la source même du droit, et prétendent que, d'après un pacte exprès ou tacite qui a dû précéder toute association politique, les hommes, qui pour leur plus grand avantage ont confié l'exercice de leurs droits ou de leurs facultés à une puissance qu'on appelle *gouvernement*, sont présumés avoir excepté de cette espèce de dépôt ou d'abandon la *liberté* et la *vie*, parce que ces deux biens étant les plus précieux, la cession ne pouvait en être compensée par aucun avantage supérieur ou même équivalent. Ces publicistes, formés en grande partie à l'école de Beccaria et de Jean-Jacques Rousseau, soutiennent que l'homme, par sa nature première, tend sans cesse à jouir sans obstacle de tous les avantages résultant de son organisation ; que s'il consent à en sacrifier une partie, ce ne peut être que pour conserver la jouissance pleine et entière des plus précieux. Or la liberté et la vie étant incontestablement les premiers des biens pour tous les hommes, il s'en suit qu'ils n'ont pu ni voulu les céder dans aucun cas, ni pour aucun motif, car ils auraient donné *plus* pour recevoir *moins*, ce qui est une stipulation absurde et par conséquent inadmissible. Les publicistes de cette école, qui font tous les jours de nouveaux prosélytes, concluent du raisonnement ci-dessus qu'il n'existe aucun principe en vertu duquel on puisse priver un homme de la liberté ou de la vie, et que toute loi positive qui porte atteinte à l'un ou à l'autre de ces biens, viole nécessairement les principes sacrés de l'équité naturelle. Ils dénient en conséquence au législateur le pouvoir d'ôter la liberté ou la vie à un individu quelconque, par la prétendue autorité de ce que nous appelons *droit.*

Cette doctrine radicale peut être rigoureusement exacte dans le sens de la vérité absolue ; mais dans ce sens même, elle n'est applicable que lorsque les mœurs ou les institutions publiques d'une nation sont parvenues au plus haut degré de pureté et de perfection. C'est ainsi qu'on a pensé aux États-Unis, lorsque la contrainte y a été abolie ; c'est ainsi que l'opinion publique d'Angleterre vient de se former sous l'influence de Brougham et de Hume, qui ont proposé en dernier lieu la suppression pure et simple de la contrainte par corps dans les trois royaumes ; c'est ainsi que cette même opinion publique, développée par les généreuses inspirations de MM. Alexandre de Laborde, Benjamin Constant, Laffite, Lucas et autres, prépare pour une époque peu éloignée de nous, le même système de pénalité qui prévaut déjà dans l'esprit de tous les hommes éclairés des pays où les idées libérales dominent.

En attendant que le progrès des lumières et l'influence de nos institutions aient porté la philantropie dans le cœur de tous les Français, renfermons-nous dans le système général des lois qui nous régissent, et cherchons à y faire rapporter notre régime sur la contrainte par corps.

La question envisagée sous ce point de vue, rentre dans l'opinion émise par M. Jacquinot de Pampelune, procureur-général près la Cour royale de Paris et député : c'est cette idée qu'il a développée dans le sage et lumineux rapport présenté à la chambre des députés le 12 juillet 1828, à l'occasion de la proposition précédemment faite par ce magistrat à la chambre, ten dant à supplier Sa Majesté de proposer une loi de révision sur la contrainte par corps, *pour réparer les vices de la législation et les incertitudes de la jurisprudence actuelles.*

L'objet principal de notre ouvrage étant d'éclairer la marche du gouvernement sur un terrain en général méprisé, et par conséquent peu connu, nous allons examiner la légalité de la contrainte par corps, sous le rapport de notre droit positif, en nous renfermant dans le cercle même tracé par M. le procureur-général près la Cour royale de Paris. Pour faire une bonne loi sur la cette matière, et pour légaliser en France ce moyen de *repression* ou de compression, il faut que les dispositions consacrées soient en harmonie avec les principes généraux de notre droit civil et criminel, et avec les dispositions particulières qui régissent les faits analogues à ceux qui ont déterminé la contrainte.

Une première règle générale que la raison proclame, et qui découle du texte même de nos lois positives, établit qu'en matière civile les choses sont subordonnées aux hommes, et non les hommes aux choses. Dans toute société bien entendue, le législateur doit d'abord s'occuper de régler le sort des personnes dans les états divers de la vie civile. Ensuite il doit faire la répartition des choses d'après le droit de chacun, et déterminer les modifications que ces choses ont à subir pour se plier à toutes les convenances de la société. Mais dans cette tâche, le législateur ne doit jamais perdre de vue que les personnes occupent le premier rang, ou, pour mieux dire, il ne doit jamais oublier que les choses ne sont qu'un pur accessoire établi pour la conservation, l'avantage, ou la satisfaction des personnes, selon le droit que chacune d'elles possède.

Si le législateur se pénètre bien de ce principe, il sentira facilement qu'on ne doit point sacrifier les personnes aux choses, et que, sous ce rapport, la contrainte par corps semble mal fondée en thèse. Mais ceux qui prêchent en faveur

du maintien de cette violence civile ne man-
quent pas de raisons pour la justifier : ils disent
d'abord que les choses s'identifiant pour ainsi
dire avec les personnes auxquelles elles sont at-
tachées, il faut moins considérer les premières
en elles-mêmes que par relation avec les dernières auxquelles elles appartiennent ; qu'en
conséquence le débiteur qui ne paie pas son
créancier nuit à la personne même de ce créancier; d'où il suit que la contrainte, quoiqu'établie à l'occasion des choses, a réellement pour
objet les personnes, et ne fait que subordonner
les personnes aux personnes, et non les personnes aux choses.

Cette objection n'est qu'une confusion de
mots, qu'un peu de précision va faire disparaître. Nous reconnaissons qu'il existe de grands
rapports entre les personnes et les choses; mais
ces rapports sont de pure relation. Tout le monde
distingue sensiblement un propriétaire d'avec
ses propriétés ; et quoique celles-ci soient subordonnées à leur possesseur, on voit que ces objets
n'ont rien de commun que les rapports de droit,
et que, dans un sens absolu, ils forment ce
qu'on appelle au barreau un *quid diversum*. Lors
donc que la loi soumet un individu à la contrainte par corps, parce qu'il n'a pas remboursé
une somme d'argent, elle subordonne une per-

sonne à une chose. Cela est si rigoureusement exact, que si le débiteur paye ou produit la chose, son individu est affranchi. Il est vrai qu'en définitive le non paiement se réfléchit sur le créancier qui est maître de la chose; mais ce n'est là qu'un contre-coup résultant de la compétence de l'action ou de la chose, toutes les choses compétant aux personnes. Et dès lors il est évident que si le créancier obtient le par corps, ce n'est pas en raison de ce qu'il est directement et personnellement offensé, mais par ce qu'il est propriétaire de la chose offensée.

Or dans la pure théorie du droit civil, il ne peut pas y avoir de plus grande aberration que celle de faire dépendre le sort des personnes du droit sur les choses; car si ce principe est adopté sur un point, il peut l'être sur tous, et alors l n'y a pas de raison pour que le mari ne soit pas sous la dépendance de sa femme, le père sous la dépendance de son fils, etc. Ce qui détruit toute hiérarchie des personnes, jette la confusion dans l'ensemble du droit, et le trouble dans la société.

Frappés de ce raisonnement, les partisans de la contrainte par corps se retranchent à dire que l'intérêt public ayant, dans bien des cas, fait subordonner les personnes aux choses, comme en matière de vol et d'incendie, par exemple, il n'y avait pas moins de raison pour soumettre les personnes à l'emprisonnement dans le cas de non paiement.

Ceux qui font cette objection confondent deux matières bien différentes , et dont la distinction est indispensable pour arriver à la véritable théorie de la contrainte par corps : nous voulons parler de la matière criminelle et de la matière civile. Autant il est dangereux de subordonner les personnes aux choses dans celles-ci , autant il est essentiel de le faire dans les autres ; car la conservation des choses étant nécessaire pour la conservation des personnes, on n'a pu, dans bien des cas, assurer le maintien des secondes qu'en les exposant pour le salut des premières. C'est de cette nécessité que découle toute la théorie des peines, dont le but direct est la garantie des personnes et des propriétés en général, par le sacrifice d'une portion de ces mêmes propriétés et de ces mêmes personnes.

Mais il est aisé de s'apercevoir dès l'entrée de cette discussion que l'objet en est différent, et que nous avons passé des lois civiles aux lois criminelles : ici se présente un nouvel ordre d'idées et de principes qui change totalement l'état de la question.

La pénalité diffère principalement de l'action

civile, en ce que cette dernière ne doit jamais placer la personne sous la dépendance de la chose, tandis que l'autre n'a souvent d'autre moyen que de renverser cet ordre pour arriver au but final de toute association politique, qui est de conserver la plus grande quantité possible de personnes et de choses. Une seule observation va faire ressortir cette différence : la violation d'une obligation civile ne lèse que les parties intéressées ; le délit soumis à la pénalité nuit à la société toute entière. Or par la même raison qu'il n'y a pas nécessité de soumettre les personnes aux choses dans l'intérêt d'un seul, il y a nécessité de le faire dans l'intérêt de tous. La seule conséquence qu'on puisse induire de l'objection proposée se réduit donc à faire entendre que la contrainte par corps est une véritable peine, et que dès lors cette matière doit être régie par les principes du droit criminel.

Mais en admettant que la contrainte par corps soit une peine et que le non paiement soit un délit, il faut convenir que cette contrainte, telle qu'on l'avait précédemment adoptée et telle qu'on la propose encore, est basée sur une théorie fausse et sur des principes contraires au droit positif qui nous régit.

Puisque notre gouvernement cherche à mettre toutes nos lois d'accord entre elles, nous ne devons avoir qu'un seul système général de droit qu'il semble aisé d'établir. Il est reconnu que si un grand nombre de lois particulières s'écartent de ce système unique auquel nous voulons tout ramener, la plupart des lois générales, telles que les Codes, et surtout le Code civil, s'y rapportent assez exactement ; nous pouvons donc considérer comme en harmonie avec la théorie de notre droit la plupart des dispositions du Code civil et du Code pénal, et dès lors nous devons chercher à y coordonner les dispositions de la nouvelle loi, proposée touchant la contrainte par corps. En effet, une contrainte qui ne serait pas fondée sur les principes généraux adoptés dans nos Codes serait toujours, dans la rigueur du droit, une contrainte illégale, et la loi qui l'organiserait serait une mauvaise loi.

Les élémens de la loi qu'on propose existent donc depuis long-temps; ils se trouvent tous dans les Codes qui nous régissent: il ne s'agit que de savoir les en tirer. Pour y réussir, il faut chercher et choisir dans ces mêmes Codes les dispositions qui doivent donner la proportion exacte de la loi nouvelle. L'article 2063 du Code civil défend à un individu quelconque d'aliéner sa liberté pour garantie de l'exécution de ses obligations, si ce n'est dans les cas particuliers où la loi l'y autorise. La conséquence directe de cet article est donc que la liberté de l'homme est un bien trop précieux pour qu'il lui soit permis de l'engager à son gré; et la conséquence indirecte est que la contrainte par corps est la peine d'un délit, car sans cela la loi ne l'autoriserait pas.

Si le non paiement est un délit, et si la contrainte par corps est une peine, nous devons régler cette dernière à l'instar de la peine des autres délits. Or, il est de principe en matière criminelle qu'il n'y a point de délit sans intention. Ainsi pour qu'il y ait délit de non paiement, il ne suffit pas que le créancier ne soit pas satisfait, il faut que ce résultat soit une conséquence de la mauvaise volonté du débiteur; car si son impuissance de payer provient de son imprudence, il n'y a plus délit, mais quasi-délit; et si elle provient d'un malheur imprévu, d'un cas fortuit ou d'une force majeure, le non paiement ne constitue plus qu'un pur fait indépendant de l'intention, étranger à la volonté, et qui, d'après la théorie de notre droit criminel, ne peut être puni d'aucune peine. Cette distinction ne se trouve pas dans la loi du 15 germinal an 6 : non seulement elle ne fait aucune différence entre le délit et le quasi-délit, mais elle punit le malheur à l'égal de la mauvaise foi. Cette circonstance est très judicieusement relevée par M. Jacquinot de Pampelune, dans son rapport déjà cité, lorsqu'il dit que les détenus pour dettes « expient le tort ou le *malheur* de n'avoir pas rempli leurs engagemens. » C'est en 1828, sous l'empire d'une Charte qui a dû tout prévoir, que l'organe du ministère public est obligé de convenir que notre législation punit le malheur! Qu'est devenue cette belle maxime de l'antiquité : *Res sacra miser ?* Philantropes modernes, voilà la plaie qu'il s'agit de guérir, la peine qu'il importe de soulager!

Puisque l'intention est nécesssaire pour constituer un délit, la loi ne peut infliger avec justice le par corps qu'après s'être assurée de la mauvaise foi du débiteur. Ici encore se présentent plusieurs règles de droit dont l'application est nécessaire pour régulariser notre système législatif, s'il doit présenter dans toutes ses dispositions une concordance exacte, une homogénéité parfaite.

En matière civile, lorsqu'on se plaint du dol, la loi exige que l'accusation en fournisse la preuve ; car, dit l'article 1116 du Code civil, le dol ne se présume pas ; il doit être justifié. Ce principe semble devoir être encore bien plus rigoureux en matière criminelle, puisque les preuves doivent augmenter à mesure que l'accusation s'aggrave. Par quelle raison le non paiement serait-il affranchi de cette règle pénale? serait-ce parce qu'il constitue un dol; mais le dol doit être prouvé : il n'y a donc qu'un moyen légal de maintenir la contrainte par corps, en présencec des autres dispositions des Codes, c'est d'assimiler le non paiement aux délits, et de soumettre cette contrainte aux principes généraux qui régissent les peines.

On objecterait vainement que l'article 4 de la Charte, en consacrant la liberté individuelle, a déclaré conserver les lois particulières qui en restreignent l'usage. La Charte n'est que le sommaire du droit public et civil des Français; le monarque législateur qui l'octroya l'a donnée comme un régulateur à l'aide duquel on devait rectifier tous les vices de notre législation; mais comme ces vices ne pouvaient être corrigés que lentement, on sentit la nécessité de maintenir toutes les lois existantes jusqu'à ce qu'on eût le temps de les refaire. Ainsi la disposition qui conserve les lois restrictives de la liberté individuelle est une disposition purement transitoire; elle ne peut s'entendre que pour le temps qui doit nécessairement s'écouler jusqu'à la refonte des lois antipathiques avec la Charte, lois qu'elle n'entend abroger qu'après les avoir remplacées par d'autres ; suivant la maxime de Montesquieu, qu'il vaut encore mieux avoir de mauvaises lois que de n'en pas avoir du tout.

Puisque, ainsi que nous venons de l'établir, la contrainte par corps nous reporte sur la théorie du droit criminel, nous ne pouvons la maintenir valablement qu'en suivant les principes de ce droit, c'est-à-dire en adoptant, selon la gravité des circonstances, un système de pénalité graduée qui distingue les cas graves des cas minimes, en punissant les uns et les autres d'une peine proportionnée.

Ceux qui se prononcent pour un système fortement répressif allèguent pour raison les intérêts du commerce, et la nécessité de consolider la confiance, qui en est la base, par des garanties légales. Nous examinerons dans un chapitre particulier jusqu'à quel point le commerce peut avoir besoin du frein de la contrainte par corps ; mais en attendant, nous ferons observer que les transactions commerciales, en les supposant plus nombreuses et plus importantes que les transactions civiles, découlent de la même source, et ne peuvent franchir les principes généraux du droit sans enfreindre notre système législatif. D'ailleurs, ce qui est injuste et révoltant en matière civile, peut-il devenir juste et convenable en matière de commerce ? ne serait-il pas à propos

de faire aux partisans de la contrainte par corps
en matière de commerce la réponse que fit
Aristide aux Athéniens, en leur rendant compte
d'une proposition secrète qui lui avait été con-
fiée par Thémistocle. «O Athéniens ! leur dit
le sage, rien ne peut être plus utile à la république que l'exécution du projet dont Thémistocle m'a fait part; mais en même temps rien
n'est plus injuste ».... Il allait poursuivre ; mais
l'assemblée se sépara sans vouloir en entendre
davantage.

Serions-nous moins vertueux que les Athéniens, et ne parviendrons-nous jamais à ce degré de délicatesse et de probité politique où la
question d'utilité et de convenance ne pourra
plus être débattue lorsque celle de justice aura
été résolue négativement?

Eh quoi! nous laisserions nos Codes empreints
de ces mesures acerbes , de ces châtimens igno-
bles qui ne sont propres qu'à nous rappeler une
dégradation qui, fort heureusement, n'existe
plus. Si l'on calcule la valeur de l'homme d'après
les bases de la loi du 15 germinal an 6, on doit
rougir de son avilissement.

C'est à la morale, à l'esprit public, et surtout
à la religion qu'il appartient de relever la dignité
humaine, et de suppléer aux effets d'une loi qui,
loin de venir au secours de la justice, ne favo-

rise que les calculs de la plus sordide cupidité.

Nous verrons dans des chapitres particuliers que la contrainte par corps est immorale, en ce qu'elle déplace de leur position sociale et de la ligne de leurs devoirs une foule d'individus qui sans elle les auraient pratiqués. Nous verrons que la loi de germinal désorganise les familles par l'emprisonnement de leurs chefs, et qu'elle enfante mille désordres sous prétexte d'en empêcher un seul, qu'elle n'arrête pourtant pas. Sur cent débiteurs arrêtés, il n'y en a pas vingt qui paient, mais il y a cent familles dont le lien se trouve entièrement rompu.

La France de la restauration participe à la fois de tous les avantages des divers peuples dont nous avons parlé ; guerrière , commerçante et amie des bonnes institutions, son esprit public doit être un mélange de courage, d'orgueil et de vertu : il faut donc que ses institutions et ses lois soient en même temps en harmonie avec ces trois véhicules, et dès lors , la contrainte par corps doit être proscrite, car elle est en guerre ouverte avec la tendance que doit avoir l'esprit public des Français , puisqu'il n'y a rien de plus contraire au courage, à l'orgueil et à la vertu qu'une pratique qui dégrade et avilit les hommes en les plaçant pour un peu d'argent sous la dépendance de leur bon plaisir respectif.

Mais si la contrainte par corps est antipathique avec le véritable esprit qui convient aux Français, combien l'est-elle d'avantage avec l'esprit de cette religion chrétienne aussi mal comprise que mal pratiquée par la plupart des hommes, mais qui, ramenée à sa véritable doctrine, contient le germe de toutes les vertus et de toutes les perfections. Est-il possible qu'une religion aussi pure, éclairée par les lumières de l'esprit philosophique, et qui doit être son meilleur appui, puisse supporter l'existence d'une loi qui, pour une modique somme, immole un chrétien au caprice d'un autre chrétien, et convertit en malheureux esclave le frère que Dieu nous commande de protéger et de chérir? Passez en revue les préceptes divers de la religion chrétienne, tous nous commandent de secourir notre semblable, aucun ne nous permet de l'opprimer; et nous sommes des chrétiens! oui, nous le sommes comme au temps de la Saint Barthélemy et de la révocation de l'édit de Nantes, comme à l'époque du massacre des prisons et des réactions de 1815. Mais nous ne sommes pas les néophites de l'Évangile, les sincères adorateurs du vrai Dieu.

Ministres saints! chassez, expulsez sans pitié du temple ces êtres à face humaine qui, fiers d'une richesse mal acquise, osent venir invoquer un Dieu de clémence et de charité, tandis qu'en proie au délire de la cupidité, ils ne rougissent pas de tenir dans d'étroites chaînes des hommes dont tout le crime consiste dans l'imprévoyance ou le malheur. Vous édifiez sans contredit les fidèles, lorsque dans des solennités périodiques vous renouvelez chaque année le panégyrique un peu usé de saint Louis et de Vincent de Paul; mais puisque l'État vous paie généreusement pour fortifier la morale publique et devenir les auxiliaires des lois, pourquoi ne tonneriez-vous pas quelquefois, avec l'énergie de Bossuet et la véhémence de Bridaine, contre ces infâmes spéculateurs qui, au mépris des lois divines et humaines, ensevelissent leurs victimes toutes vivantes dans des cachots?

# CHAPITRE II.

Du meilleur système de contrainte par corps qu'il est possible d'adopter. — Théorie générale. — Ancien système français. — Système anglais et écossais actuel.

QUELQUE lumineuse et approfondie que soit la proposition développée par M. le procureur général de la Cour royale de Paris, on peut dire que son travail, digne d'éloges sur plusieurs points, et estimable sur tous, n'est pas calqué sur cette grande échelle philosophique qui paraît être adoptée généralement aujourd'hui pour mesurer toutes les grandes combinaisons législatives.

Il serait difficile de dévoiler avec plus de sagacité, de force et de mesure que ne l'a fait ce magistrat, les vices nombreux de la jurisprudence qui régit la contrainte par corps parmi nous, depuis la publication de la loi du 15 germinal an 6 : imprévoyances, obscurités, contradictions dans ces lois, erreurs, vexations, abus dans leur exécution, tout a été indiqué, discuté, expliqué par lui de manière à faire sentir les principaux écueils que doit chercher à éviter le rédacteur de la loi nouvelle; mais, pour compléter sa tâche, il restait à M. Jacquinot de Pampelune à développer la théorie générale en matière de contrainte, et à comparer entre eux les systèmes divers admis par les nations les plus éclairées. Si, en s'abstenant de ce rapprochement, ce magistrat a cédé à la crainte d'empiéter sur les fonctions du législateur, nous n'imiterons pas ses scrupules, parce que nous pensons qu'après le développement de la théorie générale du droit, rien n'est plus propre à fixer irrévocablement les idées sur la contrainte par corps, que de rapprocher les divers systèmes qui ont été adoptés par les peuples voisins.

En ne considérant que la thèse générale, il est évident, aux yeux de quiconque veut remonter aux sources du droit civil, que le but de la contrainte par corps n'est pas de donner à un homme, qu'on appelle *créancier*, le droit de tyranniser arbitrairement, pendant un temps plus ou moins long, et en le privant de sa liberté, un homme qui souvent vaut mieux que lui, et qu'on appelle *débiteur*. Un pareil motif serait intolérable dans une action personnelle; il serait révoltant dans l'action de la loi, qui doit être juste et impartiale.

La véritable raison qui a fait admettre la contrainte par corps est une conséquence extrême et peut-être forcée de la maxime qui veut qu'on rende à chacun ce qui lui appartient. L'abolition de la contrainte par corps en 1793 avait produit tant de fraudes, de spoliations et de violations de dépôts, que le législateur de l'an 6, emporté par une indignation louable sous quelques rapports, mais dont il ne sut pas diriger les mouvemens, crut devoir venir au secours de la propriété en péril, afin de rétablir la sécurité et la confiance dans le commerce et dans toutes les relations intéressées de la société. Le par corps fut donc, en l'an 6, comme il avait été auparavant, une émanation de justice, mais de justice rigoureuse et poussée aux derniers expédiens de l'exécution.

Cependant la même justice qui protége la propriété est aussi la sauve-garde de la liberté individuelle; car elle veut bien positivement que nul ne puisse engager sa liberté, si ce n'est pour cause d'utilité publique, et dans l'intérêt de tous. Entre ces deux principes inconciliables, mais également sévères et inflexibles, l'équité commandait au législateur de prendre un moyen terme qui pût tout concilier; c'est ce qu'il paraît avoir cru faire en rétablissant la contrainte par corps, espèce de torture toujours employée avec répugnance par les hommes animés des vrais principes de l'équité; remède contre lequel le monde civilisé tend à se révolter aujour'd hui.

Les esprits les plus favorables au maintien de la contrainte par corps ne peuvent la considérer que comme une transaction, un véritable traité conclu entre le droit de propriété et le principe de la liberté individuelle. En adoptant cette fiction, on est forcé de reconnaître encore que ce traité ne peut être équitable et solide qu'autant qu'on y aura ménagé également les droits des deux parties contractantes. L'argent prêté par le créancier doit être fortement protégé ; mais la liberté du débiteur doit être habilement défendue. Ce dernier peut être forcé, dans sa personne, à effectuer le paiement s'il en a le moyen; mais, en cas d'impuissance présumable ou certaine, on ne doit pouvoir rien entreprendre sur sa liberté.

La loi du 15 germinal an 6 ne paraît pas avoir aperçu ce nœud indiqué par la raison et la justice, car en assujétissant, dans tous les cas, le débiteur riche ou pauvre à subir, sans examen, un emprisonnement de cinq ans, à défaut de paiement d'une somme quelconque, il est évident (à moins de supposer que quiconque a le malheur d'être débiteur est nécessairement un malhonnête homme) qu'elle sacrifie, dans la plupart des cas, la liberté de ce débiteur à l'ar-

gent du créancier. Ce résultat est une conséquence nécessaire de ses dispositions, puisqu'elle
place celui qui doit, sans défense et sans contre-
poids, à la merci de celui à qui il est dû; lequel
peut le traiter selon toute la rigueur du *bon plaisir*, sans avoir à redouter la plus légère opposition ou le moindre contrôle.

La loi du 15 germinal s'écarte donc bien évidemment des véritables principes sur lesquels
on eût dû baser ses dispositions; et puisque
le législateur est appelé à faire une loi nouvelle,
il doit non seulement éviter tous les vices de la
législation précédente, mais chercher dans la
jurisprudence générale la source et les élémens
de la meilleure loi possible.

Cette recherche pourrait être longue et difficile, si on ne pouvait en atteindre le but qu'en
suivant la série des déductions que le droit naturel nous présente; mais, sans nous engager
maintenant dans une entreprise qui sera ébau-
chée ailleurs, nous pouvons arriver facilement
à la perfection des résultats, en consultant le
système des Anglais sur la contrainte par corps.

L'Angleterre est parvenue à un excellent système législatif, en suivant une route diamétralement opposée à la nôtre. Par suite de la trop
grande activité de notre esprit, ou de la manie
de prétendre tout savoir avant d'avoir rien ap-

pris, aussitôt que nous avons découvert un principe ou rencontré une combinaison juste, nous en formons un système complet, qui se compose du point vérifié et des idées accessoires dont nous l'environnons sans les examiner. C'est ainsi que Descartes avait élaboré une excellente méthode de raisonnement qui ne conduisait qu'à des erreurs ; tandis que Newton, marchant de découverte en découverte, était parvenu, sans presque rien mettre du sien, à constater le véritable système du monde. En France, on fait les lois avant de connaître les résultats ; en Angleterre, au contraire, les résultats sont plusieurs fois répétés sans qu'on songe à les convertir en lois.

C'est ce qui est arrivé pour la contrainte par corps. La première fois qu'un Anglais se trouva réduit à la situation de ne pouvoir payer ses dettes, le magistrat, sur la plainte des créanciers, le fit mettre en prison ; mais après avoir pris cette mesure de sûreté, ce magistrat fit appeler les créanciers, et leur demanda si c'était par impuissance ou par mauvaise volonté que le débiteur ne s'acquittait pas. Les créanciers, un peu embarrassés à cette demande imprévue, répondirent d'abord que le débiteur était un malhonnête homme, attendu qu'il ne payait pas, quoiqu'il en eût les moyens. Cette réponse ayant été communiquée au débiteur, celui-ci remit son état de situation, en prouvant par *doit* et *avoir* qu'il était au-dessous de ses affaires, et qu'il n'avait pas la faculté d'acquitter les causes de l'arrestation. Après quelques explications contradictoires, qui laissèrent les allégations du débiteur dans toute leur force, le magistrat considéra qu'un homme emprisonné n'est bon à rien ; que la privation de la liberté lui est nuisible sans produire aucun avantage à ses créanciers ; en conséquence il lui fit ouvrir les portes de la prison. De ce premier fait, le législateur anglais tira la déduction qu'il était inutile et même inhumain de garder en prison un débiteur qui ne pouvait payer ; et, à partir de ce jour, tout particulier arrêté par ses créanciers fut mis en liberté, du moment où il avait prouvé son impuissance de payer : autrement dit, lorsqu'il invoquait *le bénéfice d'insolvabilité*, en justifiant que sa position l'y rendait admissible.

Dans une autre circonstance, un débiteur fut encore arrêté, et conduit en prison au nom de ses créanciers. Sachant qu'avant lui d'autres débiteurs s'étaient tirés d'affaire en alléguant qu'ils n'avaient rien, celui-ci imagina de faire un faux bilan, en dissimulant la majeure partie de son *avoir* et en enflant ses dettes. Les créanciers, ayant combattu son compte, prouvèrent qu'il y avait supercherie, et le magistrat, toujours juste, prononça , en pleine connaissance de cause, que le débiteur serait tenu de se libérer ou de rester détenu.

Enfin, dans une troisième occasion , parut un débiteur incarcéré qui avait préparé d'avance ses affaires, et qui présentait à ses créanciers un compte très exact en apparence, mais dont ceux-ci attaquaient la sincérité. Le magistrat équitable écouta longuement les parties, et, après de vains efforts pour éclaircir des faits douteux, il se détermina à donner la liberté au débiteur. Mais comme il lui restait quelque incertitude, il imposa à ce débiteur l'obligation d'affirmer, par serment, qu'il ne dissimulait rien, et que son bilan était sincère. Le débiteur leva la main, dans la ferme persuasion que sa fraude était bien tissue et ne serait jamais mise au jour. Mais, à quelque temps de là, les créanciers découvrirent qu'ils avaient été trompés ; ils en donnèrent la preuve au magistrat. Alors, sans écouter d'autre loi que l'accent de l'indignation, il condamna le débiteur fourbe et parjure à subir la peine du *pilori*.

Ce système n'a pas pris sa source dans une vaine théorie, dans de pures abstractions de l'esprit, comme chez nous ; mais, fondé sur l'expérience, il a suivi la marche de la nature humaine, et s'y est entièrement subordonné. On chercherait vainement, en Angleterre comme en France, une loi qui embrasse tout le système : cette matière est régie par une suite de lois de circonstance, rendues dans des temps et pour des cas différens. Mais à mesure qu'un nouveau fait se présenta, les Anglais examinèrent s'ils avaient une loi applicable, autrement ils en firent une qui y fut appropriée ; et l'on pût être sûr qu'elle frappait toujours juste, parce qu'elle ne portait jamais que sur une spécialité.

Voilà comment s'est établie la législation anglaise, non seulement pour la contrainte par corps, mais pour toute sorte de sujets. Elle a été successive et isolée, comme les événemens mêmes qui lui ont servi de fondement. Cette spécialité déroute les étrangers qui veulent étudier les lois de l'Angleterre ; ils cherchent partout des théories, des systèmes ou des généralités, et se retirent tout étonnés de n'avoir rien appris, parce qu'ils ont cherché des nombres complexes, là où ils ne pouvaient trouver que des unités.

Il est vrai que depuis quelque temps les Anglais se sont mis à faire quelques lois à la mode française, mais ils n'ont pas encore appliqué cette méthode à la contrainte par corps. Pour épargner aux lecteurs des recherches aussi fastidieuses qu'inutiles, nous allons mettre sous leurs yeux un abrégé de la législation qui régit cette matière dans la Grande-Bretagne : elle diffère peu des exemples particuliers que nous venons de rapporter, ou, pour dire mieux, elle ne fait que les généraliser.

En Angleterre, lorsqu'un créancier, ayant ou n'ayant pas de titre, veut être payé d'une somme excédant vingt livres sterling ( 5oo fr. ), il se transporte, assisté d'un avoué, chez le schérif du comté de son débiteur, auquel il affirme par serment que telle somme lui est due par l'individu qu'il désigne ; sans autre examen, le juge délivre aussitôt un *writ* pour exercer la contrainte.

Si l'avoué chargé des poursuites ne juge pas à propos de faire prévenir le débiteur, il remet le writ à un garde (schérifs officier) qui se rend sur l'heure chez le débiteur pour l'arrêter. Le garde peut entrer si la maison du débiteur est ouverte, mais il ne peut l'arrêter chez un voisin, sans le consentement de celui-ci. Cet officier se présente ordinairement seul, et, dès qu'il montre sa couronne (1), le débiteur est obligé de le suivre sous peine de rébellion, ce qui est un cas très grave en Angleterre.

Le citoyen, ainsi arrêté, sans esclandre et

----

(1) Marque distinctive des gardes du schérif.

sans ce honteux attirail qui accompagne à Paris
les gardes du commerce , se rend avec le garde
dans la maison de ce dernier, qui est une espèce
de lieu de dépôt provisoire , où le détenu est
quelquefois rançonné, ce qui a fait donner à ces
maisons le nom de *spunging-house* ( maison
d'éponge ) : les fenêtres en sont grillées comme
celles d'une prison.

Si le débiteur est un homme connu et bien
famé, il envoie chercher un avoué qui prend
connaissance de ses affaires. S'il les trouve dans
un état satisfaisant, l'avoué se rend chez le
schérif qui a délivré le *writ* d'arrestation, et
déclare, sur sa responsabilité personnelle, que le
débiteur a besoin de tel délai pour satisfaire ses
créanciers, et qu'il se présentera à telle époque
pour payer ou se constituer prisonnier. Si l'a-
voué ne veut pas être lui-même caution pour
garantir la représentation de son client, il présente à sa place deux voisins ou amis du débiteur, dont le cautionnement ne peut être refusé,
pourvu qu'ils aient résidence et qu'ils jouissent
d'un mobilier quelconque.

Si le schérif reçoit la caution de l'avoué,
il lui remet en même temps un *writ* de
cautionnement. à la charge de se représenter,
et ce *writ* est donné au garde pour sa garantie,
en échange du prisonnier et du writ d'arresta-

tion, dont ce garde se dessaisit. Dès ce moment, l'affaire est terminée et le débiteur est libre. Bien souvent, lorsqu'il ne lui faut que quelques jours pour se procurer des fonds, on le dispense de toutes ces formalités. Il reste provisoirement dans la maison de presse, tandis que l'avoué fait les démarches pour effectuer les rentrées; et quand elles sont réalisées, on remet l'argent au garde, en échange du prisonnier.

Pour la commodité et la régularité des affaires, l'année est divisée, chez les Anglais, en quatre époques ou termes principaux : juillet, octobre, janvier et avril; c'est à peu près la même division que pour les loyers des maisons à Paris. Lorsque le débiteur arrêté fournit caution de se représenter, il est renvoyé à l'un des quatre termes de l'année, parce qu'on calcule que ses ressources sont combinées avec ces échéances. S'il paie alors ou dans l'intervalle, tout est fini; s'il ne paie pas ou ne se présente pas au jour indiqué, la caution est forcée de payer pour lui, moyennant subrogation légale aux droits du créancier.

Il est extrêmement rare, en Angleterre, qu'un débiteur viole son ban et ne se présente pas au jour qui lui a été fixé par le juge : si malgré tous ses efforts, il n'a pu réunir la somme nécessaire pour se libérer, il ne se rend pas moins devant le schérif ou devant le garde, qui alors ne le mène plus à la maison de presse, mais dans une des nombreuses prisons destinées à recevoir les détenus pour dettes.

Le débiteur ainsi incarcéré peut, après le quinzième jour de son emprisonnement, réclamer le *bénéfice d'insolvabilité*, par une déclaration faite au juge, et qui est accompagnée du bilan ou état certifié de la fortune du déclarant. Si au bout de six semaines, le créancier n'a pas fait de son côté une déclaration pour s'opposer à ce que le débiteur soit reconnu insolvable, ou pour contester son bilan, le juge fait appeler le débiteur, et après lui avoir fait affirmer, sous la religion du serment, la sincérité de ce même bilan, il le fait mettre sur-le-champ en liberté.

Si au contraire le créancier attaque le bilan et prétend qu'il est inexact ou frauduleux, le débat est porté devant des commissaires spéciaux, chargés de prononcer sur ces sortes de difficultés. La preuve étant acquise pour ou contre la sincérité du bilan, ils statuent d'une manière définitive. Mais si la question paraît douteuse et la bonne foi du débiteur suspecte, ils renvoient les parties à fournir de nouvelles explications; et le débiteur, par suite de ces renvois successifs, *qui ne peuvent dépasser deux ans,* est tenu de rester en prison.

Lorsque l'incarcéré se détermine à ne pas profiter du bénéfice d'insolvabilité, et par conséquent à rester deux ans; ou lorsque, détenu par suite des discussions avec le créancier, il est déchu de sa demande en insolvabilité, le débiteur qui ne veut pas s'assujétir au régime sévère des prisons peut, dans certains cas, invoquer le privilége de l'*habeas corpus*. On le retenait comme *individu;* mais il a encore le droit de s'affranchir comme *citoyen;* et ce titre est tellement respecté au-delà du détroit, qu'il fait céder la loi civile à la loi politique.

Tout le monde sait combien la liberté individuelle est sacrée en Angleterre; mais tout le monde ne sait pas que lorsqu'un débiteur est irrévocablement emprisonné pour dettes, il peut encore être rendu à une sorte de liberté par l'effet de l'*habeas corpus*: voici comment s'y sont pris les Anglais pour avoir l'air de concilier la liberté politique avec la contrainte civile : ce point mérite d'être remarqué, car il donne la clé du véritable esprit des institutions anglaises.

Indépendamment des prisons particulières prisons dont le régime diffère peu du nôtre ), il existe à Londres trois grandes maisons d'arrêt qui jouissent de certaines prérogatives et franchises nationales : ces trois prisons sont celle de la Cour du banc du roi ; celle de la Cour des plaids communs, nommée *Flect-Prison*, et celle de la Cité, nommée *White-Cross-Street*. Chacune de ces maisons contient un lieu pour les auteurs des crimes ou délits qui emportent déchéance du privilége d'*habeas corpus;* mais, indépendamment de la prison proprement dite, elles ont, dans certains quartiers de Londres, des dépendances ou succursales composées de maisons ordinaires, sans grilles ni verroux, et où l'on envoie tous les hommes dont la faute ne dépouille pas de l'*habeas corpus*. Ainsi, tout condamné ou tout détenu pour dettes, dont l'action n'emporte pas cette privation, peut, de quelque lieu de l'Angleterre que ce soit, s'appuyer du droit de tout citoyen anglais ; et aussitôt, selon qu'il invoque le privilége de Cité, l'honneur du banc du roi, ou se réclame des plaids communs, il est, suivant les circonstances, extrait de la prison ordinaire, pour entrer dans un quartier spécial de Londres, dépendant d'une prison, mais dans lequel il est aussi libre que chez lui, pourvu qu'il y garde son ban, et surtout pourvu qu'il ne découche pas. Par cette combinaison, le débiteur est toujours à même de vaquer à ses affaires, ou de contribuer au bien de son pays ; mais il est prisonnier, en ce sens qu'il est inscrit sur le registre de la geole, et obligé de rester dans un quartier fixe, où le créancier peut aller à chaque instant s'assurer qu'il n'a pas perdu son gage.

On voit par tout ce qui précède combien la contrainte par corps est douce et bien calculée chez les Anglais, en comparaison du régime aussi inhumain qu'insensé adopté en France.

Mais le débiteur qui, ayant invoqué le bénéfice de l'insolvabilité, est parvenu à obtenir sa mise en liberté en trompant son créancier et la justice, peut être de nouveau poursuivi par action criminelle dite de *Pilori*, si le créancier administre la preuve de la fraude. Dans ce cas, le débiteur repris est, non seulement soumis à toutes les rigueurs de la contrainte et privé de l'*habeas corpus*, mais, sur la déclaration du jury attestant qu'il a fraudé et fait un faux serment, il peut être condamné *au pilori*, c'est-à-dire, à rester exposé, pendant un temps déterminé, aux huées et outrages de la populace, qui lui crache au visage, et lui jette toutes sortes d'immondices. Si le débiteur est un commerçant failli tombé en banqueroute frauduleuse, au lieu du pilori, la loi le condamne à être pendu. Les exécutions de ce genre sont très rares, mais elles ne sont pas sans exemple.

En rapprochant ce système de contrainte de la théorie générale, tracée dans cet ouvrage, on verra qu'à part quelques formalités inutiles ou bizarres, il satisfait pleinement la raison, et s'accorde avec les véritables principes du droit.

En effet, l'emprisonnement d'un débiteur est, en général, plus nuisible que profitable, soit à la société, soit à lui-même, soit au créancier, puisqu'il prive l'une de ses ressources, l'autre de son industrie, et diminue, par cela même, les facilités de la libération envers le troisième. L'incarcération du débiteur n'est utile au créancier que dans un cas, c'est lorsqu'elle force le premier à faire connaître des ressources qu'il tenait cachées; car certainement le débiteur qui ne cache rien, ne devrait pas être emprisonné. C'est donc pour découvrir la fraude qu'on le jette en prison; mais comme ce moyen, violent et odieux en lui-même, n'est mis en usage que pour parvenir à la constatation d'un fait douteux, il s'ensuit que tout l'effort de la législation doit tendre à forcer le débiteur à s'expliquer le plus tôt possible. La loi anglaise va droit à ce but: aussitôt que le débiteur est définitivement prisonnier, elle lui offre un moyen aisé de sortir, s'il est réellement pauvre et malheureux: il n'a qu'à user du bénéfice d'insolvabilité.

D'un autre côté, comme il pourrait abuser de ce moyen pour cacher la fraude, la loi appelle aussitôt son contradicteur légitime; et la contestation qui s'engage entre eux doit faire sur-le-champ éclater la vérité qui décide de tout, aussitôt qu'elle est connue.

La loi du 15 germinal an 6 paraît avoir pris le contre-pied de ce système éminemment censé; car les dispositions de cette loi se réduisent à ce peu de mots : « Toute personne peut se refuser à payer ce qu'elle doit, en se soumettant à passer cinq ans en prison. » Ainsi, quelqu'énorme et sacrée que soit la dette, le débiteur est affranchi s'il se résigne à demeurer incarcéré cet espace de temps. Il est inutile de citer les résultats scandaleux de ce faux système : tout le monde sait qu'il y a en France des hommes qui achètent publiquement, par une captivité de cinq ans, une fortune colossale, dont ils ne déguisent même pas la possession.

En Angleterre, on n'emprisonne le débiteur que pour le forcer à s'expliquer et à s'acquitter s'il le peut; en France, au contraire, il semble qu'on ne l'arrête que pour le dispenser de toute explication, et lui faire gagner en prison l'argent qu'il vole. En Angleterre, un débiteur qui, après le quinzième jour de son arrestation définitive, ne présenterait pas son bilan, en demandant à profiter du bénéfice d'insolvabilité, serait considéré comme un voleur, et pourrait être poursuivi comme tel; en France, on a d'avance évalué à cinq ans de prison *le prix* de la fraude, *présumée* certaine du débiteur, sans examiner s'il est malheureux ou de mauvaise foi.

La loi française, quoique trop sévère dans la plupart des cas, serait tolérable si on avait la preuve acquise que le débiteur cache ses ressources ; mais c'est là précisément qu'est toute la difficulté. L'essentiel, en effet, pour motiver l'incarcération, serait de découvrir s'il y a détour de moyens ; or, plus il règne d'incertitude sur ce fait, moins il faut le préjuger ; et c'est en ce point que le système anglais l'emporte sur le nôtre.

La fraude du débiteur étant presque toujours incertaine au premier aperçu, la loi anglaise s'occupe d'abord de la découvrir. La nôtre la présuppose et la punit par avance, ce qui en empêche souvent la manifestation. Chez les Anglais, point de terme fixé pour la durée de la contrainte : le débiteur peut sortir au bout de six semaines, la chose dépend entièrement de lui ; mais il ne peut sortir que par la voie de la *confession* ( qu'on nous passe le mot ; car le principe religieux est appliqué ici très à propos ). Il est vrai que si cette confession est mensongère, il reste en prison et s'expose à subir la peine du pilori ; mais il ne doit accuser que lui d'un résultat si funeste, puisqu'il était le maître de s'y soustraire en disant la vérité.

Dans ce système, l'homme qui veut frauder doit bien envisager les conséquences de sa conduite : il sera forcé de s'expliquer catégoriquement, en présence d'un contradicteur dont l'intérêt garantit la vigilance. S'il accuse vrai, le but de la loi est rempli, car alors on connaît sa situation, qui le force à payer s'il en a le moyen, ou, dans le cas d'impuissance, à invoquer le bénéfice de l'insolvabilité. Par suite du débat forcé que la loi engage entre le créancier et le débiteur, l'intention de celui-ci est bientôt connue; son âme est pour ainsi dire mise à découvert : ses affaires le sont aussi, et ensuite l'arrangement est facile. En effet, le créancier, qui s'indigne et s'acharne contre un débiteur félon, est porté à la commisération et à l'indulgence envers un débiteur pauvre et de bonne foi. Autant il était implacable contre le premier, autant il est débonnaire envers le second.

Le système anglais est tellement fondé sur la nature humaine, et se conforme si bien aux notions générales du juste et de l'injuste, que presque toutes les affaires s'arrangent en Angleterre. Ou le débiteur, poussé dans son dernier retranchement, satisfait son créancier plutôt que d'encourir l'inévitable châtiment de la loi, ou bien les preuves de son insolvabilité et de sa droiture sont si évidentes, que le créancier qui le persécutait est désarmé ; d'ennemi qu'il était il devient ami. Son intérêt bien entendu, concourant avec les mouvemens de son cœur, il vient souvent au secours de celui qu'il voulait perdre, et, par de nouvelles avances, le met à même de payer ses dettes et de se relever.

En France, au contraire, du moment où le débiteur est arrêté, on n'exige plus rien de lui ; il est en quelque façon séquestré du monde, sans que rien le porte à voir son créancier, avec lequel on suppose qu'il n'a plus rien à démêler. Si par hasard ils ont quelques communications, comme rien n'oblige le créancier à être juste, ni le débiteur à être véridique, puisqu'ils n'ont aucune autorité pour juge, leurs pourparlers, toujours aigres et de pure tactique, les éloignent au lieu de les rapprocher. Après quelques tentatives infructueuses de réconciliation, l'aigreur se change en animosité décidée ; deux hommes qui auraient dû régler leurs intérêts sans passion, par la voie de la raison et de l'équité, deviennent tout-à-coup deux ennemis implacables et furieux. L'un annonce qu'il se prévaudra de toute la rigueur de la loi pour tenir son débiteur en prison pendant cinq ans, s'il n'est pas payé ; l'autre, plus emporté et peut-être plus déraisonnable encore, déclare qu'il fera les cinq ans de prison plutôt que de payer une obole. A partir de ce moment, la lutte n'est plus qu'une guerre d'obstination et de ruse, dans laquelle le créancier finit presque toujours par succomber, au bout d'un ou deux ans, parce qu'il se lasse d'avancer des alimens et d'augmenter la masse des sacrifices, à mesure que les présomptions de paiement diminuent.

Le grand vice de la loi française consiste en ce que son exécution est abandonnée entièrement aux parties intéressées. Loin d'intervenir comme médiateur, à l'exemple de l'Angleterre, le législateur français s'est borné à marquer la position et les droits respectifs du créancier et du débiteur en leur disant : « Toi, créancier, tu tiendras ton débiteur en prison pendant cinq ans, si bon te semble et s'il ne te paie pas ; toi, débiteur, en restant cinq ans détenu, je te dispense de toute explication. Je vous ai mis à chacun une arme à la main ; servez-vous-en comme vous l'entendrez : je ne m'en mêle plus. »

Les résultats sont dignes du précepte : en France, la contrainte par corps ne fait que des dupes ou des victimes ; le créancier est trompé par un débiteur adroit, ou le débiteur de bonne foi est opprimé par un créancier féroce. La faute en est toute à la loi, qui les a livrés à leur passion au lieu de les rapprocher.

Le système anglais est bien évidemment supérieur à tous les autres systèmes connus : il offre une balance équitable entre le créancier et le débiteur, qui ont toujours la justice pour modérateur et pour arbitre. D'autre part, la voie de la confession, admise avec l'appui du serment judiciaire, sous la menace de la prison et du pilori, en cas de parjure, constituent un jeu de bascule bien entendu, et qui défend admirablement les droits du créancier, sans compromettre ceux du débiteur. Le régime français encourage la fraude, puisqu'il frappe le malheur à l'égal de la mauvaise foi ; le régime anglais la réprime et la punit. Le premier semble être conçu dans l'intérêt des fripons, et en multiplie le nombre ; le second ne convient qu'aux gens honnêtes, et force les hommes les moins délicats à le devenir. Puisque nous avons emprunté aux Anglais l'institution du jury et du gouvernement constitutionnel, pourquoi ne leur emprunterions-nous pas leur système touchant la contrainte par corps, en le modifiant d'une manière convenable pour l'adapter à nos mœurs?

Dans une question aussi importante, toute vanité nationale doit être mise à part ; nous sommes convaincus que lorsque le mode anglais, mal connu en France, aura été médité par nos députés et nos magistrats, il réunira l'as-

sentiment général , et le suffrage de M. Jacquinot de Pampelune lui-même, dont les vues
bienveillantes, tempérées par un sévère amour
de la justice , viennent de briller avec tant d'é-
clat.

La question des alimens, à laquelle on attache tant d'importance parmi nous, n'est d'aucun intérêt en Angleterre, où *chaque* créancier
est tenu de fournir *six pences* ( douze sous ) par
jour à son débiteur. Celui-ci est en droit d'exiger
en outre six pences par jour sur la taxe générale
des pauvres du comté auquel il appartient. Ces
sommes réunies assurent au débiteur une existence tolérable, quoique réglée avec parcimonie;
mais en Écosse, où le fond du système sur la
contrainte est le même qu'en Angleterre , la
question des alimens est résolue d'une manière
libérale et digne des autres dispositions de la
loi. Au moment où un débiteur est arrêté, ç'est
lui-même qui fixe les alimens, non seulement
pour lui, mais pour sa famille entière, dont
l'entretien est mis dès cet instant à la charge
du créancier incarcérateur. Il est vrai qu'en cas
d'exagération manifeste, le créancier peut recourir à l'arbitrage du juge; mais ce moyen est
rarement employé, quoique le créancier soit
obligé quelquefois de consigner jusqu'à deux et
trois guinées par jour.

Sur ce point, le législateur écossais a été très conséquent avec lui-même, et bien supérieur en vues au législateur anglais ; car ayant trouvé un moyen sûr de faire avorter la mauvaise foi du débiteur, de l'amener à un arrangement nécessaire avec son créancier, il a pu naturellement s'en rapporter à eux sur la fixation des alimens. Il n'a pas dû craindre d'exagération de la part du débiteur, d'un côté, parce que le juge était là ; d'un autre, parce que ce débiteur, devant tout rembourser avant de sortir de prison, aurait d'autant plus à rendre qu'il aurait plus reçu. Il n'y a ni réticence, ni fiction dans le système écossais : tout y est réel et frappe au but. En France, on jette un débiteur en prison et on lui donne vingt francs d'alimens par mois, sans s'embarrasser s'il pourra vivre, parce qu'on le croit voleur et indigne de pitié ; en Écosse, où il est impossible qu'il puisse frauder, puisque toutes ses démarches sont surveillées, et où le magistrat ne le perd pas un instant de vue, on le nourrit largement, parce qu'on le croit honnête homme et digne d'intérêt. On ne le chicane pas sur de misérables alimens, mais on le contraint à s'expliquer ; on lui laisse toutes les douceurs de la vie, mais on le force à payer, s'il en a les moyens, sous la peine de la prison et du *pilori*.

La loi du 15 germinal an 6, qui nous régit, a

pris l'inverse de ce procédé raisonnable autant qu'humain. Comme le législateur qui l'a rédigée n'avait trouvé aucun moyen pour forcer le débiteur à être de bonne foi, il le considéra comme fourbe, et crut qu'il était inutile de le faire expliquer. Mais, lui facilitant le vol, et ne gênant point sa conscience, il crut pouvoir le traiter avec dureté, sous tous les autres rapports. En conséquence, et pour donner quelque compensation au créancier, la loi chercha à punir le débiteur par l'exiguité des alimens ; elle se montra avare quand il fallait user de générosité, et, pour ne pas paraître complaisante, elle devint inhumaine !

Le système français est non seulement inférieur à la loi d'Angleterre, mais encore à notre ancienne législation, qui faisait cesser la contrainte civile au bout de quatre mois, et laissait une voie ouverte au débiteur malheureux en l'admettant à la cession de biens ; tandis que cette même cession, quoiqu'autorisée en principe, est devenue presqu'impossible aujourd'hui, par la combinaison et la fausse interprétation des diverses lois qui s'y rapportent.

Chacune de ces questions trouvera sa place dans le chapitre particulier qui la concerne. Il suffit de faire remarquer, pour le moment, que la jurisprudence française, qui a fait de si immenses progrès en tout genre depuis la révolution, a au contraire retrogradé pour tout ce qui est relatif à la contrainte par corps, et que la loi du 15 germinal an 6 est une véritable monstruosité dans l'ensemble du système législatif d'une nation qui se prétend humaine et éclairée.

# CHAPITRE III.

Du système de contrainte par corps établi par la loi du 15 germinal
an 6.—Ses vices principaux.—Son antipathie avec les principes de
la liberté individuelle.

La charte, qui a posé tous les grands principes et reconnu tous les droits généraux, aurait
dû imposer silence à toutes les prétentions qui
lui sont contraires; mais les esprits imbus des
anciennes idées, des vieux usages et de tous les
préjugés de l'éducation, n'en sont pas moins
demeurés attachés aux traditions, aux coutumes,
aux institutions des époques précédentes. Chacun a pris pour la vérité absolue celle qu'il avait
adoptée à ce titre dans sa jeunesse, et ce pli
se trouvant pris, les hommes anciens n'ont pas
cru devoir le changer pour accéder à une science
nouvelle, dont la supériorité ne leur était pas
démontrée. C'est ainsi que le gouvernement
constitutionnel, généralement approuvé aujour-
d'hui, n'avait paru d'abord à des hommes ins-
truits qu'une conception inutile et bizarre; les
diverses règles qui sont de l'essence de ce gou-

vernement, ne sont entrées que peu à peu et après beaucoup de résistance dans les têtes les mieux organisées; maintenant que nous voici arrivés au grand principe de la liberté individuelle, il faut s'attendre à de longs débats avant de la voir entièrement établie.

Les hommes du vieux temps qui ont de l'instruction et du raisonnement, commencent à convenir que le régime légal peut être bon : ceux qui avaient montré le plus de répugnance à l'adoptèr, sont forcés de reconnaître qu'à la rigueur il peut suffire à tout et se passer de tous les autres auxiliaires : telle est aujourd'hui l'opinion la plus générale. En attendant qu'elle s'accrédite de plus en plus, considérons-la comme une vérité définitivement établie, et recherchons les conséquences qu'elle fait naître par rapport à la contrainte par corps.

Nous avons déjà vu qu'en principe ce régime est incompatible avec la liberté individuelle; mais cette incompatibilité deviendra plus sensible si l'on fait attention que la loi du 15 germinal an 6, tout en succédant à un système de douceur et presque d'impunité, est venue ajouter à tout ce que les ordonnances de 1667 et de 1673 avaient de plus sévère. En effet, l'ancien droit français limitait à quatre mois la durée de la contrainte civile, tandis que la loi de l'an 6 l'étend à cinq ans, et même indéfiniment pour les stellionataires. L'ancien droit donnait aux Cours la faculté de régler le taux des alimens, eu égard à la variation des mercuriales, mise en rapport avec le marc d'argent, tandis que la loi du 15 germinal fixe invariablement ces mêmes alimens à une somme insuffisante pour les temps ordinaires, et manifestement dérisoire pour les temps disetteux.

La déclaration de l'homme, la constitution de 1791 et celle de l'an 3 ayant introduit dans notre législation les grands principes du droit légal, on ne sait comment il a pu donner place à la loi du 15 germinal an 6, où l'on paraît avoir pris à tâche de blesser ces principes dans tous leurs points les plus sensibles. Cette contradiction choquante entre le système général et la loi particulière qui le dément, prouve une vérité assez généralement sentie aujourd'hui, savoir : que la déclaration des droits de l'homme fut prématurée, et l'adoption du régime légal proposée beaucoup trop tôt. Les improvisateurs de 89 et de 90 jugèrent de la nation par eux-mêmes, et supposèrent dans tous les esprits un degré d'instruction et d'expérience que nous devions acheter par nos longues discordes. On fit des lois pour la république et pour la légalité, tandis qu'on avait affaire à un peuple vieilli dans l'habitude des institutions féodales et despotiques. Qu'en arriva-t-il? toutes les lois républicaines tombèrent d'elles-mêmes, parce qu'elles n'avaient aucune sympathie réelle avec l'esprit de la majorité de la nation; mais la loi sur la contrainte par corps, qui était adaptée à nos mœurs et appropriée à notre corruption, a résisté à tous les chocs, et s'est maintenue sous tous les régimes.

La loi du 15 germinal an 6 est demeurée comme un monument qui proteste à lui seul contre la convenance de nos institutions républicaines, et contre les prétendus perfectionnemens moraux amenés par le consulat et par l'empire.

Ce n'est qu'à partir de la restauration que l'esprit public est entré dans les voies d'amélioration générale, qui doivent s'étendre à toutes les institutions.

La contrainte par corps se présente chez nous comme un obstacle au milieu du système général qu'on veut régulariser; il faut donc la détruire comme une annexe inutile de nos Codes, ou l'y rattacher et la mettre en harmonie avec eux.

La destruction de la contrainte par corps

serait une grande preuve du perfectionnement de l'esprit public en France ; la simple rectification des principaux abus qu'elle autorise sera déjà un indice puissant que l'opinion s'améliore, et que le système légal s'affermit.

# CHAPITRE IV.

Faut-il abolir la contrainte par corps, ou convient-il de se borner à en régulariser l'exercice, en l'adaptant à nos besoins, à nos mœurs et à nos institutions actuelles.

La solution de cette question se lie aux diverses idées radicales qui divisent aujourd'hui la France et presque toute l'Europe éclairée. Trois opinions principales paraissent se partager le monde politique : la première est professée par des hommes indépendans, dont la pensée n'a jamais fléchi sous l'autorité des institutions, et qui se guident en toute chose par l'inspiration de la raison pure et de la vérité absolue; la seconde voit dans ce qui a été précédemment fait la raison de ce qu'il faut faire encore, et ne se dirige que par l'exemple et l'autorité; la troisième enfin, appartient à des hommes mi-partis, qui adoptent tout ce que les anciennes institutions et les anciens usages avaient de bon, en le modifiant par la raison absolue pour l'adapter à notre situation présente.

Ces trois opinions et les diverses nuances qui

s'y rattachent se rencontrent partout : dans la chambre des députés comme dans la chambre des pairs, avec cette différence néanmoins que les hommes de la troisième se trouvent en assez grand nombre pour constituer la majorité. Aussitôt qu'une question est proposée aujourd'hui, elle est débattue entre les hommes de la première opinion et ceux de la deuxième : la victoire appartient au côté qui sait gagner le plus de suffrages dans la troisième.

Lorsqu'en 1820 M. Lainé fit une proposition à la chambre des pairs pour provoquer une loi plus douce sur la contrainte par corps, il se manifesta une opposition imposante, et des hommes connus par des principes très constitutionnels se déclarèrent ouvertement contre le projet.

L'opinion publique s'est peaucoup modifiée depuis cette époque : la disposition générale est totalement changée, soit par l'effet d'une étude plus approfondie de la matière, soit par l'influence de l'abolition de la contrainte aux États-Unis et le projet de la supprimer en Angleterre. Quand la proposition de M. Jacquinot de Pampelune, tendant à la modification de ce régime, a été discutée dans le comité secret du 12 juillet dernier, la chambre s'est trouvée unanime pour la prise en considération, comme elle l'avait été précédemment pour le renvoi aux ministres de diverses pétitions relatives au même objet.

Si l'on calcule la marche de l'opinion depuis 1820 jusqu'à ce jour, et le changement que la philantropie y a opéré, on peut présager qu'avant trois ans la majorité des chambres, qui hésite encore en luttant contre d'anciens souvenirs et de vieilles habitudes, se décidera pour l'abolition totale de la contrainte par corps.

Cette réforme, si elle était faite brusquement et sans préparation, pourrait produire des effets dangereux; l'éducation morale des Français se développe nécessairement avec leur éducation constitutionnelle, mais marche-t-elle de pair? c'est ce dont il est permis de douter. Le nombre annuel des crimes et des délits ou méfaits de toute espèce ne va pas en diminuant d'une manière sensible. Quoi qu'en dise une philantropie louable, mais parfois trop crédule, nous ne sommes pas encore parvenus à ce point de perfection morale et de probité civile que nous devons espérer d'atteindre un jour.

Enfans de la révolution, la plupart des Français se ressentent d'une jeunesse agitée qui les a laissés, sans règle ni frein, en proie à toutes les passions et à toutes les erreurs; l'expérience en a sans doute rectifié les principaux écarts, mais la corruption morale avait d'abord jeté de si profondes racines, qu'il reste peu d'argumens à produire contre ceux qui prétendent que nous n'avons pas atteint le point de maturité où les États-Unis et l'Angleterre sont parvenus.

Il faut donc se résigner, encore quelque temps, à supporter une vexation odieuse ; mais comme l'esprit général fait chaque jour des progrès, c'est aux amis de l'humanité, et particulièrement au gouvernement, d'avoir constamment les yeux ouverts sur la marche des esprits, afin de faire supprimer la contrainte par corps aussitôt qu'on pourra le faire, non pas sans inconvéniens, mais sans danger.

Ceux qui proclament l'utilité du maintien de cet expédient juridique, semblent approuver son abolition en matière civile ; mais ils prétendent qu'il doit être conservé comme une garantie indispensable pour le commerce. Sans avoir la prétention de traiter à fond une question semblable dans un livre si peu étendu, nous ferons observer que l'opinion qui fonde la prospérité du commerce sur l'usage de la contrainte par corps, doit être rangée au nombre de ces erreurs populaires que le préjugé a fait admettre sans examen, et qui s'évanouissent aussitôt qu'on cherche la raison de leur existence.

Le commerce, pris en masse et comme un être moral, n'est que la somme des opérations qui se font sur la marchandise ; les productions naturelles et industrielles composent la matière commerciale qui, par une suite de ventes ou d'échanges successifs, passe de main en main, et satisfait aux demandes des spéculateurs, aux besoins de la consommation.

Les peuples naissans ne font le commerce que par le moyen des échanges ; les peuples à demi civilisés le font avec le secours des monnaies, valeurs convenues et représentatives de tous les objets ; enfin, les peuples avancés dans la civilisation font le commerce avec le triple secours des échanges, de la monnaie régulière et des lettres de change ou transports de place en place, qui s'opèrent fictivement, et sans que l'argent change de lieu.

Lors donc que les relations s'étendent, et que des négocians éloignés veulent faire des opérations entre eux, il est évident que le solde effectué en papier, qui circule de place en place, est de tous les moyens de libération le plus prompt, le plus sûr et le plus économique. Mais pour donner à ce papier toute la garantie possible, il faut y attacher, dit-on, l'exécution par corps de la part de tous ceux qui l'ont utilisé comme valeur comptant : tel est le fondement de la contrainte commerciale, qui pouvait être bien entendue dans l'origine, mais qui aujour-d'hui demeure sans résultat effectif.

En effet, si la lettre de change, par une suite de transmissions successives, passe dans plusieurs pays étrangers l'un à l'autre, il est évident que le par corps n'ajoute rien à son efficacité, car le négociant d'Italie qui tire sur le négociant d'Allemagne, pour passer successivement à l'ordre sur Hambourg, Bruxelles et Paris, ne peut pas suivre les garanties résultant de tous ces transferts, puisque chacun des signataires, se trouvant dans des juridictions différentes, évidemment indépendantes les unes des autres, ne peut invoquer le par corps contre les divers endosseurs, attendu qu'il est étranger à leur justice, et sans pouvoir pour les aller exécuter chez eux. On voit néanmoins circuler tous les jours des lettres de change aussi compliquées que celles dont nous venons de parler, et qui remplissent exactement leur destination. Comment obtient-on ce résultat? il ne provient pas du par corps, car la plupart des signataires en sont exempts; d'où vient-il donc? il résulte de la confiance, du bon choix des relations, de la solidité des correspondances. Cela est si vrai, que certains banquiers préfèrent tous les jours correspondre avec des banquiers étrangers, pour des opérations faites dans leur propre pays, plutôt que de traiter avec des commerçans nationaux contre lesquels ils auraient la contrainte par corps. Ce n'est donc pas elle qui fait la sûreté du commerce; et cette prétendue sauve-garde n'assure rien, car nous voyons que ce qu'on appelle le haut commerce n'en fait jamais usage.

Dira-t-on que si la contrainte par corps est sans utilité pour les relations ou opérations extérieures, elle est bonne pour assurer celles du dedans? voyons. Le gouvernement veut faire un vaste approvisionnement en blé dans l'intérieur de la France; aussitôt les demandes sont faites, les débouchés sont établis, les banquiers des divers départemens se mettent en rapport, et soldent tous les achats en papier, pour lequel ils ont préparé d'avance leurs dispositions.

Sera-ce la considération du par corps qui donnera la valeur à ces papiers? Non; on examinera les signatures, la solidité réelle ou présumée des signataires, et l'opération s'accomplira sans qu'il y ait un protêt.

Tous les jours il se fait en France des affaires de ce genre, et la contrainte n'y entre pour rien; on n'y songe même pas, on n'a pas besoin d'y songer.

En effet, dans les négociations que nous venons d'indiquer, comme dans celles qui leur sont inférieures, il arrive de deux choses l'une, ou les traites sont payées, ou elles ne le sont pas : si elles sont payées, il n'y a plus de prétexte au par corps; si elles ne le sont pas, la contrainte résultant de la condamnation est inutile, car le négociant qui ne paie pas ses traites entre à l'instant même en faillite, aux termes de l'article 437 du Code de commerce, qui dispose d'une manière formelle que : « Tout « commerçant qui *cesse ses paiemens* est en état « de faillite. »

Ceux qui, depuis la publication du Code de commerce, ont appliqué la contrainte par corps par voie de condamnation spéciale, ont donc méconnu le véritable esprit de cette loi, qui renverse tout le système établi par la loi du 15 germinal an 6.

Bien des jurisconsultes ont reproché au Code de commerce de n'avoir pas réglé la contrainte par corps; mais, encore une fois, ceux qui ont proféré cette plainte n'y ont pas réfléchi : l'article 437, que nous venons de citer, répond à tout.

Si le négociant qui ne paie pas est par cela même en faillite, la contrainte par corps ne peut être prononcée par voie de condamnation contre lui, car il est, à l'instant même de la faillite ou du non paiement, dessaisi de tous ses biens (article 442), et sa personne doit être déposée dans la maison d'arrêt pour dettes, sans qu'on puisse l'y écrouer ou recommander en vertu d'aucun jugement de condamnation (article 455.)

Le Code de commerce, et nous ne saurions trop le répéter, n'a donc pas encore été compris, quoiqu'il soit mis à exécution depuis dix ans. Les tribunaux de commerce n'ont pas vu que, d'après le système introduit par ce Code, la contrainte par corps, organisée par la loi du 15 germinal an 6, était entièrement abolie envers les commerçans, et qu'on y avait substitué le régime des faillites, qui leur est seul applicable.

La pensée des rédacteurs du Code de commerce n'est pas équivoque; elle git toute entière dans cet argument bien simple : ou le débiteur n'est pas commerçant, et alors il n'est pas justiciable des tribunaux de commerce (articles 112 et 636), ni passible de la contrainte par corps; où il est négociant, et dès lors il tombe en faillite aussitôt qu'il ne paie pas, ce qui le soustrait aux condamnations particulières, et le soumet de droit à l'obligation de mettre sa personne en dépôt dans la maison d'arrêt pour dettes. Or, on sait que le dépôt peut cesser provisoirement par le sauf-conduit, ou définitivement par la clôture des opérations de la faillite; tandis que le débiteur condamné par corps à

payer une somme particulière est obligé de rester cinq ans en prison, si on lui fournit des alimens, sans pouvoir, dans aucun cas, jouir de la
faveur du sauf-conduit. Il suit de tout ce qui
précède que, dans le système du Code de commerce, Code qui n'a encore été ni étudié, ni
régulièrement appliqué, la sécurité du commerce réside entièrement dans la confiance,
puisque celui qui perd cette confiance perd à
l'instant même la qualité de commerçant et
tombe en faillite; circonstance entièrement conforme à la théorie générale, et aux véritables
principes que nous avons cherché à expliquer.

S'il existe des abus dans la manière d'appliquer la contrainte et d'exécuter une loi particulière nécessairement abrogée, ce n'est donc pas
à la loi qu'il faut s'en prendre, car ses dispositions sont claires et positives, mais aux tribunaux, qui n'ont pas su en faire l'application.

Dans un système législatif aussi compliqué
que le nôtre, au milieu de cette multitude in-
nombrable de lois de toute espèce qui accablent
l'esprit le plus solide et le plus étendu, il n'est
pas étonnant que le Code de commerce n'ait
pas été compris. Tous les jurisconsultes qui
étaient demeurés étrangers à sa rédaction, n'en
virent que l'ensemble sans en pénétrer les détails.
Nulle abrogation expresse n'étant prononcée

contre la loi du 15 germinal an 6, ils la crurent conservée, par cela même qu'ils ne trouvèrent pas dans le nouveau Code un titre particulier qui la modifiât. Ils ne virent pas que cette modification, qu'ils cherchaient dans des dispositions de détail, était une conséquence forcée de l'économie générale du Code de commerce. Quiconque voudra en étudier l'esprit, pourra s'assurer que cette conséquence se réduit à ce raisonnement :

Il n'y a de commerce que par la profession, c'est-à-dire l'habitude, ou par la nature de l'opération particulière qu'on entreprend. La loi ancienne ne définissait pas bien le commerçant; la loi nouvelle s'applique au contraire à déterminer tous ses caractères, de manière à éviter la moindre équivoque. La classification des individus ainsi opérée, le Code de commerce dispose que tout engagement sera commercial, s'il provient d'un individu déclaré commerçant, ou d'une opération définie et qualifiée commerciale; mais s'il y a déguisement ou simulation dans la personne ou dans la chose, il décide qu'il n'y a pas commerce, quelle que soit à cet égard l'apparence. Cette précision remédiait à tout, et emportait régularisation de la contrainte par corps; car si l'engagement avait lieu entre négocians, elle en était une conséquence, mais seulement par voie de faillite ( article 413 ). Si l'opération était qualifiée commerciale, sans l'être par sa nature ou par la profession de ceux qui la faisaient, l'engagement, dépouillé de son déguisement, devenait civil ( article 112 ), et la contrainte ne pouvait être prononcée. Enfin, si l'opération était bien réellement commerciale, l'engagement qui y avait rapport emportait la contrainte par corps ( sans faillite ), précisément parce que les individus engagés n'étaient pas commerçans.

Par suite de ce système bien simple, la loi du 15 germinal an 6, qui auparavant s'appliquait indistinctement, était réduite à ne protéger que les engagemens formés à l'occasion d'une opération de commerce ; et, restreinte dans ce cercle, elle pouvait faire quelque bien. Mais les jurisconsultes, et particulièrement les tribunaux de commerce, composés, surtout en province, d'hommes inexpérimentés, se sont obstinés à ne vouloir pas reconnaître la seule disposition bienfaisante de la loi, et ils ont continué de frapper aveuglément tous les signataires d'effets de commerce, comme si les articles 112 et 636 du Code de commerce n'avaient pas existé. Delà ces condamnations innombrables, ces abus révoltans qui, en engraissant une multitude d'huissiers, d'agens d'affaires et consors.

ont porté la honte, la désolation et la misère dans toutes les classes de la société.

Quant au véritable commerce, il n'a retiré aucun avantage réel de l'application de la contrainte par corps : elle lui a été plutôt funeste, en inspirant une fausse sécurité, comme l'a très bien fait observer M. Laffite dans la chambre des députés (séance du mois d'avril), à l'occasion d'un rapport sur des pétitions relatives aux détenus pour dettes. Les raisons qui militent en faveur de la contrainte par corps, appliquée au commerce, sont si faibles, que M. Jacquinot de Pampelune n'a pu en alléguer d'autres que la nécessité de favoriser les intérêts du *colportage*. Nous examinerons, dans le chapitre suivant, jusqu'à quel point cette considération doit affecter le législateur, chargé d'élaborer la nouvelle loi.

# CHAPITRE V.

Quelle peut être aujourd'hui l'utilité réelle de la Contrainte par corps dans l'intérêt du petit commerce?

Ce qu'on vient de dire concernant les dispositions du Code de commerce prouve que la loi du 15 germinal an 6 est entièrement abolie par ce Code, sauf en ce qui se rapporte aux engagemens consentis pour de véritables opérations de commerce, par des individus non commerçans. Cette circonstance semblerait nous dispenser d'aborder la question qui fait le sujet de ce chapitre, au moins pour ce qui concerne le point judiciaire; mais comme il s'agit d'une loi à faire et non d'une loi faite, le point moral et philosophique devient le plus important à examiner, et cette considération nous commande une investigation aussi exacte que scrupuleuse. Sans entrer dans le principe de la théorie générale des peines, nous dirons, avec tous les grands publicistes, que l'efficacité des lois résulte moins de la sévérité de leurs dispositions que de leur rapport exact avec l'intérêt qu'il s'agit de protéger, et de leur analogie avec les mœurs, les idées, les usages du peuple pour lequel elles sont faites.

Une civilisation très avancée développe souvent une grande corruption dans les idées : dans d'autres cas elle les rectifie ; la première chose à considérer par tout législateur qui veut faire une bonne loi, c'est donc de s'assurer de la tendance générale des esprits, et de voir si elle les dirige vers le bien ou vers le mal, vers la vertu ou le vice, vers la probité ou la fourberie.

Les premières secousses que la révolution imprima aux esprits les portèrent au désordre et à la fraude, parce que, dans le déchaînement général des passions, celles qui avaient été le plus long-temps contenues furent celles qui rompirent leurs digues avec le plus de violence.

La loi qui, au milieu d'une pareille crise, vint abolir la contrainte par corps, fut donc un véritable contre-sens politique, qu'on ne tarda pas à sentir et à révoquer.

Mais les trente-cinq ans qui se sont écoulés depuis cette époque, les événemens extraordinaires de tout genre qui se sont passés durant cet intervalle ont bien changé la face des choses et la disposition des esprits : ceux qui jugent les Français d'aujourd'hui par ce qu'ils étaient en 1793 et en l'an 6, ressemblent aux sauvages qu'on voit guetter le retour du soleil au point où ils l'ont vu se coucher.

La force morale des esprits est, comme la force physique des corps, sujette au mouvement d'action et de réaction.

La loi du 15 germinal an 6, tout imparfaite qu'elle est, fut peut-être salutaire au moment où elle fut rendue ; mais la même raison qui l'avait fait établir aurait dû la faire supprimer plus tard, car les lois, et surtout celles qu'on appelle personnelles, étant presque toujours le résultat de circonstances accidentelles , doivent être refaites ou modifiées lorsque ces mêmes circonstances ont changé. La loi du 15 germinal an 6 était déjà peu en harmonie avec le système impérial, qui la modifia par les articles 112 et 636 du Code de commerce ; mais elle devint entièrement antipathique et opposée à nos institutions comme à nos idées, à mesure que nous avançâmes dans la carrière de la restauration.

Cette régénération politique et morale est caractérisée par une tendance générale des esprits diamétralement opposée à celle qui se faisait sentir en 1793 et même en l'an 6 : à cette époque, toutes les idées se dirigeaient vers la disso-

lution sociale; aujourd'hui elles tendent au classement de la hiérarchie. Les ambitions et les
rivalités sont peut-être plus animées que dans
aucun autre temps; mais chacun respecte (au
moins ostensiblement) les droits des autres, et
ne cherche à atteindre que la place qu'il peut
légalement occuper. Voilà la tendance générale
de notre époque parmi les classes éclairées, et
par conséquent dans le commerce. La contrainte par corps ne nous convient donc plus, telle
qu'elle est conçue, et son existence dans notre
Code y établit une véritable contradiction.

En avouant la justesse de la plupart de ces
réflexions, les partisans de la contrainte se retranchent dans les exceptions : ils disent que si
la masse de la population est instruite, probe et
sage, il existe dans toutes les classes, et particulièrement dans les classes inférieures, une
infinité de personnes dont l'éducation politique
et morale se trouve faussée, et que *le par corps*
est nécessaire pour les contenir dans les bornes
de la justice et de la probité.

Nous voilà donc réduits à faire une loi d'exception; et c'est en 1828 qu'on propose un
système de répression pour atteindre une partie
des membres de la société. Mais, au moins, a-
t-on dressé la table des centuries? sait-on au
juste combien il y a d'hommes honnêtes dans

une population déterminée? sait-on, même par approximation, dans quelle proportion les fourbes s'y trouvent compris?

On sent déjà à ces questions que nous sortons de la sphère législative, proprement dite, où toutes les routes sont larges, régulières, générales et bien tracées, pour entrer dans une contrée inconnue où tout se gouverne par le caprice et l'arbitraire.

Qui pourra dire en effet si le nombre des bonnes consciences dépasse celui des mauvaises? supposons balance (puisqu'en pareil cas l'incertitude équivaut à un partage) : eh bien! sur une population de cent mille habitans, cinquante mille pourraient être emprisonnés mal à propos, parce que les cinquante mille autres pourraient mériter un pareil châtiment!

Un raisonnement semblable se réfute par lui-même, et justifie cet axiome des publicistes, que les lois doivent être faites pour les généralités et non pour les fractions. Si la loi est bonne par elle-même, elle sera bonne pour tout le monde; si elle est mauvaise à l'égard de quelques-uns, elle sera nécessairement mauvaise à l'égard de tous. Autrement, il faudrait admettre la nécessité de faire des lois pour un seul individu, puisque toute fraction indéterminée peut se composer d'un seul comme de cent mille.

M. Jacquinot de Pampelune, dans le travail que nous avons cité, avance qu'il faut conserver la contrainte par corps, ne fût-ce que pour atteindre et favoriser le colportage. Mais est-il bien démontré que ce moyen soit utile au colportage et aux autres classes inférieures du commerce? Pour bien résoudre cette question, il faudrait avoir des relevés statistiques qu'on ne paraît pas avoir pris le soin de se procurer, et prouver, par des rapprochemens nombreux ou par des comparaisons exactes, que le bas commerce est moins prospère dans les temps et dans les pays où la contrainte n'existe pas, que dans les temps et les pays où elle existe : à défaut de cette donnée, qui pourrait seule être concluante, il se présente plusieurs objections qui méritent d'être examinées.

1° Si la seule raison d'utilité est considérée comme décisive sur cette question, il y a parité d'intérêt pour établir la contrainte à l'égard de toutes les transactions civiles, comme pour les engagemens commerciaux.

Le commerce des classes inférieures ne porte en général que sur de faibles valeurs, particulièrement en fait de colportage, où tout l'attirail vaut rarement plus de 200 francs; tandis que les actes civils passés par les individus de ces mêmes classes comportent souvent un intérêt décuple et même centuple.

Si donc on admet que la moralité des classes inférieures est dépravée, et qu'elles ont besoin d'être retenues par le frein puissant de la contrainte, pourquoi ne pas l'appliquer aux engagemens civils, concurremment et préférablement aux engagemens commerciaux? Puisqu'on veut avec raison des lois homogènes et assorties, pourquoi protéger les petits intérêts au préjudice des grands?

Pourquoi supposer l'artisan et le colporteur honnêtes lorsqu'ils traitent de grands intérêts civils, alors qu'on les suppose fourbes et de mauvaise foi lorsqu'ils traitent de petits intérêts commerciaux? La raison de ces anomalies est facile à saisir : il faut bien s'arrêter quelque part quand on est engagé dans une fausse route; or, comme le législateur voit que s'il accordait la contrainte par corps pour les intérêts civils, il ne pourrait la refuser aux grands intérêts commerciaux, il aime mieux rompre la chaîne au bout qu'au milieu; il préfère de tomber en contradiction dans l'endroit le moins apparent, plutôt que de renoncer à un moyen violent d'exécution, dont pourtant les avantages sont aussi problématiques que les inconvéniens en sont certains.

2° Dire que la contrainte par corps est plus nécessaire pour le petit commerce que pour le grand, c'est raisonner en sens inverse des vrais intérêts, tels que les ont entendus Helvétius et ses innombrables partisans; bien plus, ce raisonnement accuserait la religion d'impuissance et d'inutilité.

En effet, la religion, considérée comme frein moral, agit plus puissamment sur les classes inférieures que sur les classes plus élevées; il y a sans contredit plus de piété sincère, plus de respect religieux dans les hautes classes, qui sont éclairées, que dans les basses, qui sont ignorantes. Mais, par compensation, les idées religieuses ont plus d'influence pour prévenir la fraude sur les basses classes que sur les hautes, parce que le peuple sent beaucoup mieux qu'il ne raisonne, et agit beaucoup plus par préjugé ou par routine que par combinaison ou par calcul.

Si, avec peu ou point de religion, les personnes des classes élevées étaient jugées dignes de ne pas encourir la contrainte par corps, comment se fait-il qu'avec beaucoup de religion les classes inférieures fussent dépravées au point de n'observer la bonne foi que par l'influence de cet épouvantail? il faudrait conclure de là que la religion serait inefficace, ce qu'on ne saurait admettre, ou bien que les prêtres n'inspirent pas assez de piété au peuple, ce qui serait d'autant plus affligeant que les ministres de la religion sembleraient justifier par là cette critique acharnée dont ils sont l'objet, de la part de certains individus ou de certaines classes.

Toutefois, on ne peut aborder cette question sans déplorer le peu d'accord qui existe entre l'autorité religieuse et l'autorité civile : ces deux puissances, qui devraient marcher de front en se prêtant un mutuel secours, semblent ne pas se connaître et n'avoir entre elles aucun rapport. Bien que nous ayons une religion parfaite, un culte imposant, un clergé nombreux, on dirait que tout cela est de pur luxe, et que nous n'osons en faire aucun usage.

Combien la religion n'ajoute-t-elle pas à son caractère auguste, lorsqu'associant son influence à l'action de la loi civile, elle lui sert d'organe pour obtenir, par la morale évangélique, ce que la loi ne peut obtenir que par l'autorité ou la menace !!

C'est surtout dans les questions qui s'adressent directement à la délicatesse et à la conscience que la religion peut faire éclater son ascendant, en prenant la place des lois odieuses qu'on lui substitue.

N'est-il pas évident que si les évêques, les

curés et tous ceux qui sont chargés de diriger la conscience du peuple attaquaient plus souvent certains abus tolérés par la loi, mais réprouvés par la morale, on verrait beaucoup plus de bonne foi et de probité parmi les débiteurs. La religion chrétienne, bien enseignée et bien pratiquée, serait mille fois plus efficace que le régime de la contrainte par corps; ce serait à elle d'en tenir lieu, en substituant le précepte à la menace, la persuasion de la chaire à l'action des tribunaux.

# CHAPITRE VI.

Quelles sont les principales modifications opérées dans les dispositions de la loi du 15 germinal an 6, par le système de faillite adopté dans le Code de commerce.

Quels que soient ses vices, la loi du 15 germinal an 6 a pourtant le mérite d'être rédigée d'après une division méthodique et régulière : le titre premier traite de la contrainte par corps en matière civile : il remplace l'ordonnance de 1667, titre 34, et quelques dispositions de celle de 1673, pour le *fond du droit civil seulement.* Le titre 2 traite de la contrainte par corps en matière de commerce : il remplace les autres dispositions de ces mêmes ordonnances, *pour le fond du droit commercial seulement.* Le titre 3, qui traite du mode d'exécution des jugemens emportant le par corps, s'applique nécessairement aux jugemens civils et aux jugemens commerciaux; en d'autres termes, ce titre 3, en ne traçant qu'une seule manière de procéder, rend la loi commune à ces deux espèces de jugemens; ou, ce qui revient au même, le titre 3 . détermine par le fait deux procédures distinctes, quoique semblables. Toute la contrainte est donc réglée par la loi dont il s'agit, qui se trouve comprendre quatre parties différentes : 1° Le fond du droit pour la contrainte civile; 2° le fond du droit pour la contrainte commerciale; 3° la forme de procéder pour la contrainte civile; 4° la forme de procéder pour la contrainte commerciale.

L'article 19 du titre 3, en abolissant tous réglemens, lois et ordonnances antérieures sur la contrainte par corps, *en matière civile et de commerce*, renferma ainsi dans le cadre de la loi du 15 germinal an 6, le système entier du Droit français sur cette matière.

Or, un principe incontestable et même élémentaire, en matière de droit civil, établit qu'une loi promulguée ne peut être détruite que par une révocation *expresse*, ou par l'émission d'une loi nouvelle, dont les dispositions, étant inconciliables ou contraires avec celles de la loi ancienne, la révoquent nécessairement, et par la seule force des choses, d'après la maxime *posteriora derogant prioribus;* c'est ce qu'on appelle la révocation *tacite.* Une autre règle non moins certaine, c'est que la révocation *expresse* n'opère que dans l'étendue qu'elle détermine, et que la révocation *tacite* n'a d'effet que partiellement, c'est-à-dire pour les seules dispositions contraires ou inconciliables.

Ceci posé, et la loi du 15 germinal an 6 étant bien réellement unique régulatrice de la matière, à partir du jour de sa promulgation, il faut voir comment elle a cessé de l'être; de quelle manière elle se trouve abrogée; si elle l'a été en masse ou pièce à pièce. Pour arriver à ce point, on doit examiner toutes les lois postérieures qui ont traité de la contrainte par corps, et vérifier comment elles ont détruit la loi mère.

A partir du 15 germinal an 6, la première loi qui ait traité de la contrainte est le Code civil, titre 16 du livre III, intitulé *de la Contrainte par corps en matière civile*. Il est bien évident que ce titre, promulgué le 25 février 1804, n'a aboli que le titre I^er de la loi de germinal, puisque celui-là seul traite de la *contrainte en matière civile*. D'ailleurs, pour éviter une méprise qui n'était pas à craindre, l'article 2070 déclare expressément qu'il n'est pas dérogé aux lois particulières relatives à la contrainte par corps *en matière de commerce*. Ainsi la loi de l'an 6 demeure avec trois pieds, au lieu de quatre qu'elle avait avant la promulgation du Code civil.

La seconde loi qui ait paru sur la contrainte

par corps est le Code de procédure civile, qui
fut déclaré exécutoire à partier du 1ᵉʳ janvier 1807, quoique promulgué antérieurement.
Ce Code contient, au livre V, un titre intitulé de
*l'emprisonnement;* or, en employant cette désignation, le législateur semble d'abord avoir voulu
distinguer *l'emprisonnement civil* de la contrainte
par corps proprement dite; mais la force des
idées et l'habitude l'obligent d'en revenir, dès le
premier pas, à l'expression consacrée, et l'article 780, qui est le premier de ce titre, parle *de
la contrainte par corps*, qu'il assimile évidemment à *l'emprisonnement pour dettes civiles.* Il est
à remarquer qu'en écrivant indifféremment, et
tour à tour, *emprisonnement* et *contrainte par
corps*, sans jamais y ajouter les mots restrictifs,
*en matière civile* ou *en matière de commerce*, le
Code de procédure semble s'appliquer à la fois
à l'un et à l'autre genre de contrainte; mais
cette confusion est purement apparente, car le
Code de procédure doit être borné taxativement
aux matières civiles, puisqu'il est de principe
que chaque loi se renferme dans son objet, et
qu'on ne doit jamais l'étendre à un autre, à
moins que le législateur ne s'en soit expliqué
formellement. Ainsi, non seulement le Code de
procédure civile ne semble pas être applicable
à la procédure commerciale en général, mais

lorsqu'il a voulu que cette application eut lieu, il l'a formellement déclaré, en traçant, pour certains objets particuliers, une procédure spéciale dans les affaires de commerce. C'est ce qu'il a fait au titre 25 du livre II, en réglant *la procédure devant le tribunal de commerce*. A moins de vouloir tout bouleverser, et de méconnaître le grand principe de la division des matières, il faut avouer qu'on ne peut trouver dans le Code de procédure civile d'autre procédure commerciale que celle mentionnée dans ce titre 25. Celle relative à la contrainte par corps, en matière de commerce, ne s'y trouve nullement indiquée; d'où il faut conclure que le Code de procédure est uniquement relatif à la forme civile, et que celle qu'il trace pour l'emprisonnement n'est applicable qu'à la contrainte civile. La raison le veut ainsi, mais la loi le veut encore mieux; car le Code de procédure civile est la mise en action du Code civil : l'un règle le fond du droit, l'autre la manière de le distribuer; et, dans l'exacte logique, il n'y a pas plus de raison pour appliquer les règles de la procédure civile à la contrainte par corps, en matière de commerce, qu'il n'y en a pour prétendre que le titre 16 du livre III du Code civil, intitulé *de la contrainte par corps en matière civile*, régit également le fond du droit commercial. Il ne faut pas d'ailleurs perdre de vue que le titre 2 de la loi de germinal sur la contrainte par corps existait lors de la promulgation du Code de procédure : de sorte que *le fond du droit* commercial aurait été conservé, et sa forme aurait été abolie sans abrogation expresse!

Les partisans du système que nous combattons se retournent, en disant que le titre 15, liv. V du Code de procédure civile fait partie *des divers modes d'exécution des jugemens,* puisque telle est la désignation de ce liv. V. « En admettant en thèse générale, disent-ils, que ce Code ne s'occupe que des matières civiles, cela ne peut s'entendre que de la procédure antérieure aux jugemens, car une fois que le jugement est rendu, tous les moyens d'exécution lui sont communs, quelle que soit la matière. La saisie mobilière ou immobilière, par exemple, se fait dans la même forme pour un jugement civil comme pour un jugement commercial. » Cette objection n'est qu'une pure subtilité : la matière qui tenait au commerce avant le jugement ne change pas de nature lorsqu'il est rendu. Si, dans bien des cas, le jugement civil s'exécute comme le jugement commercial, c'est parce qu'il y a des voies d'exécution dont la forme et l'usage sont communs à toute sorte d'arrêts ; mais cela ne prouve rien pour ceux qui sont assujétis à un mode d'exécution particulier. Précisément, le jugement civil et le jugement de commerce ont, chacun, une forme spéciale d'exécution , quant à la contrainte, forme qui est tracée, pour le civil , par le Code de procédure, et pour le commerce, par la loi du 15 germinal an 6. Chacune de ces formes peut subsister et s'exécuter dans son ressort ; il n'y a donc aucune opposition ou contradiction entre la contrainte commerciale, qui s'exécute d'une manière , et la contrainte civile qui s'exécute d'une autre : l'une et l'autre exécution sont conservées , puisqu'elles n'ont rien d'incompatible, et que l'une n'abroge pas l'autre expressément. Le Code de procédure civile abroge si peu la forme de procédure établie en matière de commerce par la loi du 15 germinal an 6, que l'art. 1041 de ce Code déclare expressément n'abroger que les lois, coutumes, usages et réglemens relatifs à la *procédure civile :* la procédure commerciale est donc maintenue.

Il faut renoncer à raisonner principes en matière de droit, ou reconnaître, d'après ce qui précède, que le Code de procédure civile n'a abrogé le tit. 3 de la loi du 15 germinal an 6, qu'autant qu'il agit ou pourrait agir sur la contrainte par corps, en matière civile; mais par la raison des contraires, elle conserve ce même titre, en tant qu'il règle la manière d'exercer la contrainte commerciale. Il demeure donc certain que la loi du 15 germinal an 6, qui avait quatre pieds, n'en a perdu que deux, lors de la promulgation des Codes civil et de procédure civile, savoir : *le fond du droit* en matière de contrainte civile, qui lui a été ravi par le Code civil, et sa forme de procéder sur le même droit, qui lui a été enlevée par le Code de procédure. Ainsi cette même loi conserve encore deux pieds : 1° *le fond du droit en matière de contrainte commerciale;* 2° *la forme de procéder sur ce même droit,* autrement dit, *la procédure relative à la contrainte par corps en matière de commerce.*

Tel était en effet l'état des choses, lorsque le Code de commerce fut décrété et déclaré exécutoire à partir du 1er janvier 1808. Tous les jurisconsultes s'attendaient à cette époque que le législateur achèverait d'abolir la loi du 15 germinal an 6, en coupant les deux pieds qui lui restaient : ce qui prouve en passant qu'on croyait la partie de cette loi relative à la contrainte commerciale bien intacte. Aussitôt que le Code de commerce fut promulgué, chacun y chercha avec empressement le titre relatif à cet expédient juridique, et à la manière de l'exercer; mais à la grande surprise des juges et des avocats, le Code de commerce ne présenta aucune disposition relative à la contrainte par corps. Dès-lors, celle-ci parut subsister telle que la loi du 15 germinal l'avait réglée. Les plus habiles jugèrent le Code de commerce d'après l'intitulé des titres; et n'y voyant aucun chapitre intitulé *de la contrainte par corps*, ils en conclurent que le législateur l'avait oubliée, ou s'en était rapporté à la loi du 15 germinal an 6. Cette erreur s'accrédita dans le barreau comme sur le siége; les professeurs eux-mêmes la partagèrent, car on ne la trouve signalée dans aucun des ouvrages, d'ailleurs recommandables, auxquels le nouveau Code de commerce donna naissance, et parmi lesquels on distingue ceux de MM. Locré, Merlin, Pardessus, Favard, Carré, Vincens, Fournel, etc., etc. M. Dalloz lui-même, qui a débrouillé avec tant de sagacité le cahos de notre jurisprudence moderne, ne paraît pas avoir saisi ce sujet avec *précision*, quoiqu'il en soit passé bien près.

Il nous semble cependant que si, au lieu de chercher l'abrogation de la loi de l'an 6 dans un titre formel et explicite du Code de commerce, on avait mis la contrainte de germinal en rapport avec le système adopté par ce même Code sur le caractère du commerçant et sur la nature des opérations réputées commerciales, il aurait été facile de voir que le régime préexistant était désormais incompatible avec ce Code, et que dès lors il était implicitement abrogé dans son principe fondamental.

Une première chose à considérer sur cette question, c'est que le Code de commerce, par son titre et par sa nature, embrassait nécessairement toute la matière du droit commercial; d'où l'on doit inférer qu'il était censé traiter tous les objets pour lesquels il n'établissait pas d'exception. Or la contrainte avait toujours été rangée parmi les matières commerciales; et la preuve en est dans l'ordonnance de 1673, qui contient un titre sur ce mode d'exécution. Il fallait, en lisant avec soin le Code de commerce, examiner si la contrainte en était exclue et non pas si elle y était introduite : on aurait vu que nulle disposition ne la retranchait. L'article 637 au contraire la consacrait formellement; donc la contrainte était conservée et devait se trouver fondue dans le nouveau Code. Il ne s'agissait plus que de suivre la marche de cette fusion, et d'examiner comment elle s'était opérée dans l'ensemble et dans le système général du nouveau Code : la première disposition à examiner sur ce point était l'article 437, qui déclare que « tout commerçant qui cesse ses paiemens est en état de faillite ; » la seconde, l'article 455, qui dispose que, par le même jugement qui ordonnera la faillite et l'apposition des scellés, le tribunal de commerce ordonnera, en même temps, le dépôt de la personne du failli dans la maison d'arrêt pour dettes, » en ajoutant qu'il ne pourra, en cet état, être reçu contre le failli d'écrou ou recommandation, *en vertu d'aucun jugement du tribunal de commerce.*

Ces deux articles abrogent toute la partie de la loi du 15 germinal an 6 concernant la contrainte commerciale, car celle-ci ne devait exister que pour les commerçans, or ces derniers devant être mis en faillite au premier paiement qu'ils cessaient d'effectuer, et par suite de cette faillite, leur personne étant mise en dépôt sans qu'aucune contrainte par corps pût être exécutée, il était bien évident que ces dispositions devenaient incompatibles avec le titre 2 de la loi de germinal, dont elles emportaient par conséquent abrogation tacite.

On objecte qu'en réglant les effets de la contrainte par corps pour les commerçans, le Code de commerce l'a conservée pour les individus non commerçans, qui font des actes de commerce (art. 632, tit. 2 et art. 637); mais cette objection n'empêche pas que, pour le cas le plus général , qui est celui relatif aux commerçans, la loi du 15 germinal an 6 se trouve réellement abrogée : elle subsiste tout au plus pour la contrainte à laquelle donnent lieu de véritables opérations de commerce. Mais comme les opérations particulières, nécessairement très rares, sont purement attributives de juridiction, malgré la modification opérée par l'article 112, il s'en suit que la contrainte par corps en matière de commerce n'en est pas moins détruite en principe par les articles 437 et 455, sauf l'application exceptionnelle et isolée dont nous venons de parler.

Mais ici la difficulté se presse, et dévoile, de la part du législateur, une lacune, une omission manifeste dans la manière d'organiser le système général. Pour trancher nettement la question sur la manière d'appliquer la contrainte exceptionnelle aux individus non commerçans, (auteurs d'opérations de commerce), l'article 637 du Code de commerce aurait dû dire que ce dernier genre de contrainte serait régi, quant à la forme, par le titre 3 de la loi du 15 germinal an 6, ou par le titre 15, livre V de la première partie du Code de procédure civile. Faute par le législateur d'avoir fait cette déclaration, la question est demeurée indécise et ne peut être résolue que par les principes de l'abrogation tacite.

Sur ce point, tous les raisonnemens déduits ci-dessus se représentent dans toute leur force pour établir que le Code civil, n'ayant abrogé que le titre premier de la loi du 15 germinal an 6, et le Code de procédure civile, d'autre part, n'ayant rapporté que la portion du titre 3 de la même loi, relative à la forme de procéder en matière de contrainte civile, il s'en suit que le Code de commerce n'a pu abolir que la portion du *fond de droit* commercial de la même loi contre les négocians, proprement dits, en maintenant la partie du fond de droit relative aux simples actes de commerce, ainsi que la forme de procéder relative à l'exercice de la contrainte par corps contre tout individu non commerçant, déclaré, à tort ou raison, auteur d'actes de commerce.

Voilà, dans toute son exactitude, le véritable système législatif qui nous régit, système d'autant plus absurde, qu'en l'admettant, les tribunaux, qui décernent toujours la contrainte par corps sur le fondement de la loi du 15 germinal an 6, ont rejetté les seules dispositions qui lui servaient de correctif : c'est-à-dire, l'article 112 du Code de commerce, dont

la lettre et l'esprit, en autorisant les souscripteurs d'effets négociables à prouver la supposition de *nom*, de *qualité*, de *domicile* et de
*lieu*, relativement au tireur ou à l'accepteur,
ouvraient un moyen facile aux tribunaux pour
n'atteindre du par corps que les seuls auteurs
d'opérations commerciales.

# CHAPITRE VII.

Quelles sont les modifications opérées sur la loi du 15 germinal an 6 par le décret du 14 mars 1807, concernant les gardes du commerce et par les divers tarifs?

La rédaction évidemment imparfaite du Code de commerce ayant trompé les avocats, les professeurs et les juges sur les véritables modifications qu'il avait fait subir à la loi du 15 germinal an 6, touchant la contrainte par corps, il arriva que l'erreur devint générale et finit par être adoptée par le législateur lui-même.

Il est vraisemblable que les principaux rédacteurs et coopérateurs du Code de commerce savaient à quoi s'en tenir relativement au maintien ou à l'abolition de la loi de germinal; mais quoiqu'il n'y ait aucune explication législative sur ce point, ceux qui se trouvèrent à la tête du gouvernement ne tinrent aucun compte du texte et des règles relatives à l'abrogation; et, sans consulter d'autre autorité que des souvenirs, on considéra le système de la contrainte par corps comme définitivement réorganisé et régularisé par une loi qui n'en parlait pas.

Les lois qui survinrent depuis le Code de commerce pour expliquer le mode d'exécution de la contrainte par corps, furent rédigées dans le même sens que si la loi avait été formellement abrogée; il suffit de lire le décret du 14 mars 1808 relatif aux gardes du commerce, et les divers tarifs concernant les officiers ministériels, pour être convaincu que cette loi avait été complètement mise en oubli, et considérée comme n'ayant plus d'existence légale. En effet, dans les tarifs, de même que dans le décret précité, les actes des gardes du commerce sont toujours qualifiés et caractérisés par les dispositions du Code de procédure civile, et jamais par les articles de la loi du 15 germinal an 6 : les articles 15 , 16, 17, 18 et 19 du décret du 14 mars 1808 ne laissent aucun doute à cet égard.

Le législateur croyait donc cette même loi abolie? mais son opinion, quoique moralement certaine, n'a jamais été exprimée de manière à produire un effet légal. D'abord il y aurait une question de constitutionnalité à examiner, pour savoir si des décrets avaient pu abolir une loi revêtue de tous les caractères législatifs; mais cette question se résout par le fait, puisque les mêmes décrets, en citant à tout propos les articles du Code de procédure civile auxquels ils se réfèrent, ne disent ni implicitement ni explicitement rien qui soit contraire à la loi du 15 germinal an 6; on voit, encore une fois, que le législateur la croit anéantie, et par cela même il ne la frappe pas.

Or nous ne connaissons pas un genre d'abrogation qui puisse s'opérer par la seule intention présumée du législateur, puisqu'il est au contraire de règle immuable que l'abrogation ne s'effectue que par la déclaration expresse ou par l'incompatibilité certaine. L'opinion du législateur avait si peu pénétré dans l'esprit du public, que tous les tribunaux de commerce de France indistinctement n'ont jamais cessé, depuis la promulgation du Code de commerce jusqu'à ce jour, de prononcer, comme auparavant, la contrainte par corps, en se fondant sur les seules dispositions de la loi du 15 germinal an 6, qui s'exécute encore dans une grande partie de ses dispositions (voy. les chap. 6, 9, 14, 15 et 16).

Il est donc bien évident que cette loi nous régit encore, malgré tous les documens qui supposent sa non existence, et si elle nous régit pour une partie du fond du droit, comme nous l'avons vu au chapitre précédent, elle doit pareillement nous régir pour la forme de procéder touchant ce même droit ; car il serait par trop absurde que le Code de commerce, qui ne statue que sur le fond du droit, eût conservé une portion du droit de contrainte réglé par la loi, et qu'il eût en même temps, sans déclaration expresse, ou incompatibilité même apparente, aboli la forme de procéder concernant ce même droit.

Nous ne nous sommes appesantis sur cette question, probablement peu importante pour l'avenir, que pour faire sentir au législateur actuel la nécessité de mûrir long-temps et de coordonner avec exactitude la nouvelle loi qui doit être rendue, afin d'éviter les erreurs, les omissions, les contradictions et les injustices qui se glissent toujours dans les lois improvisées.

# CHAPITRE VIII.

Des changemens introduits particulièrement dans le système du 15 germinal an 6, par les art. 112 et 636 du Code de commerce.

L'art. 4, tit. 34 de l'ordonnance de 1667, avait établi que la contrainte par corps serait prononcée pour lettres de change, lorsqu'il y aurait *remise de place en place;* mais faute d'avoir spécifié à quels caractères on reconnaîtrait le défaut de remise de place en place, cette disposition demeura sans effet, hors dans quelques cas extraordinaires extrêmement rares. Le législateur de l'an 6, qui avait peu approfondi son sujet, gâta encore, par son art. 5, § 4 du titre 2, le correctif déjà si imparfait de l'ordonnance de 1667; de manière que, sous l'empire de la loi de germinal, il suffisait d'avoir signé une lettre de change quelconque, n'importe comment, pour être frappé de la contrainte par corps.

À cette époque, voisine de grands désastres, peut-être que le législateur, pénétré des abus que peut entraîner l'usure, appuyée d'un système de contrainte trop sévère, sentit la nécessité, tout en conservant le par corps au commerce, de l'enlever à l'agiotage et aux plus infâmes spéculations ; cette idée toute morale et d'une saine politique intérieure, donna naissance aux articles 112 et 636 du Code de commerce, articles dont tout Français connaît les dispositions. Aussitôt qu'elles furent en vigueur, des contestations s'engagèrent de toutes parts devant les tribunaux de commerce sur les suppositions de *nom*, de *qualité*, de *domicile*, et de *lieu* alléguées par les débiteurs poursuivis ; la multiplicité même de ces attaques prouvait la multiplicité des fausses opérations de commerce, et la simulation dont presque tous les effets de change étaient empreints. Cette circonstance, qui aurait dû faire ouvrir les yeux aux juges sur l'immensité de la plaie que le législateur avait voulu guérir, fut précisément ce qui les fit révolter contre la loi.

Des commerçans transformés en juges et peu aguéris à la dialectique du barreau, se trouvèrent tout-à-coup appelés à discuter des questions ardues dont ils ne comprenaient ni le sens ni l'utilité ; trop peu éclairés, d'ailleurs, pour s'associer aux grandes vues du législateur, ils ne virent dans les articles 112 et 636 qu'une source inépuisable de chicanes. Dès ce moment, soit paresse, ignorance ou prévention, ils rejetèrent impitoyablement toutes les instances qui avaient pour but d'établir l'une des suppositions désignées par l'article 112 ; aimant mieux frapper au hasard, avec l'arme dangereuse du par corps, tout imprudent signataire d'une lettre de change et souvent d'un simple billet à ordre.

Cette fausse direction des tribunaux de commerce est un des plus redoutables fléaux qui aient désolé la France, et le nombre des victimes qui ont à s'en plaindre est effrayant.

Il résulte d'un tableau statistique fait à Sainte-Pélagie, par ordre de M. le duc Decaze, tableau qui sera probablement soumis aux chambres, que cette maison renferme habituellement deux cent cinquante détenus pour dettes, sur lesquels cinquante seulement peuvent être considérés comme négocians, ou ayant fait de véritables opérations de commerce.

Or, les incarcérés qui ne sont pas commerçans ou qui n'ont pas été arrêtés par suite d'une opération de commerce, n'auraient jamais été privés de leur liberté s'ils eussent été admis à invoquer les articles 112 et 636. On peut donc affirmer en toute assurance que les quatre cinquièmes des détenus pour dettes sont des victimes de la fausse jurisprudence des tribunaux.

D'après le même tableau, les deux cent cinquante détenus, par leurs entrées et sorties successives, produisent un mouvement annuel de quinze cents prisonniers pour dettes ; chacun de ces prisonniers est chargé, l'un dans l'autre, d'une famille composée de cinq individus, qui sont en souffrance par suite de son incarcération ; voilà donc neuf mille malheureux, qui, pour la plupart, le sont injustement, par l'effet d'une jurisprudence irréfléchie et barbare.

Cette injustice remontant au 1er janvier 1808, date de la mise à exécution du Code de commerce, il s'en suit que depuis vingt ans on incarcère par année douze cents individus qui devraient être affranchis de la contrainte par corps. L'incarcération de ces douze cents individus par année, causant le malheur de six mille personnes, le nombre total des victimes de la contrainte par corps, dans cette période de quatre lustres, s'est élevé par approximation, à cent quarante-quatre mille..... *et nunc reges intelligite erudimini qui judicatis terram !!!*

# CHAPITRE IX.



---

En toutes choses le chapitre des erreurs est d'une grande étendue ; mais c'est surtout en matière judiciaire, et particulièrement sur la contrainte par corps : essayons de prouver ce que nous avançons à cet égard.

1° Les difficultés résultant de la promulgation du Code de procédure civile, qu'on s'obstina à considérer comme remplaçant la loi du 15 germinal an 6, touchant la manière d'exécuter la contrainte par corps, portèrent sur les formes de l'arrestation.

L'article 3, titre 3 de la loi du 15 germinal an 6 avait prescrit que nulle contrainte ne pourrait être exercée que *dix jours* après un commandement, accompagné de la signification du titre et des jugemens.

L'article 780 du Code de procédure prescrivit

qu'aucune contrainte ne pourrait être exercée *qu'un jour* après le commandement accompagné de significations des jugemens *par huissier commis.*

Les formalités prescrites par ces deux lois étant différentes et presque contradictoires, les tribunaux se virent dans la nécessité d'opter : les uns appliquèrent la loi du 15 germinal an 6, d'autres, au contraire et en plus grand nombre, crurent devoir appliquer de préférence le Code de procédure civile. La cour de cassation n'a pas été appelée à régler définitivement ce point; mais il n'en est pas moins de pratique et de jurisprudence constante aujourd'hui qu'une contrainte ne peut être décernée , en matière de commerce, et exécutée que le lendemain du commandement (1), accompagné de signification du jugement par un *huissier commis.* Ainsi, sur cette première question , le Code de procédure civile a prévalu sur la loi du 15 germinal an 6.

2° L'article 4, titre 3 de la loi de germinal

____

(1) L'intention du législateur, en accordant ce délai, était de laisser au débiteur le temps de se procurer, dans ce cas extrême, les moyens de payer, et d'éviter ainsi le plus grand malheur. Mais la chicane a trouvé le secret d'annuler ce faible bénéfice, afin de ne pas laisser échapper un lucre : le commandement est, pour l'ordinaire, signifié le soir, et le lendemain matin, le débiteur est arrêté, non pas *vingt-quatre heures,* mais cinq ou six heures après avoir reçu le commandement.

veut que la contrainte puisse être exécutée en
tout temps, excepté avant le lever et le coucher
du soleil, les jours consacrés aux fêtes légales,
aux assemblées primaires ou électorales; et en
tous lieux, excepté ceux destinés aux cultes,
dans l'enceinte du corps législatif, d'un tribunal,
ou d'une administration publique.

L'article 781 du Code de procédure contient
des dispositions à peu près semblables, sauf que,
pour les lieux consacrés aux cultes, la prohibition
est bornée *à la durée des exercices religieux*, et
pour les autres lieux publics, *au tems de la tenue
des séances* par les autorités constituées.

Sur ces points, la pratique et la jurisprudence
ont fait une transaction : les idées religieuses
ayant pris plus d'influence qu'elles n'en avaient
lorsque le Code de procédure fut promulgué,
on se conforme à la loi du 15 germinal an 6,
parce qu'elle interdit absolument toute arrestation dans les églises, tandis que le même Code
ne la suspend que pendant la durée des exercices ; mais, pour tout le reste, la pratique et la
jurisprudence ont adopté le Code de procédure
civile de préférence à la loi du 15 germinal, et
les arrestations commerciales se font dans tous
les lieux publics où il n'y a pas des autorités
constituées *en séance*. Ainsi, sur cette seconde
question, on applique alternativement les deux

lois, qu'on prétend avec raison être incompatibles.

3° L'article 9 de la loi du 15 germinal an 6, indépendamment de la signification et du commandement prescrits par l'art. 3, exige qu'il soit laissé copie à l'incarcéré de son écrou, ainsi que du jugement de condamnation, *à peine de nullité;* mais l'article 789 du Code de procédure civile se borne à prescrire que l'écrou du débiteur *énoncera* le jugement, etc. etc.

La pratique et la jurisprudence ont décidé que le débiteur commercial, qui souvent est arrêté loin de son domicile, où les significations de l'art. 3 lui ont été faites, et qui par conséquent les ignore ou peut les ignorer, se contentera de la simple énonciation mentionnée dans l'acte d'écrou, tandis qu'au moment de son arrestation il doit pouvoir discuter le titre, ce qui nécessite que l'écrou en porte copie. Ainsi, sur cette troisième question, le Code de procédure l'a emporté sur la loi du 15 germinal an 6.

4° L'article 12 de la loi du 15 germinal an 6 porte que la nullité de l'emprisonnement entraîne celle de tous les écrous et recommandations.

L'article 796 du Code de procédure civile dispose, au contraire, que la nullité de l'emprisonnement, pour quelque cause qu'elle soit pronon-

# CHAPITRE XI.

**A quel terme faut-il restreindre la durée de la contrainte par corps, pour qu'elle soit en harmonie avec la peine prononcée contre les autres délits ?**

Le vœu bien prononcé du gouvernement, exprimé, l'année dernière, d'une manière formelle dans le discours d'adresse de la chambre des députés et dans la réponse de la couronne, proclame la nécessité de mettre nos lois particulières en harmonie avec le système général d'organisation consacré par la charte.

Les esprits les plus étrangers à l'étude de la législation sont forcés de reconnaître que les lois qui nous régissent présentent, en effet, dans leurs disposititions générales et particulières, des oppositions et des contradictions perpétuelles.

En nommant une commission pour opérer le classement et la révision de toutes les lois qui sont entassées pêle-mêle dans notre immense arsenal législatif, le gouvernement a pris une

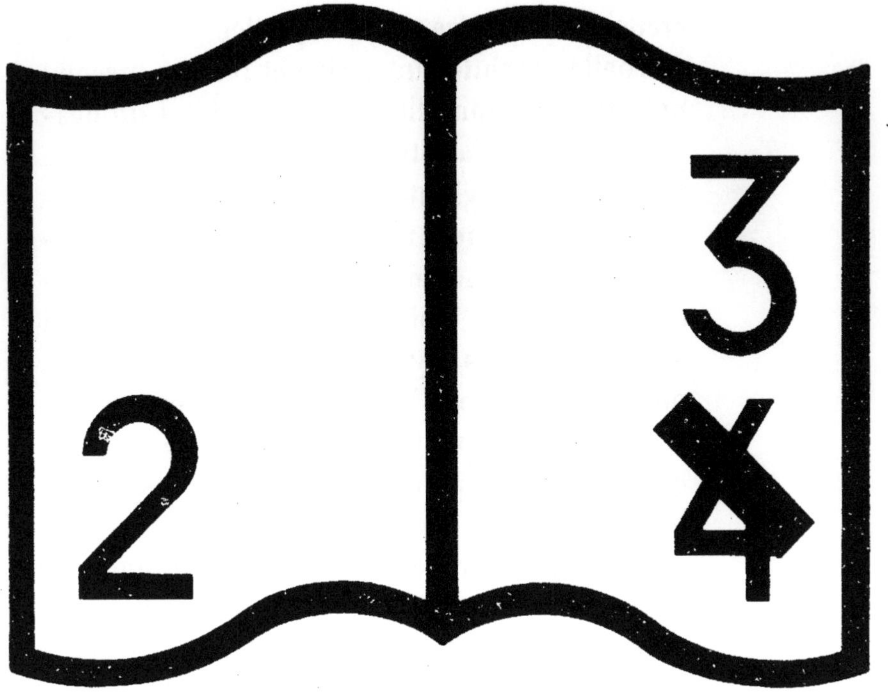

Pagination incorrecte — date incorrecte

**NF Z 43**-120-12

mesure aussi salutaire qu'indispensable, puisqu'elle doit nous faire retrouver, au fond du
creuset épuratoire, cette justice immuable,
éternelle, maintenant viciée et rendue mécon-
naissable par son alliage avec les actes du despotisme et de l'arbitraire. Mais avant que cette
régénération législative soit achevée, il s'écou-
lera nécessairement un laps de temps assez considérable. La même opération, entreprise sous
Justinien, dura trois années, et en accordant
à nos modernes légistes la même sagacité, la
même ardeur pour le travail, et la même activité qu'aux compilateurs du Digeste et du Code,
on peut calculer qu'ils emploieront au moins
un temps égal.

Un pareil retard laisse tout en souffrance; car
s'il est des injustices et des abus dont l'extinc-
tion puisse être ajournée sans danger, il existe
aussi des vexations et des iniquités dont l'impression, vive et profonde, ne permet pas d'attendre une répression aussi lente. De ce nombre
sont celles qui touchent au droit des personnes
et à la liberté individuelle; liberté si horrible-
ment mutilée durant le cours de nos discordes,
qu'avec les meilleures intentions de la favoriser,
les tribunaux lui portent chaque jour de nouvelles atteintes.

Il est vrai que cette branche notable de notre

législation étant réglée par des lois particulières de diverses époques, émanant d'autorités
différentes qui ne pouvaient reconnaître les
mêmes principes ou être animées du même esprit, on ne peut espérer de trouver dans cet
amas de pièces incohérentes, mal liées entre
elles, la même régularité et le même ensemble
que si la matière avait été régie par un Code
unique, fait d'un seul coup, ou fondu d'un seul
jet.

Il résulte de cette confusion, que lorsqu'un
juge veut apprécier, aujourd'hui, la plupart
des questions relatives à la liberté individuelle,
il doit se pénétrer à la fois des lois et de l'esprit de la Constituante, de l'Assemblée législative, de la Convention, du Directoire, du Consulat, de l'Empire et de la restauration. Ce serait un grand hasard si des pouvoirs aussi
contraires s'étaient rencontrés, et si leur amal-
game avait produit cette bonne et franche
justice telle que l'entendaient Aristide et So-
crate, Cicéron et Trajan, L'Hôpital et D'Aguesseau, Malesherbes et Camille-Jordan.

La contrainte par corps est une concession
contre la liberté individuelle; mais, quoique
systématiquement organisée par la loi du
15 germinal an 6, elle est régie, de nos jours,
par une multitude de lois, dont les plus essen-

tielles à connaître sont celles du 24 floréal an 6 et du 10 septembre 1807, concernant les étrangers; le Code civil, qui, en organisant de nouveau la contrainte par corps en matière ci-vile, a abrogé toute la partie correspondante de la loi du 15 germinal an 6; le Code de pro-cédure civile qui, en réglant la forme de procé-der pour la contrainte civile seulement, a aussi supprimé cette partie correspondante de la loi du 15 germinal an 6; enfin le Code de com-merce qui, sans paraître toucher à la loi du 15 germinal an 6, pour ce qui concerne la con-trainte commerciale, en modifie cependant tout le système, au grand avantage des débiteurs, en les mettant en faillite, et en les forçant à se constituer prisonniers, si, étant négocians, ils ont cessé leurs paiemens (art. 437 et 455), ou bien en les déchargeant de la contrainte par corps, s'ils ne sont pas négocians, ou n'ont pas fait *acte réel* de commerce (articles 112 et 636).

Des magistrats qui auraient bien exactement rapproché, expliqué et commenté ces lois, n'auraient eu garde de les confondre et de les appliquer indistinctement, ainsi que les an-nales de la jurisprudence semblent le prouver. Un ministre de la justice qui se serait occupé (comme c'est son devoir) de diriger l'action des tribunaux vers un but unique, quand la

la loi est formelle, n'aurait pas donné l'exemple de la divergence, en confondant perpétuellement, dans la loi d'organisation des gardes
du commerce du 14 avril 1808, *la forme de procéder en matière de commerce, réglée par la loi du
15 germinal an 6, avec celle établie en matière
civile, réglée par le Code de procédure* (abolitif
en ce point de toute loi antérieure.)

De pareilles méprises, échappées au chef de
la justice, donnent, par avance, une idée de
celles qu'ont dû commettre les tribunaux ; mais
quelque aberration qu'on veuille supposer dans
l'esprit des juges, quelque ignorance des premiers principes qu'on se décide à leur prêter, il
est impossible de croire, à moins d'en avoir la
preuve matérielle sous les yeux (et malheureusement elle se trouve dans tous les recueils de
jurisprudence), que des tribunaux, en général
bien composés, des cours royales où brillent
de grandes lumières, aient pu commettre tant
d'erreurs, entasser tant de bévues, en venir,
enfin, au point que, si on n'y met un terme,
toute la France passera, avant peu, sous les
fourches caudines de la contrainte par corps.

La fausse jurisprudence des tribunaux a fait
tant de victimes, opéré tant de froissemens,
qu'un cri violent et soudain est parti, tout-à-
coup, du sein de la nation française pour ac-

cuser d'atrocité et de vandalisme une loi à laquelle on attribue à tort tous les maux dont elle est moins la cause que le prétexte. Parmi les reproches qu'on lui adresse, figure, avec justice, et au premier rang, celui de punir *le non paiement* d'une manière plus rigoureuse que la loi criminelle ne punit certains crimes et tous les délits.

Cette critique n'est que trop fondée, et le moindre rapprochement va le faire ressortir jusqu'au dernier degré d'évidence. Le Code pénal qui nous régit, ce Code vulgairement appelé *Code Treilhard,* et qu'à l'exemple de celui de Dracon, on prétend avoir été écrit avec du sang, le Code Treilhard donc classe tous les méfaits sous trois dénominations principales.

1° *Les crimes,* qui sont les plus grands attentats contre les personnes ou les propriétés, et qui embrassent depuis le parricide jusqu'aux blessures, depuis l'incendie jusqu'à l'enlèvement frauduleux d'un titre, comportant obligation ou décharge. Ces attentats sont punis des peines extrêmes ou intermédiaires, depuis la peine de mort jusqu'à la réclusion, dont le *minimum* est de cinq ans ; or le *non paiement* ne peut certainement être placé dans aucune de ces catégories.

2° *Les délits,* qui comprennent depuis les

coups ou blessures occasionnant une incapacité de travail de moins de vingt jours, jusqu'au
simple délit de diffamation. La peine de ces
délits est graduée depuis cinq ans jusqu'à un
mois d'emprisonnement; mais, par suite des
dispositions limitatives de l'article 463, la peine
peut être réduite (sans prison) à une amende
équivalente à une journée de travail. La peine
du *non paiement* pouvait, mais à la rigueur, se
trouver dans le classement de ces divers délits,
puisque le non paiement constitue, surtout par
sa moralité, une offense moins grande que celle
résultant d'aucun d'eux.

3° Enfin les *contraventions*, qui forment la
partie inférieure de l'échelle du Code pénal, à
partir du moindre des délits jusqu'à l'usage des
faux poids ou de fausses mesures, que la loi
considère comme les plus minimes contraventions. Tous ces méfaits sont punis d'une amende
de 5 francs à 1 franc, et d'un emprisonnement
de cinq jours à un. Le *non paiement* pourrait,
dans bien des cas, être rangé dans cette classification; car le débiteur qui ne paie pas une
somme très modique qu'il avait promise, est
souvent moins coupable que ceux qui tiennent
de faux poids et de fausses mesures.

On justifie le législateur de n'avoir pas compris le *non paiement* parmi les diverses catégories développées dans le Code pénal, en disant que ce non paiement est un délit complexe d'un genre particulier, et dont la répression nécessitait, comme l'usure, une loi spéciale. En admettant cette exception, qu'on pourrait fort bien contester, du moins est-il convenable d'exiger que la peine soit en harmonie avec celles des autres délits de même nature, et dont la répression se trouve pourtant bien moindre. Ainsi l'usure, qui est également régie par une loi particulière (celle du 3 sept. 1807), et qui, sous le rapport de la moralité, constitue un délit bien plus grave que le *non paiement*, l'usure n'est punie, sans emprisonnement, que d'une amende égale à la moitié des capitaux placés au taux usuraire. Le débiteur malheureux est donc puni plus que l'usurier; car le premier subit toujours cinq ans de prison, tandis que le second n'en supporte jamais une seule journée. On nous dit, à la vérité, qu'il faut punir le malfaiteur par où il pèche, et l'on en conclut qu'un usurier qui n'aime que l'argent est plus fortement affecté d'une amende, que le débiteur ne l'est par la prison. Mais, outre que ce système ne s'appuie sur aucune bonne appréciation morale, il faudrait, pour qu'il y eût équilibre, que l'amende prononcée contre l'usurier fût toujours très-forte, et que l'emprisonnement infligé au débiteur pût être diminué selon les circonstances.

La loi a précisément réglé tout le contraire ; l'emprisonnement du débiteur est de cinq ans *dans tous les cas indistinctement*, tandis que, grâces aux subtilités du barreau et à la philantropie des juges, l'amende de l'usurier se réduit presque toujours à une somme insignifiante. Qu'on parcoure les annales de la jurisprudence, et l'on verra que les usuriers les plus célèbres, ceux qui, en spoliant des millions, sont devenus les fléaux de toute une contrée, n'ont payé, le plus souvent, qu'une amende de cinq ou six mille francs.

Mais si la peine de l'usure n'est pas en rapport avec celle du non paiement, nous allons voir que celle des autres délits l'est encore bien moins. Les coups, les blessures, quand ils ne sont pas accompagnés d'une maladie ou incapacité de travail de plus de vingt jours, ne sont punis, par l'article 311 du Code pénal, que d'un emprisonnement d'un mois à deux ans. Ainsi, pour se venger d'un ennemi, un homme aura l'adresse de lui couper le nez ou une oreille, à l'effet de le rendre à jamais un objet d'horreur et de dégoût, et, grâce à l'habileté d'un médecin, qui le guérira en moins de vingt jours, le coupable en sera quitte, pour peu que les circons-

tances le favorisent, en subissant un mois d'emprisonnement.

L'attentat aux mœurs, en excitant à la dé-
bauche, n'est puni, même lorsqu'il est provoqué
par le père ou la mère sur leurs enfans, que d'un
emprisonnement de deux à cinq ans (art. 534,
§ 2 du Code pénal. )

La peine de l'adultère ou de son complice est
de trois mois à deux ans de prison ( art. 337 );
l'enlèvement et l'abandon des enfans sont punis d'une peine à peu près semblable (art. 349);
il en est de même de la calomnie (371 ); tous
les vols, excepté ceux qu'on appelle *vols qualifiés*,
sont punis d'un emprisonnement d'un à cinq
ans ( art. 401 ); la banqueroute simple, d'un
mois à deux ans (art. 402); les escroqueries et
filouteries de toute espèce, d'un an à cinq ans
ou plus (art. 405); les abus de confiance, ou
le détournement de pièces ou titres, l'abus de
blancs-seings ne sont punis que d'un emprisonnement de deux mois à deux ans ( art. 406,
407 et 408 du même Code ). Ainsi, l'homme qui
aurait commis le plus grand des délits dont nous
venons de rapporter la pénible nomenclature,
en serait quitte pour un emprisonnement de
cinq ans au plus, et pourrait, selon les cas et les
circonstances, se tirer d'affaire avec un ou deux
mois de prison; tandis que le malheureux débi-

teur qui aura eu l'imprudence de signer une lettre de change, dont le plus souvent il n'aura pas touché le montant, sera, dans tous les cas, frappé d'un emprisonnement de cinq ans !

Ce n'est pas tout encore; le Code pénal, tout sévère qu'on le trouve, contient, en matière de délit, un retour à l'humanité qui modère, dans bien des cas où elle a paru trop rigoureuse, la peine de l'emprisonnement : l'article 463, dont les dispositions ont été imitées par une loi particulière de 1822, pour ce qui concerne les crimes, l'article 463, disons-nous, veut que, dans tous les cas où le dommage causé n'excède pas 25 fr., et si les circonstances sont atténuantes, la peine d'emprisonnement puisse être supprimée par les tribunaux, et l'accusé condamné à des peines de simple police, c'est-à-dire à un franc d'amende. De sorte qu'un homme qui sera favorisé par des circonstances heureuses, qui appelleront sur lui une grande indulgence ou un grand intérêt, pourra, pour l'un des délits ci-dessus mentionnés, n'être condamné qu'à une amende d'un franc ; lorsque le débiteur qui n'aura pas pu payer une lettre de change de 25 f. sera, sans égard à sa bonne foi ni aux malheurs qui l'auront accablé, retenu impitoyablement pendant cinq années dans une maison d'arrêt pour dettes!... et nous oserons vanter l'humanité

de nos Codes, la justice de nos lois, la philantropie du jour, les lumières du siècle ! Ces Turcs
que nous dénigrons, ces Arabes errans que nous
vouons au mépris, ces insulaires sauvages que
nous envisageons avec horreur, sont, dans la
réalité, moins barbares, moins injustes que
nous ! Chez eux, au moins, la victime n'est
pas plus sévèrement punie que l'assassin ; tandis
qu'on a vu naguère, en même temps, dans la
prison de Sainte-Pélagie, d'un côté, c'est-à-
dire dans la section de la dette, un débiteur
qui a été retenu cinq ans en prison parce qu'un
vol de quarante mille francs l'avait mis dans
l'impuissance de payer son créancier ; et de
l'autre côté, c'est-à-dire dans la section des prisonniers repris correctionnellement, le coupable qui avait fait le vol de ces quarante mille
francs, et qui, pour ce délit, n'avait été condamné qu'à dix - huit mois de prison. Placés
tous les deux dans le même lieu, quoique dans
un compartiment différent, le débiteur captif
pouvait tous les jours voir promener dans la cour
son voleur ; et lorsque celui-ci apercevait sa
victime à la fenêtre, il avait l'impudence de s'é-
crier : *Tu vas donc rester encore ici trois ans comme
un imbécille ? Adieu ; je sors dans quelques jours
et vais aller m'amuser à tes dépens !*

Voilà le résultat du déplorable régime de la

contrainte par corps ; régime contraire à toutes les règles du bon sens ; système inique, monstrueux et indigne d'un peuple civilisé.

En admettant que la contrainte par corps doive être maintenue dans notre législation, au moins faut-il la mettre en harmonie avec les principes du droit et les règles de l'équité. Or, ces principes et ces règles ne peuvent nous faire voir dans le défaut de paiement d'un engagement de commerce qu'un pur fait, innocent par lui-même ; ce fait, à la vérité, peut devenir répréhensible et punissable ; mais en bonne justice, il faut pour cela que la mauvaise foi l'accompagne. Il est écrit partout que le dol ne doit pas se présumer dans les contrats, et que ceux qui l'allèguent doivent le prouver ; si, comme on n'oserait le contester, ce principe est exact dans la théorie générale, pourquoi ne serait-il pas adopté relativement à la contrainte par corps? Il faut sans contredit protéger l'argent du créancier ; souvent le défaut de paiement d'une somme sur laquelle il comptait le plonge dans tous les accidens dont nous avons esquissé le tableau dans l'intérêt du débiteur ; mais cette considération, toute puissante qu'elle peut être, ne saurait motiver l'emprisonnement d'un honnête homme, qui doit des secours à sa famille et ses services à l'Etat.

Pour établir la contrainte par corps sur des bases équitables, on doit consulter l'intérêt et la position respective du créancier et du débiteur : chaque défaut de paiement est le sujet d'un débat qu'on ne peut bien apprécier que par l'examen des circonstances ; et, dès-lors, au lieu d'affranchir trop légèrement le débiteur ou de le mettre à la merci de son créancier, il faut qu'à l'exemple de l'Angleterre, la justice intervienne entre eux, comme arbitre, pour faire incarcérer le débiteur de mauvaise foi, et rendre à la liberté celui qui n'est qu'impuissant et malheureux.

Mais, même en prenant le parti d'emprisonner le débiteur dont la bonne foi est suspectée, il convient encore de limiter la durée de cet emprisonnement, de manière à la mettre en harmonie avec la peine des autres délits analogues. Or, comme le débiteur qui, sciemment ne rend pas un argent qui a été loyalement prêté, trahit la confiance de son créancier, auquel il avait promis la restitution ; comme, par le seul fait du non remboursement, le débiteur commet *un véritable abus de confiance*, et que ce délit est puni, par l'article 406 du Code pénal, de deux mois à deux ans de prison, il s'en suit que, pour être juste et conséquent avec lui-même, cette peine est la plus forte que le législateur puisse infliger aujourd'hui au débiteur qui ne se libère pas.

Mais, nous le répétons, cette peine, toute douce qu'elle peut paraître, comparée aux dispositions de la loi du 15 germinal an 6, serait encore beaucoup trop sévère, dans bien des cas; il faut donc que le législateur ne l'inflige que contre l'abus de confiance bien caractérisé, eu égard à l'importance de la somme due, à la moralité, à la condition des parties, aux circonstances du prêt et à toutes celles qui l'ont suivi.

Tel est, ce nous semble, le seul moyen de rendre la contrainte par corps tolérable à un peuple civilisé et régénéré ; à un peuple environné de voisins qui abolissent ce régime odieux.

# CHAPITRE XII.

Des alimens à fournir au débiteur, et dans quelle proportion.—Y a-t-il quelque distinction à faire dans la nouvelle loi entre les anciens débiteurs et les nouveaux, entre les négocians et les non négocians? —En quelle forme et par qui les alimens doivent-ils être déposés?

Les alimens du débiteur, mis à la charge du créancier, qui est obligé d'en faire l'avance, sont le seul contrepoids que la loi du 15 germinal an 6 ait établi en faveur du débiteur, pour modérer la cruauté du créancier, qui, sans cela, ne manquerait jamais de le mettre en prison et de l'y retenir cinq ans. Mais l'effet de ce contrepoids a été mal combiné, et son énergie ne répond pas à la force d'action résultant de l'exercice de la contrainte. Pour tout homme qui a une existence dans le monde, qui veut conserver sa considération et ne pas ébranler son établissement ou son crédit, l'incarcération pour dettes est le plus grand malheur; il cherchera à s'en garantir par toutes sortes de sacrifices : voilà donc l'argent du créancier bien protégé par la seule menace de l'emprisonnement. Dans tous les cas ordinaires, pour peu que le débiteur ait de consistance et de probité, la crainte de l'emprisonnement fera son effet.

Dès ce moment, le but de la loi sera rempli, car l'intérêt du créancier n'est pas de mettre le débiteur en prison, mais de le forcer au paiement par la crainte d'y entrer. Parvenu à ce point, le législateur, qui s'est en quelque sorte assuré du débiteur, doit s'arrêter pour empêcher le créancier d'aller trop loin; la prestation des alimens qu'il lui impose constitue un mode de répression bien entendu, mais, pour qu'il produise tout son effet, il faut le combiner avec la position respective du créancier et du débiteur. Ce que la loi doit prévenir, c'est que le débiteur ne soit alimenté d'une manière insuffisante; car, cela étant, on lui inflige deux peines pour une: on le garrotte par la contrainte, on l'assassine par l'insuffisance des alimens. Dans ce cas, qui est précisément celui de la loi du 15 germinal an 6, le débiteur est entièrement à la discrétion du créancier: c'est un ilote forcé de crier constamment merci.

La loi nouvelle ne peut adopter de pareilles bases. En supposant le système de la contrainte par corps maintenu dans notre législation, quoique la saine justice et la religion le réprouvent; en admettant que la durée de l'emprisonnement soit de deux mois à deux ans, par suite de l'assimilation du délit de non paiement au délit d'abus de confiance, il faudra encore que le législateur s'applique à fixer le taux des alimens d'après une moyenne proportionnelle qu'il s'agit de déterminer.

Les alimens sont, selon bien des opinions, le point essentiel de la contrainte par corps; dans un temps où les affaires sont en stagnation, à une époque où tout le monde se plaint d'éprouver de la gêne, il peut être difficile de satisfaire toutes les exigences. Les débiteurs demandent qu'on leur donne des alimens considérables; les créanciers, au contraire, sollicitent pour être dispensés de toute prestation d'alimens. Il y aurait un moyen de satisfaire des prétentions ausi opposées, ou du moins d'y mettre un terme, ce serait d'organiser la contrainte sur la base du système général de pénalité, et de laisser au juge civil de l'accorder ou de la refuser depuis deux mois jusqu'à deux ans, selon les circonstances. Comme, alors, la contrainte ne serait plus qu'une peine imposée à la mauvaise foi, on n'accorderait pas d'alimens au débiteur, car, n'inspirant pas plus d'intérêt que les autres condamnés, il devrait être soumis à la même rigueur.

Mais, si au lieu d'adopter ce système, qui n'est point dans nos mœurs ni dans l'esprit de notre législation, on continue, comme par le passé, à mettre la contrainte à la disposition du créancier contre le débiteur, il faut nécessairement imposer au premier l'obligation de nourrir le second : dans ce cas, la mesure des alimens s'établit par les considérations générales qui déterminent le régime lui-même. Or, toutes les fois qu'un créancier fait arrêter son débiteur, il est persuadé que celui-ci a les moyens de payer, et qu'il paiera. Dans cette persuasion, le créancier ne doit pas se montrer bien difficile pour la fixation des alimens; car ils ne constituent, dans son idée, qu'une avance dont il faudra bien que son débiteur le dédommage. Si, au contraire, le créancier a recours à l'incarcération avec la ferme conviction qu'il ne sera pas payé, ou seulement avec un grand doute s'il le sera, cette circonstance doit engager le législateur à élever le taux des alimens. En effet, le créancier, dans ce double cas, est un homme méchant, inhumain, dont les intentions malveillantes ou odieuses doivent trouver dans la loi une répression plutôt qu'un encouragement.

D'autre part, les alimens que la loi met à la charge du créancier ne sont établis que pour la conservation du débiteur, et nullement pour sa satisfaction : ils doivent donc être proportionnés à ses besoins; mais qu'entend-on par les besoins du débiteur? Ici se présente une de ces questions d'intérêt général qui sont à la portée de tout le monde; questions où le caprice et le préjugé ont autant d'influence que la raison, et qui, par cela même, occasionnent des dissentimens interminables : tâchons néanmoins d'en saisir quelques points principaux, afin d'arriver, s'il est possible, à une solution satisfaisante.

Le *besoin*, dans l'état naturel, est la non satisfaction d'un appétit : l'homme qui a faim ou soif, et qui manque d'alimens ou de moyens pour se les procurer, est dans le besoin; celui qui est pressé par le sommeil, et qui n'a pas une couche ou un abri sûr pour se reposer, est dans le besoin. Mais dans l'état civilisé, l'homme ayant contracté des habitudes qui ont modifié ou même changé la nature de ses appétits, ne peut plus être restreint à la seule satisfaction de ses besoins naturels. C'est conformément à ses habitudes qu'il faut le traiter; mais comme ces habitudes varient à l'infini, et qu'il y aurait par conséquent impossibilité d'entrer dans la position individuelle de chacun, il y a nécessité de s'attacher à certaines habitudes qui sont communes à tous les hommes raisonnables et bien élevés, et dont la réunion constitue la somme des besoins de l'homme civilisé. Sans entrer dans des détails fastidieux et inutiles, on peut trouver une mesure approximative dans le taux des pensions de Paris : il y existe des allocations de quarante-cinq fr. par mois, procurant à l'homme les alimens absolument nécessaires pour vivre; on trouve aussi des pensions à quatre-vingt-dix fr. par mois, où l'on donne tout ce qui peut satis-faire la sensualité d'un homme du monde. La moyenne de ces deux extrêmes serait soixante-quinze francs par mois; pourquoi ne serait-elle pas adoptée pour régler les alimens du débiteur, au moins à Paris? Quel est, en effet, dans la capitale, l'homme bien élevé qui n'a pas besoin de deux francs cinquante centimes par jour, pour être blanchi, éclairé, chauffé, nourri, abreuvé, habillé, le tout avec simplicité et modestie ?

Les hommes de l'ancien temps, ceux du nouveau qui en ont conservé les traditions et les habitudes, ont, en général, sur le taux des alimens, des vues restreintes qui proviennent de la parcimonie dans laquelle ils ont été élevés. J'ai entendu un homme d'esprit féliciter sérieusement un détenu pour dettes, de ce que les alimens allaient être portés à trente francs par mois par la nouvelle loi. Si je n'avais connu le caractère du personnage, j'aurais pris son discours pour une ironie bien cruelle; car il jouit d'un revenu considérable, et quoique fort simple dans sa mise, il ne laisse pas de dépenser trente francs par jour. Voilà les hommes : prodigues et magnifiques pour eux, avares et mesquins pour les autres. « Mais, dira-t-on, si vous donnez soixante-quinze francs par mois au débiteur, on se fera écrouer pour trouver à Sainte-Pélagie une aisance dont peu de personnes jouissent au dehors ». Est-il possible qu'une pareille observation puisse affecter des gens raisonnables ! Il y aura, dites-vous, des hommes capables de spéculer sur ces alimens et de se faire mettre en prison pour être bien nourris, tandis qu'ils meurent de faim dans le monde. Mais quels sont ceux qui pourront se livrer à ce honteux calcul ? des joueurs, des hommes dégradés par la corruption et entièrement ruinés ; car assurément toute personne qui aura quelque peu de délicatesse d'âme ou quelque ressource pour exister, ne sacrifiera pas volontairement sa liberté pour jouir d'un misérable revenu de cinquante sous par jour, qu'il peut se procurer dehors avec la moindre industrie. Admettons, toutefois, qu'il se rencontre beaucoup de ces hommes qui se feraient contraindre par spéculation ; trouveront-ils des créanciers assez dupes pour les entretenir ainsi ? car il ne suffirait pas, pour arriver au résultat objecté, que le débiteur fût vil, il faudrait encore que le créancier fût stupide.

Il n'y a donc rien à craindre de ce côté, tandis que du côté opposé, c'est-à-dire dans le cas d'une réduction excessive de la quotité des alimens, le débiteur privé de sa liberté est encore assailli par la faim. Avec quelque économie qu'un homme règle sa dépense, il lui est impossible de vivre avec les *quarante-cinq centimes* par jour que lui donne la loi homicide du 15 germinal an 6, déduction faite du loyer des meubles les plus indispensables. Le rapport de M. Jacquinot de Pampelune, quoique peu développé dans cette partie, énonce une idée affligeante et qui paraît inconcevable de la part d'un magistrat connu par les plus honorables sentimens : ce rapport dit que le taux des alimens, fixé à vingt francs par la loi du 15 germinal an 6, est évidemment insuffisant pour la capitale, tandis qu'il peut être considéré comme *excessif pour certaines villes de province.* Non, M. le procureur général, votre plume n'a pu écrire cette phrase : elle doit avoir échappé à la distraction de vos copistes ; car assurément vous n'avez jamais pensé que, même dans le Poitou, le Limousin et l'Auvergne, qui sont les provinces où l'on vit à meilleur marché, une somme de 67 centimes par jour pût être *excessive.* Si telle était votre manière de voir, qu'auriez-vous dit en Angleterre, où le débiteur, quel qu'il soit, reçoit 60 c. de la part de *chaque* créancier, sans compter les 60 centimes qui lui reviennent sur la taxe des pauvres? Qu'auriez-vous dit surtout en Ecosse, où les alimens sont taxés par le débiteur lui-même, selon son rang et ses habitudes; où la famille de ce débiteur est mise à la charge du créancier, qui doit pourvoir à tous ses besoins à partir du moment où il a fait exécuter l'incarcération? Ah! serait-il vrai que l'habitude des fonctions judiciaires, l'aspect sans cesse renouvellé de la corruption, de la misère et du crime finissent par endurcir les cœurs les plus généreux, et par dégrader l'homme aux yeux de son semblable! Egaux devant la nature, devant Dieu et devant la loi, les distinctions sociales nous feraient-elles oublier que tout homme est notre frère, et que, dans quelque humiliation qu'il soit tombé, nous lui devons au moins autant d'intérêt et d'affection qu'aux animaux domestiques que nous nourrisons!

Les personnes qui s'occupent des dispositions de la loi projetée sur la contrainte par corps, et qui cherchent à pressentir sa rédaction, jugent que, comme moindre faveur, cette loi devra établir une distinction entre les alimens des débiteurs non négocians qui se trouveront en prison à l'époque de sa promulgation, et les débiteurs négocians qui seront incarcérés à l'avenir, en exécution de cette même loi : voici sur quelles considérations cette distinction est motivée.

Sur environ deux cent cinquante détenus pour dettes qui sont habituellement à Sainte-Pélagie, où ils se renouvellent sans cesse par un mouvement assez rapide, il n'y en a qu'un cinquième environ qui soient réellement négocians et incarcérés d'une manière légale ; les autres quatre cinquièmes sont des hommes de toute classe, étrangers au commerce, et qui ne subissent la contrainte que pour avoir signé des lettres de change, ou même de simples billets à ordre, et n'avoir pas su ou pu se faire appliquer exactement les dispositions de l'article 112 du Code de commerce, dont l'exécution est toujours éludée par la prévention des juges ou les escobarderies des huissiers.

M. Jacquinot de Pampelune annonce dans son rapport que le tiers, ou au moins le quart des détenus pour dettes, sont étrangers au commerce ; ce magistrat a pris une fraction pour l'autre ; car en consultant, non pas les registres d'écrou, où tous les prisonniers sont qualifiés de négocians, mais le registre particulier tenu au greffe sur l'âge et la profession de chaque détenu, on apprend que le cinquième au plus des prisonniers actuels de Sainte-Péla-

gie sont commerçans, en appliquant cette qua--
lificatioe dans son sens le plus étendu, ou plutôt le plus torturé.

Quoi qu'il en soit, tous ceux qui n'appartiennent pas au commerce, ou qui n'ont pas été soumis à la contrainte par suite d'opérations commerciales bien réelles, n'en sont pas moins emprisonnés comme négocians, et condamnés en
cette qualité. Tous les jugemens du tribunal de
commerce, sans exception, sont rédigés dans
ce sens; et lorsque l'on compare la liste des détenus pour dettes avec la formule invariable des
arrêts qui prononcent le par corps, on est tenté
de prendre les registres du greffe pour un re-
cueil de mauvaises plaisanteries, et la justice pour
une dérision. Mais les verroux et les grilles de
Sainte-Pélagie prouvent que cette plaisanterie
est bien sérieuse : elle se renouvelle tous les
jours avec tant d'exactitude, qu'il est vraisemblable qu'à l'époque où la nouvelle loi sera pro-
mulgée, il y aura, comme aujourd'hui, dans cette
prison, sur environ deux cent cinquante détenus,
deux cent prisonniers étrangers au commerce,
mais écroués définitivement comme négocians.

Quel parti prendra le législateur à l'égard de ces
deux cents détenus pour dettes, ainsi qu'à l'égard
de tous autres qui se trouvent en France dans
le même cas? leur laissera-t-il achever les cinq

années de prison portées par la loi du 15 germinal an 6? Mais, dans ce cas, si la loi nouvelle ne prononce qu'un emprisonnement de deux mois à deux ans contre les négocians, comme on doit s'y attendre, sera-t-il bien juste de voir dans la même prison, pour des faits semblables, des négocians sujets à contrainte qui n'y feront qu'un séjour de quelques mois, à côté d'hommes, non contraignables de droit, qui auront encore un séjour de plus de quatre ans à faire? Le législateur ferait cesser cette bigarrure en donnant à la loi nouvelle une sorte d'effet rétroactif; et dans ce cas sa disposition serait applicable aux détenus actuels comme à ceux à venir. Mais cet effet rétroactif est-il au pouvoir du législateur? Dans la supposition affirmative, comment et avec quel dicernement doit-il prononcer? Voilà des questions délicates que nous examinerons dans un chapitre spécial, et que nous n'indiquons ici qu'en passant, pour arriver à une observation qui nous paraît de la plus haute importance.

Si, comme le projet de M. Jacquinot de Pampelune le laisse entrevoir, le législateur déclare qu'à l'avenir il n'y aura que les seuls négocians qui soient passibles de la contrainte par corps, il est, même indépendamment de l'action rétroactive de la nouvelle loi, des moyens propres à

empêcher qu'un homme mal à propos condamné
comme négociant, conserve cette qualité, et soit
obligé de subir jusqu'à la fin la conséquence du
faux titre que l'ancienne loi lui a imprimé. Ces
moyens indirects, mais très légitimes, nivelle-
raient, autant que possible, les droits et la position des nouveaux détenus avec ceux des hommes dont la captivité était fondée sur la loi
ancienne.

Parmi ces moyens efficaces il en est un que
nous ne pouvons omettre ici, et qui consisterait
à assujettir les anciens créanciers à une consignation d'alimens plus forte que les nouveaux.

La fixation des alimens n'étant qu'un mode
d'exécution de la contrainte, une formalité accessoire qu'il dépend du législateur de modifier
lorsqu'il le croit utile, il s'ensuit qu'il est le maître de l'étendre si la nécessité lui en est démontrée. Ainsi le législateur pourrait très bien, sans
tomber dans l'effet rétroactif, ordonner qu'à
l'avenir les mois d'alimens seraient de 75 fr. ;
tandis que, pour compenser l'injustice commise
envers l'ancien débiteur qu'on retiendrait comme négociant, quoiqu'il ne le fût pas, le législateur pourrait porter les alimens de cet ancien
débiteur à la somme de 100 fr. par mois.

Au moyen de cette disposition, qui sera vivement sollicitée de toutes parts, le nouveau lé-

gislateur forcerait les anciens créanciers à lâcher leurs victimes, et dans peu de temps tout rentrerait dans l'uniformité du droit commun.

La manière de déposer des alimens est aussi essentielle que le taux peut en être intéressant : la loi du 15 germinal an 6 prescrivait (art. 14) que ces alimens seraient déposés *d'avance, et par chaque mois*, par le créancier. Cette expression pouvait sembler vague ; mais l'article 15 (paragraphe 5) en détermine le sens d'une manière non équivoque, puisqu'il prescrit textuellement «que celui qui fait exécuter un emprisonnement sera *personnellement* tenu d'effectuer la consignation des alimens, sauf son recours contre les autres créanciers, *à peine de nullité de l'écrou.* »

Dans une science essentiellement subtile, où la chicane parvient quelquefois à obscurcir l'évidence, on a cherché des raisons pour éluder l'application de cet article, dont l'exécution rigoureuse gênait les habitudes des huissiers et des gardes du commerce, qui sont dans l'usage d'envoyer les alimens par le premier venu, et de faire quelquefois la consignation pour l'année entière, quoique l'art. 14, que nous avons déjà cité, prescrive que le dépôt sera fait d'avance *et par chaque mois.*

Il est curieux d'examiner par quelle série d'aberrations la jurisprudence des tribunaux et des cours est parvenue à paralyser les dispositions impératives et formelles de la loi du 15 germinal an 6.

Le Code de procédure civile, promulgué en 1806 pour être exécuté à partir du 1er janvier 1807, régla par un titre particulier (c'est le 15me du livre V) les formes relatives à l'exécution de l'emprisonnement prononcé, en matière civile, par le tit. 16, liv. III du Code civil. Les gardes du commerce, dont l'institution ou le renouvellement coïncide, à peu d'intervalle, avec la mise en vigueur et surtout avec la pleine intelligence du Code de procédure civile, trouvèrent que les formes d'arrestation, d'écrou et de consignation d'alimens, tracées par le nouveau Code, étaient bien plus commodes et bien plus faciles que celles déterminées par la loi du 15 germinal an 6. Ils étaient trop peu éclairés pour voir que, par la seule force du principe relatif à la division des matières, le Code de procédure, en abrogeant la partie de la loi du 15 germinal an 6, relative à la forme de la contrainte civile, avait forcément conservé la forme établie par cette loi pour la contrainte commerciale ; en d'autres termes, ils n'en savaient pas assez pour distinguer que la loi du 15 germinal an 6 était composée de quatre parties bien distinctes : 1º de la contrainte par corps en matière civile, tit. 1er de la loi ; 2° de la contrainte par corps en matière de commerce, tit. 2 de la loi ; 3° de la forme de procéder pour la contrainte civile, tit. 3 de la loi ; 4° et de la forme de procéder en matière commerciale, tit. 4 de la loi ; et que ce dernier titre, étant complexe, s'appliquait aux deux contraintes.

Or, ces distinctions bien simples ayant échappé aux gardes du commerce, aux huissiers, aux agréés et à tout le docte conseil qui les dirige, on s'imagina que les formes de la contrainte commerciale, tracées par la loi du 15 germinal an 6, étaient remplacées par la forme de procéder établie par le Code de procédure pour la contrainte civile, et en conséquence les débiteurs commerciaux ont été poursuivis et arrêtés d'après les formes tracées par le Code de procédure, et non d'après les régles établies par la loi du 15 germinal an 6.

Il serait trop long d'énumérer toutes les irrégularités, fausses poursuites ou nullités qui ont été commises par cette erreur fondamentale ; nous allons en citer trois des plus essentielles, qui seules suffiraient pour faire juger les autres.

1° L'article 781, § 5 du Code de procédure civile, veut que le débiteur ne puisse être arrêté dans une maison quelconque, même dans son propre domicile, sans l'assistance du juge de paix; la loi du 14 mars 1808, sur l'organisation des gardes du commerce, rappelant cette disposition du Code de procédure, y déroge, dans le cas où le débiteur serait arrêté dans son propre domicile, pour n'avoir pas refusé l'entrée au garde. La loi du 15 germinal an 6 ne prescrit aucune formalité semblable; cependant l'article 2, titre 3, dit que l'agent chargé de l'arrestation pourra requérir la force armée, qui devra être mise à sa disposition. Les gardes du commerce ayant trouvé à Paris un juge de paix plein de zèle, qui se fait un devoir et même un plaisir de les accompagner chaque matin, à raison de 10 francs par capture, dans les diverses visites domiciliaires qu'ils vont faire au petit point du jour, chez les trop confians débiteurs, ont trouvé commode de négliger l'appareil de la force armée, qu'ils ne pourraient convoquer ou réunir assez secrètement, et se font un protecteur habituel du juge de paix empressé que nous venons de désigner.

Il résulte de là que ces officiers exécutants, qui ne pourraient faire au-delà de deux ou trois arrestations par jour, s'ils étaient forcés de recourir à l'assistance de la force armée, peuvent en effectuer jusqu'à douze ou quinze; ce qui produit autant de 10 francs pour le serviable juge de paix, et autant de 60 francs pour les infa-

tigables gardes du commerce (art. 6 du premier tarif, et 52 du deuxième.)

Quelques débiteurs ont voulu protester contre
cette procédure, mais les tribunaux l'ont consacrée par leurs décisions ; d'autres, qui avaient
été arrêtés sans juge de paix, ont essayé de faire
annuler leur écrou, mais on leur a prouvé que
la loi du 15 germinal an 6 n'exigeait pas la présence de ce fonctionnaire.

2° L'article 3, titre 3 de la loi du 15 germinal an 6, exige que toute contrainte par
corps soit précédée de la signification *du titre*,
au contraignable. Indépendamment de cette
disposition, l'article 9 du même titre dit qu'il
sera laissé « à toute personne incarcérée copie
de son écrou, *ainsi que du jugement* en vertu
duquel l'incarcération aura eu lieu, à peine de
nullité ; » il est incontestable que la formalité
prescrite par l'article 3 du titre 3 est toute autre chose que celle de l'article 9, et que,
pour exécuter la loi, il faut une signification
du titre *précédant* la contrainte, et une copie
du jugement jointes à l'écrou : ces deux formalités ne peuvent pas plus se confondre, qu'on
ne peut confondre deux points d'une même
ligne.

Mais le Code de procédure civile règle tout
cela d'une manière différente : par l'article 780,

qui répond à l'article 3 de la loi du 15 germinal an 6, il exige aussi la signification du jugement et du titre, préalablement à la contrainte ;
mais par l'article 789, qui répond à l'article 9
de la loi du 15 germinal an 6, il se borne à déclarer que l'écrou *énoncera* le jugement. Or,
comme pour les gardes du commerce il est
plus expéditif, et par conséquent plus utile, de
se borner à énoncer le jugement dans l'écrou
plutôt que d'en *donner copie avec l'écrou*, ces
agens de la loi ont laissé de côté les articles 3 et 9 de la loi du 15 germinal an 6, pour
ne suivre en matière commerciale d'autres
formes que celles établies par les articles 780
et 789 du Code de procédure civile. Ce que les
gardes du commerce ont décidé à cet égard a
obtenu l'assentiment des tribunaux ; et malgré
les raisons tranchantes que nous venons d'exposer, les formes de la contrainte civile sont
tous les jours employées pour l'exercice de la
contrainte commerciale. Ce point est si généralement consacré aujourd'hui, que tous les
gardes du commerce indistinctement se bor-
nent à *énoncer* les titres ou les jugemens en tête
du procès-verbal d'écrou, au lieu d'en donner
copie, quoique la disposition de la loi soit formelle et *à peine de nullité*. On doit faire observer
pourtant que la copie du jugement est néces-

saire avec l'acte d'écrou, parce qu'il arrive souvent qu'un débiteur, étant éloigné de chez lui
au moment des poursuites, et ne pouvant avoir
la copie du jugement qui aura été signifié à son
domicile pendant son absence, doit pouvoir retrouver cette même copie dans son écrou, pour
examiner le titre en vertu duquel il est arrêté.
Cette induction, tirée de l'article 9 de la loi du
15 germinal an 6, est d'autant plus exacte, que,
d'après l'article 13 de la même loi, le débiteur
ne peut être privé de vérifier par son acte d'écrou
si l'on a accompli à son égard toutes les formalités nécessaires pour la régularité de son arrestation. Or, comment le vœu de la loi pourra-
t-il être rempli, si l'on n'observe pas la disposition
que prescrit l'article 9, c'est-à-dire si on ne
donne pas copie du jugement en tête de l'acte
d'écrou?

Tous les procès-verbaux d'écrou des prisonniers pour dettes qui sont actuellement à Sainte-
Pélagie, contiennent la simple énonciation du
jugement : aucun n'en renferme la copie; ils
sont donc tous radicalement nuls. Cependant
plusieurs détenus se sont pourvus en nullité, en
se fondant sur ce moyen; mais aucun n'a réussi
à se faire mettre en liberté, parce que les tribunaux ont trouvé le secret d'appliquer les formalités de la contrainte civile à l'exercice de la

contrainte commerciale. La jurisprudence, sur la question que nous venons de discuter, est invariablement fixée contre les débiteurs, sans qu'on se soit donné la peine d'expliquer pourquoi.

3° Ainsi que nous l'avons successivement indiqué plus haut, l'article 14 de la loi du 15 germinal an 6, porte : « Le créancier qui aura fait emprisonner son débiteur sera tenu de consigner d'avance, *et par chaque mois*, la somme de vingt francs, etc. » Plus bas, l'article 15, § 3, dit : « Néanmoins, celui qui aura fait exécuter un emprisonnement sera *personnellement* tenu *d'effectuer* la consignation....., *à peine de nullité* de l'écrou. » De quelque manière qu'on veuille torturer cet article, il exprime bien clairement que la consignation des alimens, sera effectuée personnellement par l'auteur de l'incarcération : or, quel est l'auteur de cette incarcération ? évidemment c'est le créancier ; car l'avoué qui reçoit les pièces, l'huissier qui les donne au garde du commerce, sont ses agens et ses mandataires ; et le garde du commerce n'est pas *l'auteur* de l'arrestation ; il en est *l'exécuteur*. Le seul auteur de l'arrestation c'est le créancier ; c'est lui seul qui doit faire la consignation des alimens, et il doit la faire *personnellement*, sans pouvoir être remplacé.

Pourquoi toutes les consignations d'alimens
se font-elles donc par des huissiers, des avoués,
des gardes du commerce ou par leurs clercs?
Pourquoi consignent-ils six et même douze
mois à la fois, tandis que l'article 14 précité veut
que la consignation se fasse *par chaque mois ?*
faut-il le demander ? Toutes ces irrégularités
proviennent de ce que les articles 789 et 791 du
Code de procédure disposent, l'un que le créancier *consignera un mois d'alimens au moins ,* ce
qui suppose qu'il peut en déposer plusieurs à la
fois, et l'autre que *le créancier sera tenu de consigner les alimens d'avance ,* sans ajouter qu'il fera
la consignation en personne.

Il est certain que, d'après la rédaction des articles 789 et 791 du Code de procédure civile,
le mode de consignation généralement adopté
serait très légal pour la contrainte par corps en
matière civile; mais comme nous discutons la
contrainte commerciale, et que les seules dispositions de la loi du 15 germinal an 6 lui sont
applicables, soit pour la forme, soit pour le
fond, il s'ensuit que la pratique adoptée envers
les détenus pour dettes est irrégulière en ce qui
concerne les actes d'écrou et les alimens, et que
tous les débiteurs commerciaux sont en droit
de demander la nullité de leurs écrous.

Tout incontestable que ce droit peut nous

paraître, nous nous garderions pourtant bien d'en conseiller l'exercice ; car , ainsi que nous l'avons dit, tous ceux qui l'ont tenté jusqu'à ce jour ont échoué, comme pour les deux autres questions, contre l'inévitable écueil de la jurisprudence.

Les personnes peu familiarisées avec les tribunaux auront peine à concevoir que leurs décisions puissent être contraires à celles de la loi ; mais si ces personnes considèrent que les détenus pour dettes sont en général très mal vus et trop pauvres pour vaincre les résistances ou les préjugés des tribunaux inférieurs, en recourant aux cours royales ou à la cour de cassation ; si l'on fait attention que les gardes du commerce et tous leurs adhérens sont en général bien acrédités au barreau, où ils exercent tant d'influence, que les causes des détenus pour dettes sont presque toujours confiées aux avocats stagiaires ; si l'on veut bien prendre garde que les avocats inférieurs du barreau de Paris sont presque tous, comme les moutons de Panurge, obligés de fléchir sous l'exemple des notabilités de leur ordre, et forcés par l'intérêt de leur propre dignité à ne pas se charger de questions inconnues ou de procès douteux, pour des ilotes frappés de réprobation ; si l'on est forcé de reconnaître enfin que tout le monde aujourd'hui court après le profit ou la gloire , et qu'on ne peut guère espérer d'atteindre ni l'un ni l'autre en se vouant à la défense de quelques infortunés, qui ont le malheur de n'être que des *hommes*, que des êtres sans fortune, sans dignités et sans crédit, on concevra comment le barreau de Paris, si généreux et si zélé dans les actions d'éclat, se montre si tiède , si circonspect et si peu philantrope envers des gens qui ne se recommandent que par le titre de détenus pour dettes.

L'élan généreux avec lequel le barreau de Paris s'était empressé de recevoir et de fortifier les plaintes de M. de Montlosier contre les jésuites, et celles des victimes des évènemens de novembre contre diverses autorités, avaient fait penser aux habitans de Sainte-Pélagie qu'ils en seraient accueillis avec la même bienveillance dans une cause non moins générale, et d'un intérêt peut-être plus précis. Un mémoire à consulter sur un grand nombre de questions discutées dans cet ouvrage, fut adressé, dans le courant du mois d'avril 1828, à M. le bâtonnier de l'ordre des avocats de Paris. Mais, soit que le mémoire ne soit pas parvenu à sa destination, soit qu'il n'ait pas semblé mériter d'être examiné, ce même mémoire est resté sans réponse, et les habitans de Sainte-Pélagie attendent encore la consultation.

# CHAPITRE XIII.

## Des étrangers,

A toutes les époques, chez tous les peuples et dans presque toutes les périodes de la civilisation, les étrangers ont été maltraités par les régnicoles. Les anciens, qui portaient le culte de l'hospitalité jusqu'à la superstition, avaient néanmoins établi contre les étrangers des lois qui autorisaient à les retenir en otage jusqu'à ce qu'ils eussent soldé le montant de leurs dettes. Les mœurs françaises avaient apporté sur ce point quelque adoucissement aux rigueurs de la législation romaine; mais un arrêt de réglement du 16 juin 1684, qui formait le droit commun de la France, n'en avait pas moins autorisé, dans un grand nombre de cas, l'arrestation de l'étranger débiteur.

La loi du 15 germinal an 6 ne prescrivit rien à l'égard des étrangers; mais la loi du 4 floréal an 6 vint réparer cette omission, en rétablissant contre eux les dispositions de l'ancien droit fran-

çais, dont elle accrut la rigueur, en voulant peut-être l'adoucir. Cette loi, qui ne fixait aucun terme à l'emprisonnement de l'étranger arrêté pour dettes, déclara que « tout jugement rendu
« (contre l'étranger) dans les cas ci-dessus,
« (dettes civiles et commerciales) ne pourrait
« être exécuté qu'en conformité du titre 3 de
« la loi générale sur la contrainte par corps. »

D'autre part, l'art. 18, § 6 de cette loi générale, qui n'est autre que celle du 15 germinal an 6, prescrivait « que toute personne légale-
« ment incarcérée pourrait obtenir son élargis-
« sement de plein droit par le laps de cinq an-
« nées consécutives de détention. »

Les dispositions corrélatives de ces deux lois étaient assez claires et précises pour qu'il fût évident que, par rapport à l'étranger, comme par rapport aux Français, la durée de la contrainte par corps ne devait être que de cinq années. Telle dut être dans le principe, et telle se serait maintenue probablement la jurisprudence sur cette question, si le despotisme impérial, voulant légitimer des représailles et fortifier le système du blocus continental, n'eût dicté, le 10 septembre 1807, un décret par lequel il fut ordonné que « l'étranger débiteur pourrait
« être arrêté *provisoirement*, quelle que fût la
« nature de sa dette, à moins qu'il ne fût pro-

« priétaire foncier, ou chef propriétaire d'un
« établissement de commerce. »

Depuis cette époque, la contrainte par corps
a été exercée contre un grand nombre d'étrangers pour des causes plus ou moins légitimes ;
mais à travers cette *multitude* d'hommes opprimés par une législation brutale, on en désigne
plus particulièrement deux sur qui se reporte
tout l'intérêt que doit inspirer une exaction
aussi révoltante : l'un est M. le colonel S...,
citoyen des États-Unis, qui réside à Sainte-Pélagie depuis l'année 1808, pour une créance
considérable, sur laquelle il élève des contestations qui paraissent fondées ; l'autre est M William
liam Peakok, sujet de la Grande-Bretagne, arrêté à Paris en 1820, à la requête de son tailleur, pour une somme de 292 francs.

Ces deux étrangers, dont les noms, à diverses
reprises, ont retenti devant les tribunaux, ont
plaidé pour obtenir leur élargissement après
l'expiration de la cinquième année ; mais ils ont
échoué dans leurs prétentions. Il a fallu qu'ils
se payassent du misérable motif « que les lois
du 4 floréal an 6 et 10 septembre 1807 n'a-
vaient pas limité la durée de la contrainte à
l'égard des étrangers. » Ce système est si contraire aux premières notions du bon sens et de

la justice, qu'il suffira de quelques observations pour le détruire.

La question paraît à l'abri de toute controverse pour le temps antérieur au décret du 10 septembre 1807; car la loi du 4 floréal ayant, comme nous l'avons dit, subordonné la contrainte par corps contre les étrangers au mode d'exécution tracé par la loi générale, il est évident que cette exécution devait s'entendre, non seulement dés premières poursuites relatives à l'arrestation, mais de toute la durée de la détention, dont chaque intervalle constituait pour ainsi dire une exécution réitérée. Voudrait-on épiloguer sur les mots, et dire que la loi du 4 floréal, ne se référant à celle du 15 germinal que pour *l'exécution du jugement*, celle-ci devait être sans influence sur la durée de la contrainte envers l'étranger?

Mais qu'est-ce qui constitue l'exécution du jugement? est-ce le seul acte d'écrou primitif? Il faudrait être bien ingénieux à dénaturer le sens des termes pour trouver quelque différence entre l'exécution première d'un jugement par corps, et la durée du séjour en prison, lequel n'est que la continuation de cette même exécution.

Pour quiconque veut prendre les mots dans leur acception naturelle et vraie, n'est-il pas évident que l'exécution d'un jugement s'entend de tout ce qu'il a statué.

Lorsqu'un homme est condamné à payer 20,000 francs et qu'il n'en donne que dix, il exécute la moitié du jugement, mais l'autre moitié demeure à exécuter; par la même raison, quand un débiteur est mis en prison, il n'y a exécution complète et totale de l'arrêt qu'autant qu'il y demeure cinq années.

Lors donc que la loi du 4 floréal an 6 renvoie à celle du 15 germinal pour l'exécution du jugement, elle y renvoie aussi nécessairement pour déterminer la durée de la détention, et, par une conséquence forcée, cette durée est limitée à cinq ans, pour l'étranger comme pour le régnicole.

Battus sur le terrain de la loi du 4 floréal, les créanciers se rejettent sur le décret du 10 septembre 1807, et disent qu'ayant exercé la contrainte par corps en vertu de cet acte législatif, dont nous n'examinerons pas la constitutionalité, ils n'ont fait qu'exécuter un droit *provisoire* dont le décret de 1807 ne limite pas la durée : ainsi M. le colonel S...., est depuis vingt ans à Sainte-Pélagie en vertu d'une décision *provisoire !*

On dirait qu'une puissance magique enchaîne l'intelligence et l'humanité des magistrats chaque fois qu'il s'agit de trouver un raisonnement favorable à la liberté individuelle. Eh quoi! l'étranger arrêté *provisoirement*, sera retenu toute sa vie, tandis que s'il était arrêté *définitivement* on serait tenu de le faire sortir au bout de cinq ans? Où en sommes-nous, grand Dieu! quelle est cette logique de la jurisprudence moderne, toujours hardie à interpréter quand il faut aggraver le sort des détenus, et rigoureusement attachée au texte brut de la loi lorsque la plus légère argumentation serait favorable à la liberté?

Il est écrit partout que le *provisoire* est l'exécution partielle et anticipée du définitif : le provisoire suppose donc toujours un définitif avec lequel il est en corrélation. Quel était le corrélatif de l'arrestation provisoire, mentionnée dans le décret du 10 septembre 1809? évidemment, c'était la contrainte définitive, déterminée par la loi du 15 germinal. Or, la contrainte définitive n'était que de cinq ans; donc l'arrestation provisoire ne pouvait pas excéder cette période; s'il en était autrement, vous feriez l'anneau plus long que la chaîne; vous rendriez la partie plus grande que le tout.

Un premier arrêt de la Cour royale de Paris, en date du 6 juillet 1816, avait en conséquence

décidé, dans la cause du sieur Matheus, portugais, que la durée de la contrainte par corps
était limitée à cinq ans envers les étrangers.
Mais, depuis cette époque, la jurisprudence a
pris, on ne sait pour quel motif, une direction
opposée.

Quoi qu'il en soit, le rapport de M. Jacquinot
de Pampelune fait ressortir l'injustice de notre
système de contrainte à l'égard des étrangers, 
et cette première attaque de la part d'un magistrat aussi judicieux que circonspect, est un sûr
garant que la loi nouvelle va faire disparaître
sans retour le fondement des reproches d'injustice et d'ingratitude que les étrangers, et
surtout les Anglais, nous adressent avec juste
raison.

En Angleterre, les étrangers sont assimilés
aux nationaux pour la durée et les effets de la
loi sur la contrainte par corps ; le principe de
la réciprocité étant aujourd'hui la base des relations que les divers peuples ont entr'eux, nous
devons nous y conformer d'autant plus rigoureusement qu'il est écrit dans nos lois ( art. 11
du Code civil ) : Les peuples naissans ou à
demi-civilisés traitent les étrangers comme des
ennemis ; mais aujourd'hui les peuples qui
marchent à la tête de la civilisation se distin-

guent envers les autres par une conduite généreuse et libérale, aussi conforme à la raison et
à la politique qu'aux maximes de l'évangile,
qui nous enseigne que tous les hommes sont
frères.

# CHAPITRE XIV.

### Des stellionnataires.

———————

Les articles 3 et 5, titre 1ᵉʳ de la loi du 15 germinal an 6 ayant décerné la contrainte par corps contre les stellionnataires, l'art. 18, § 6 du titre 3, réduisait à leur égard la durée du par corps à cinq années ; mais le Code civil, livre III, titre 14, ayant organisé de nouveau le système de la contrainte par corps en matière civile, et aboli toutes les lois civiles antérieures, on en tira la conséquence que la loi du 15 germinal an 6 se trouvait abrogée quant aux stellionnataires. Nous avons indiqué dans un autre chapitre que la loi du 15 germinal an 6 avait été en effet abrogée partiellement, au lieu de l'avoir été en bloc : il nous semble avoir prouvé que cette loi se composait de quatre parties bien distinctes : le fond du droit en matière civile, le fond du droit en matière de commerce, la forme de procéder en matière civile, et la forme de procéder en matière commerciale ; le Code civil n'avait abrogé où pù abroger que le titre 1er de la loi du 15 germinal an 6, parce que celui-là traite du fond du droit en matière de contrainte civile seulement. Or, l'art. 18, § 6, étant sous la rubrique du tit. 3, qui traite *du mode d'exécution* de la contrainte, il s'en suivait que le Code civil en avait de fait conservé les dispositions, en s'y référant pour la durée de la contrainte, puisqu'il ne la réglait pas lui-même expressément.

En supposant, contre toute raison, qu'il n'en fût pas ainsi, il est de principe que lorsque la loi a réglé une fois la durée d'une peine, d'une action ou d'une exécution, cette fixation de temps se maintient, et renaît pour ainsi dire à l'égard de chaque loi nouvelle analogue. Ainsi, supposant qu'une loi créât une action inconnue jusqu'à ce jour, et qu'elle la déclarât assujettie à la péremption ou à la prescription, sans déterminer dans quel temps, il est évident que la péremption serait de trois ans, parce que tel est le délai ordinaire de cette fin de non-recevoir ; et que la prescription serait de trente, de vingt, de dix ans, ou d'un terme plus court, selon qu'elle serait analogue à l'une des prescriptions déterminées par le liv. III, tit. 20, chap. 5 du Code civil.

Les tribunaux ne pourraient se dispenser

d'appliquer la péremption ou une prescription, sous prétexte que le législateur n'en aurait pas précisé le terme, car toute prescription parti-culière rentre nécessairement dans le cadre des prescriptions générales. D'après l'art. 4 du Code civil, le juge qui refuse de juger, sous prétexte du silence, de l'obscurité ou de l'insuffisance de la loi, se rend coupable de déni de justice; il est donc du devoir des juges de suppléer la loi omise, et par conséquent les dispositions particulières qu'elle aurait oubliées.

La loi du 15 germinal an 6, loi générale, loi organique de la contrainte par corps, a défini cette mesure d'exécution *l'emprisonnement d'un débiteur pendant cinq années;* si un professeur de Droit avait rédigé des élémens de Droit fran-çais après l'an 6, il aurait nécessairement défini la contrainte par corps le droit qu'a un créan-cier de retenir *pendant cinq ans,* en prison, un débiteur qui ne le paye pas. Cette définition, une fois rendue et approuvée, s'applique à toutes les contraintes créées ou à créer; et une fois que le législateur a déclaré que la durée de la contrainte par corps est de cinq ans, il n'a plus besoin de s'expliquer sur ce point, parce que la fixation de temps ayant été faite une fois, sert toujours jusqu'à ce qu'elle soit changée.

Il est donc bien évident que le Code civil n'a

rien changé à la durée de la contrainte par corps, telle qu'elle est établie dans la loi du 15 germinal an 6, comme il est évident que, lorsque le législateur qui a rédigé ce même Code parlait de la contrainte par corps, il avait en vue la définition de la loi du 15 germinal an 6, c'est-à-dire une contrainte quinquennale.

La chose ne peut être autrement, car si on accordait que le Code civil, en ne fixant pas la durée de la contrainte, a substitué une contrainte indéfinie à une contrainte de cinq ans, il faudrait l'entendre ainsi, non-seulement pour les stellionnataires, mais encore pour tous les débiteurs civils et commerciaux. En effet, la loi du 15 germinal an 6 est la seule qui limite la contrainte à cinq ans, comme elle est la seule qui fixe les alimens à 20 fr. par mois. Le Code civil, le Code de procédure civile, le Code de commerce, ne contiennent aucune disposition à cet égard; toutes ces lois se réfèrent à celle du 15 germinal an 6. Si l'on adoptait le genre d'interprétation suivi jusqu'à ce jour par les tribunaux, il s'en suivrait que la loi de germinal serait entièrement abolie, savoir : le titre 1er par le Code civil, le titre 2 par le Code de commerce (dans certains cas, au moins), et le titre 3 par le Code de procédure civile. Or, les dispositions relatives à la quotité des alimens et à la durée de la contrainte se trouvant précisément sous la rubrique du tit. 3; il s'ensuivrait donc qu'elles seraient abolies; mais si elles sont abolies, elles doivent l'être en totalité, et dès lors la quotité des alimens et la durée de la contrainte sont supprimées, car il est impossible de conserver la loi sur un point, et de l'anéantir sur tous les autres.

A la vérité, il y a des juges qui, sur cette question, ont voulu distinguer dans chaque article les dispositions qui ont trait *au fond du droit*, d'avec celles relatives *à la forme de procéder*, pour conserver les premières et détruire les secondes; mais cette distinction est impossible dans le titre 3 de la loi du 15 germinal an 6, parce que ce titre est intitulé : *Du mode d'exécution de la contrainte par corps*. Le langage du législateur est toujours censé être le même; c'est-à-dire, que lorsqu'une chose a été définie ou qualifiée par la loi, il est toujours censé la reproduire avec la même qualification, et la présenter dans le même sens. Ainsi, on aurait beau dire que les dispositions relatives à la quotité des alimens et à la durée de la contrainte ont trait *au fond du droit*, le législateur a décidé le contraire, puisqu'il a rangé ces mêmes dispositions sous un titre qui ne traite que *du mode d'exécution*. La classification faite par le législateur est d'ailleurs méthodique et exacte, car la quotité des alimens et la durée de la contrainte font incontestablement partie du mode d'exécution : nous convenons qu'elles touchent aussi au fond du droit ; mais, par cela même, elles prouvent que la distinction entre la forme de procéder et le fond du droit, est purement arbitraire, attendu que ces deux objets, au lieu d'offrir une séparation fixe et tranchée, se touchent et se confondent perpétuellement.

Il faut donc de toute nécessité en revenir à ce point, que *la contrainte indéfinie* du Code civil et du Code de procédure civile n'a pas détruit la *contrainte limitée* de la loi du 15 germinal an 6 : en d'autres termes, il faut convenir que l'abrogation de cette loi par le Code civil et par le Code de procédure a été totale et non partielle (au moins quant au droit civil), et que dès-lors la contrainte par corps est limitée pour tout le monde, ou ne l'est pour personne. Or, la pratique et la jurisprudence décident tous les jours que la contrainte par corps ne dure que cinq ans, à l'égard des commerçans et des détenus civils ordinaires ; donc il faut en conclure que cette durée doit être appliquée aux stellionnataires ; car, encore une fois, la fixation du terme de la contrainte n'étant faite que par l'article 18 de la loi du 15 germinal an 6, article du tit. 3, relatif *au mode d'exécution*, elle doit être maintenue dans son intégrité, et appliquée généralement, comme disposition relative au fond du droit; ou bien cette fixation doit être abolie en totalité, comme faisant partie d'un mode d'exécution changé par le Code de procédure civile. La position et le droit du stellionnataire ne diffèrent donc en rien de ceux des autres débiteurs détenus pour dettes civiles et commerciales, et si la contrainte est indéfinie par rapport aux uns, elle doit l'être par rapport aux autres.

On ne conçoit pas pour quelle raison il existe à Sainte-Pélagie des individus qui gémissent depuis huit à dix ans sous le poids de la contrainte civile résultant de stellionnat : quelque grave que soit ce genre de délit, il n'excède pas en gravité les abus de confiance déterminés par les articles 406 et 408 du Code pénal; ceux-ci ne sont punis que d'un emprisonnement de deux mois à deux ans, et dès-lors la détention prolongée des stellionnataires, détention qui peut durer autant que la vie, par la déplorable interprétation d'une législation assez claire, si on voulait la bien voir, signale dans notre Droit une monstruosité qui accuse autant l'imprévoyance du législateur que la négligence des magistrats. Un garde-des-sceaux bien pénétré de ses devoirs, un procureur-général bien

fixé sur ses attributions, ne souffriront pas que,
pour un mal-entendu ou une réticence, les stellionnataires soient punis plus sévèrement que
la plupart des grand criminels.

# CHAPITRE XV.

## Des septuagénaires.

La vieillesse n'a pas même été respectée par cette jurisprudence farouche qui, depuis 1810, s'est introduite parmi nous, et a envahi nos tribunaux.

Les septuagénaires, même, commerçans, ne doivent-ils pas jouir du bénifice d'âge consacré par l'art. 34 de l'ordonnance de 1667? est-il bien vrai que la loi du 15 germinal an 6 ait privé le septuagénaire, commerçant, du bénéfice d'âge?

Ces deux questions, ont été très bien traitées, par M. Boudard, avoué à la cour royale de Paris, dans une pétition adressée, en 1816, à la Chambre des députés.

Il est certain que le vœu et l'intention du législateur de l'an 6 ont été de rétablir la contrainte par corps, mais d'y joindre les adoucissemens qui pourraient concilier l'intérêt du créancier avec celui que réclamait l'humanité.

Il présenta en conséquence au débiteur malheureux plusieurs voies pour sa délivrance, et ne
voulut pas excéder les bornes d'une juste sévérité, même pour le débiteur de mauvaise foi,
puisqu'il fixa la durée de la détention à cinq
années consécutives. D'après cela, peut-on rai-
sonablement concevoir qu'il ait été dans l'intention et la pensée de ce législateur d'être plus
sévère que celui de 1667, qui avait voulu protéger la vieillesse en venant au secours de l'homme entré dans sa soixante-dixième année?

Peut-on faire cette injure aux législateurs de
l'an 6, de leur supposer l'intention d'avoir voulu
donner au créancier le droit de faire traîner impitoyablement en prison et de l'y retenir pendant cinq ans, son débiteur, parvenu à l'âge de
soixante-dix ans, soixante-quinze, quatre-
vingt, quatre-vingt-dix, cent ans et plus, si
ce débiteur existait encore?

Examinons le résulltat d'une semblable position. Un vieillard nonogénaire a souscrit ou
endossé une lettre de change; il ne peut la
payer; sera-t-il permis, abusant d'un titre et
sans respect pour la caducité, de tuer ce malheureux dans l'épouvantable agonie d'un emprisonnement quinquennal? Non, une telle atrocité ne peut être consacrée, et pour y croire il

faudrait que la loi en contînt une disposition formelle et très expresse. C'est ce qui n'existe pas; tout au contraire, la loi du 15 germinal an 6 maintient le privilége qui avait été établi par l'ordonnance de 1667 en faveur des septuagénaires, puisque l'art. 5 du titre premier de cette loi dispose positivement :

*La contrainte par corps ne peut être décernée en matière civile contre les septuagénaires, les mineurs, les femmes et les filles, si ce n'est pour stellionat procédant de leur fait.*

Mais, dit-on, cet article se trouve compris sous le titre 1er de la loi du 15 germinal an 6, qui traite uniquement de la contrainte par corps en *matière civile*, et tous les articles de ce titre ne s'appliquent qu'à la contrainte par corps en *matière civile ordinaire*, et non *à la matière civile commerciale*, qui fait l'objet du titre 2 de la même loi, sous la rubrique de la contrainte par corps en matière de commerce.

Une telle objection a quelque chose d'atroce qui rappele l'application de la maxime *summum jus, summa injuria : le droit poussé à l'extrême sévérité de sa règle, n'est qu'une souveraine injustice.*

Cependant cette objection, qui a séduit quelques opinions, manque de base; et pour s'en

convaincre, il suffit de réfléchir sur l'économie
et l'ensemble de la loi, et de chercher de bonne
foi la véritable intention du législateur de l'an 6.
En effet, de ce que les dispositions législatives
ont été divisées en deux titres pour distinguer
les nuances qui existent entre les matières ordinaires et les matières de commerce, qui, toutes
deux, sont civiles, par opposition aux matières
criminelles, il ne faut pas conclure que ce qui
est compris dans un titre soit totalement étranger et n'ait aucun rapport avec ce qui est compris dans l'autre.

La preuve du contraire se trouve dans la loi
même du 15 germinal an 6 : l'art. 1<sup>er</sup> du tit. I<sup>er</sup>
porte : *La contrainte par corps ne peut être pro-
noncée qu'en vertu d'une loi formelle.* Est-ce que
ce n'est pas là un principe général qui s'applique aux matières de commerce comme aux
matières ordinaires ?

N'en est-il pas de même de cette partie de
l'article 2, portant que *toutes transactions et
condamnations volontaires qui admettront ou sti-
puleront la contrainte, hors les cas où la loi l'a
permise, seront essentiellement nulles ?*

Les commerçans, nouveaux ilotes, ne seraient donc pas admis à invoquer l'appui des
lois ? et l'article 6, portant que *tout jugement*

*rendu en contravention aux articles précédens, emportera nullité, et donnera lieu à prise à partie, dépens, dommages et intérêts contre les juges qui la prononceraient*, n'appartiendrait donc pas à la dette civile, comme à la dette commerciale? S'il en était ainsi, les tribunaux de commerce pourraient, arbitrairement et sans crainte, porter des décisions contraires aux lois.

Pourquoi l'article 5, qui, comme l'article 9, de l'ordonnance de 1667, affranchit le septuagénaire de la contrainte par corps en matière civile, soit ordinaire, soit de commerce, ne serait-il pas aujourd'hui, comme autrefois, un privilége attaché à la vieillesse, qui, chez tous les peuples, inspire constamment le respect et la vénération?

On n'aperçoit pas quelle pourrait être la raison déterminante pour penser le contraire.

Prétendrait-on la trouver dans les exceptions posées dans l'article 2, titre 2 de la loi du 15 germinal, portant : *Sont exceptés des dispositions énoncées au § 4 de l'article précédent, les femmes, les filles et les mineurs non commerçans ;* et cela, parce qu'on n'y a pas rappelé les septuagénaires? Cette prétention serait évidemment erronée ; car ce rappel était parfaitement inutile, puisque le sort des septuagénaires était fixé et déterminé par l'article 5 du titre 1er, qui affranchissait ces vieillards de la contrainte par corps en matière civile, sans autre distinction que celle du stellionat.

Donc l'exception posée dans cet article était générale, et commune à tous les individus y dénommés.

Ainsi, lorsque le législateur, en s'occupant, dans l'article 1er du titre 2 de la loi, de fixer et déterminer les cas dans lesquels la contrainte par corps pourrait avoir lieu en matière de commerce; lorsque, dans le § 4 du même article, il a dit qu'elle aurait lieu contre toutes personnes qui signeraient des lettres de change, et que, dans son article 2, il a été établi une exception en faveur des femmes, des filles et des mineurs non commerçans, c'était une exception particulière à ces trois genres de personnes, dans laquelle ne devaient pas figurer les septuagénaires qui, pour les cas prévus, ne pouvaient être rangés sur la même ligne. D'ailleurs, le législateur, en établissant, dans le § 4 de l'article 1er du titre 2, *la contrainte par corps contre toutes personnes*, etc., n'a pas ajouté ces mots, *même les septuagénaires*, ce qu'il eût dit et exprimé s'il eût entendu déroger à l'exception placée dans l'art. 5 du titre 1er, lequel ne les assujétissait à la contrainte par corps que dans le cas de stellionat.

D'où il résulte que ces mots, *contre toutes personnes*, ne s'appliquent qu'à toutes personnes autres que les septuagénaires, les femmes, les filles et les mineurs non commerçans.

Il est donc vrai de dire que, sous l'empire de la loi du 15 germinal, comme sous l'empire de l'ordonnance de 1667, les septuagénaires sont affranchis par des textes formels de la contrainte par corps pour dettes civiles, soit ordinaires, soit commerciales. La législation nouvelle a-t-elle apporté quelque changement ou dérogation à cette ancienne législation? La première loi qui ait paru est le Code civil qui, dans l'article 2066 du titre 16, intitulé : *De la contrainte par corps en matière civile*, a consacré de nouveau le privilége établi en faveur des septuagénaires, avec même une petite modification favorable à la vieillesse, en ces termes :

*Elle* (la contrainte par corps) *ne pourra être prononcée contre les septuagénaires, les femmes et les filles, que dans le cas de stellionat;* quoi de plus absolu qu'une telle décision?

Le législateur ajoute : *Il suffit que la soixante-dixième année soit commencée pour jouir de la faveur accordée aux septuagénaires.*

Et comme, dans le même temps, on s'occupait

de la rédaction d'un nouveau Code de commerce, qui semblait devoir paraître incessamment et régler tout ce qui était relatif à cette matière d'exception, il a été disposé, article 2070, en ces termes, par le Code civil :

*Il n'est point dérogé aux lois particulières qui autorisent la contrainte par corps, ni aux lois de police correctionnelle, ni à celles qui concernent l'administration des deniers publics.* Ensuite a paru le Code de procédure civile, qui, dans le titre 15, traite de l'emprisonnement en général, et règle les formalités à observer pour l'exercice de la contrainte par corps pour dettes civiles, sans distinction.

L'article 800 s'exprime en ces termes :

*Le débiteur légalement incarcéré obtiendra son élargissement, s'il a commencé sa soixante-dixième année, et si, dans ce dernier cas, il n'est pas stellionnataire.*

Ceci n'est que la conséquence des lois qui ont maintenu le privilége établi par celles antérieures en faveur des septuagénaires non stellionnataires : or ces lois sont l'ordonnance de 1667, la loi du 15 germinal an 6, et le Code civil, article 2066.

Depuis, a paru le Code de commerce ; il n'a rien disposé, quant au droit et à l'exercice de la contrainte par corps ; ce qui fait qu'en cette matière il faut recourir aux lois antérieures pour le réglement du droit et des effets de la contrainte par corps en matière civile, ordinaire et de commerce.

Une controverse sérieuse s'est établie parmi les jurisconsultes et les magistrats, sur la manière d'entendre et d'appliquer les dispositions de la loi du 15 germinal an 6 avec celles du Code civil et du Code judiciaire, pour les mettre en harmonie et les faire coïncider entre elles.

Les uns pensaient que les débiteurs pour dettes contractées depuis la publication du Code de procédure civile, ne pouvaient plus jouir du terme de cinq années consécutives de détention, pour être mis en liberté de plein droit, aux termes de l'article 18 du titre 3 de la loi du 15 germinal an 6. Ils se fondaient sur l'article 800, qui aurait, par son silence, abrogé en entier l'article 18 de la loi du 15 germinal, en ce que cet article 800, rappelant les différens cas dans lesquels le débiteur légalement incarcéré peut obtenir sa liberté, n'a pas rappelé la mise en liberté de plein droit par le laps de cinq années consécutives de détention.

Les autres soutenaient, au contraire, que le § 6 de l'article 18 du titre 3 de la loi du 15 germinal an 6 tient au fond du droit de la contrainte par corps ; que cette loi étant encore la seule régulatrice de la contrainte par corps, il y avait lieu de faire jouir les débiteurs de la liberté après cinq années consécutives de détention.

La question, portée au tribunal de première instance de la Seine, y avait été résolue en faveur du créancier; mais sur l'appel, et après partage d'opinions, elle fut résolue en faveur du détenu. Les opinions étaient et sont encore, on ne sait trop pourquoi, divisées sur ce point de la législation ancienne et nouvelle touchant la contrainte par corps. Elles ne le sont pas moins sur la question de savoir si le débiteur incarcéré pour dettes civiles, dites de commerce, peut réclamer d'être mis en liberté lorsqu'il a commencé sa soixante - dixième année.

Plusieurs arrêts ont décidé l'affirmative, d'autres ont décidé la négative.

Cette dernière doctrine ayant été embrassée par M. Merlin, la cour de cassation, dans un arrêt qu'elle a rendu le 3 février 1813, sur un pourvoi d'office contre un arrêt de la cour de Caen, qui n'a pu être soutenu ni défendu par la partie intéressée, s'est prononcée contre les septuagénaires.

Mais, nonobstant cet arrêt, plusieurs cours

royales ont continué de résoudre la question en faveur des septuagénaires.

Et si l'on a vu la cour suprême prouver quelquefois qu'elle place son honneur à revenir sur ses pas, quand elle apercevait qu'une décision blesse la règle, on peut être certain que, si, de nouveau, elle était appelée à prononcer en faveur des septuagénaires, elle ne se trouverait nullement liée par l'arrêt de 1813.

Au surplus, M. Merlin lui-même n'hésiterait pas à proclamer la véritable doctrine ; il suffit d'ouvrir son Répertoire pour être certain de son zèle à combattre les erreurs dans lesquelles son immense talent est quelquefois tombé. L'esprit de ce grand jurisconsulte est trop vaste pour qu'il ne comprenne pas qu'il eût cessé d'appartenir à l'humanité s'il avait pu, sans écart, parcourir la carrière épineuse qu'il a fournie.

# CHAPITRE XVI.



Réfutation d'une objection faite récemment au conseil d'Etat par quelques membres, qui ont confondu *le bénéfice d'insolvabilité* admis par la loi anglaise, avec *la cession de biens judiciaire* établie par nos Codes.

————

Ceux qui objectent la faculté que la loi française accorde au débiteur de s'affranchir de la contrainte, en recourant à la cession de biens judiciaire, et qui présentent ce palliatif comme un contre-poids suffisant à la rigueur de la prise de corps, un moyen aussi efficace que le serment d'insolvabilité reçu en Angleterre, n'ont aucune pratique des affaires, ou n'en ont pas observé la marche et les résultats.

Il est très vrai, en principe, que la cession de biens judiciaire est établie par l'art. 1268 du Code civil en faveur du débiteur *malheureux* et *de bonne foi;* mais cette planche de salut, offerte par le législateur, se trouve enlevée ou brisée par l'économie générale de nos Codes, et surtout par la jurisprudence des tribunaux et des cours.

Cette jurisprudence, en interprétant à sa manière les mots *malheureux et de bonne foi*, en est venue au point que le débiteur qui invoque la cession est tenu de prouver des revers de fortune considérables ; et, si cette preuve, qui se trouve le plus souvent dans les résultats, n'est pas manifestée extérieurement, la cession de biens est rejetée.

Par suite du même système, et contre la disposition formelle de l'article 1116 du Code civil, dans lequel il est dit que *la fraude doit être prouvée et ne se présume pas*, on assujétit le débiteur demandant la cession de biens à démontrer, en quelque sorte, la bonne foi et la sincérité de ses propres actes, ce qui le met dans la nécessité de faire *la preuve négative*, prétention reconnue absurde et impossible dans tous les temps.

Cette jurisprudence paraît barbare, au premier coup-d'œil, mais elle n'est que trop conforme à l'esprit général de méfiance et d'animadversion qui semble avoir guidé le législateur français, lorsqu'il a accordé le bénéfice de la cession de biens.

Le vice de notre système provient entièrement de l'intention générale qui le domine : en l'adoptant, le législateur est parti de ce point, que tout débiteur est un fourbe, que toute demande en cession de biens est une supercherie ; aussi, non content des dispositions générales consignées dans le Code civil, dispositions qui laissaient aux tribunaux une certaine latitude, ce législateur a-t-il renchéri, dans le Code de procédure civile, sur les dispositions déjà assez sévères de la première loi,

Dans un Code qui ne devrait régler que la forme de procéder, sans toucher aux principes de droit consacrés par le Code civil, nous rencontrons plusieurs dispositions étrangères à la procédure, et qui agravent la position de tout débiteur agissant par voie de cession de biens.

Indépendamment des formalités multipliées prescrites par les articles 898 jusqu'à 904 du Code de procédure civile, l'article 905 porte: « Ne pourront être admis au bénéfice de cession les *étrangers*, les stellionnataires, les banqueroutiers frauduleux, les personnes condamnées pour cause de vol ou d'escroquerie, et les *personnes comptables, tuteurs, administrateurs, et dépositaires.* »

Parmi toutes ces personnes exclues du bénéfice de la cession, plusieurs le sont à juste titre; mais d'autres, comme les tuteurs, les comptables, les administrateurs et les dépositaires, ne devraient l'être qu'avec des distinctions, et seulement lorsqu'il y a fraude de leur part. Car, s'ils ne sont devenus insolvables que par des malheurs ou accidens involontaires qui peu-

vent fort bien leur être arrivés, pourquoi se-
raient-ils exclus de la triste faveur de la cession
de biens?

Quant aux étrangers, le nombre en est considérable à Sainte-Pélagie. La disposition qui les
repousse est d'autant plus injuste, qu'en Angleterre et dans la plupart des autres pays, on ne
fait, pour la cession de biens, aucune distinction entre le national et l'étranger. Nous avons
vu tout récemment M. Colin de Plancy, ancien
notaire à Paris, admis à Londres au serment
d'insolvabilité, tandis qu'habituellement on
voit à Sainte-Pélagie quinze ou seize Anglais qui
ne peuvent offrir la cession de biens.

Voilà une réciprocité peu généreuse, peu honorable pour la France!

La cession, telle que notre Droit français actuel l'a organisée, est un remède violent qui ne
peut être employé qu'à la dernière extrémité :
le débiteur cessionnaire de biens est un homme
dégradé et en quelque sorte flétri ; car l'art. 5 de
la constitution du 22 frimaire an 8, qui nous régit
encore, malgré les nombreuses demandes en
abrogation définitive adressées au gouvernement,
interdit au cessionnaire de biens d'exercer aucune fonction publique, ni aucun des droits politiques attachés à la qualité de citoyen. Cette
peine, souvent injuste et peu méritée, détourne

la plupart des débiteurs de recourir au bénéfice de cession.

Mais le vice essentiel et radical de notre système sur la cession de biens judiciaire, se trouve dans la manière dont elle est exercée, dans les nombreuses formalités qui l'accompagnent, et les frais énormes qui en sont la suite.

Le signe distinctif et principal des bonnes lois est d'être applicables au plus grand nombre, et d'une exécution facile et peu coûteuse ; une loi qui ne convient qu'à un petit nombre d'individus, ou que peu d'entre eux peuvent exécuter, est nécessairement une mauvaise loi.

Depuis le Code de procédure civile, le débiteur qui veut s'affranchir de la contrainte par corps, en recourant à la cession de biens judiciaire, doit, non-seulement remplir des formalités gênantes et honteuses, mais il ne doit pas former sa demande s'il n'a pas au moins une somme disponible de *mille francs*.

En calculant, au taux le plus modéré et dans l'hypothèse la plus ordinaire, les frais d'une demande en cession de biens, qui sont à la charge de celui qui veut l'obtenir, ils se portent en première instance seulement, et sans y comprendre l'honoraire d'un avocat, à 450 francs. S'il y a appel, la contestation s'envenime ; et quoique, alors les frais ordinaires soient moins considérables qu'en première instance, ils deviennent souvent supérieurs par les précautions et le luxe obligé de la défense.

Il suit de tout ce qui précède, que la voie de la cession de biens judiciaire n'est ouverte qu'à un très petit nombre d'individus, et l'on peut attester, comme résultat d'une expérience presque constante, que les hommes qui peuvent le mieux user de ce moyen, et auxquels il réussit le plus souvent, sont, en général, ceux qui en sont les moins dignes. Les fripons adroits se tirent d'affaire ; l'homme vraiment malheureux succombe seul.

Notre cesssion de biens n'a qu'une fausse ressemblance avec le serment d'insolvabilité admis en Angleterre, en faveur de toute sorte de débiteurs sans distinction.

Celui qui invoque ce bénéfice envoie son bilan au juge, avec offre de l'affirmer sincère sous la religion du serment ; le juge communique ce bilan aux *seuls* créanciers incarcérateurs ou recommandataires, et si ceux-ci n'attaquent pas la sincérité du bilan, le juge reçoit le serment du débiteur et le met en liberté. Ce mode convient à tout le monde ; cette pratique, sans restriction d'individus, est à la portée de toutes les fortunes Si, au contraire, les créanciers attaquent la sincérité du bilan, la contestation s'engage, mais ce sont les créanciers qui, dans ce cas, deviennent demandeurs, et qui font l'avance des frais.

N'est-il pas dérisoire de prétendre qu'en France le débiteur ne peut se plaindre d'entrer en prison lorsque, pour le dégager de la contrainte, la loi lui présente un moyen dont il ne peut faire aucun usage ?

La loi anglaise ne connaît pas un pareil contresens ; elle part du même principe que nous, la bonne foi présumée du débiteur ( art. 1116 du Code civil. ); mais elle l'applique directement, tandis que nous l'appliquons en sens inverse ; elle suppose le débiteur honnête homme, au lieu que nous le supposons fourbe.

Puisque la bonne foi du débiteur est présumée, son bilan doit être pris pour sincère jusqu'à ce que la fausseté en soit démontrée. Pour plus de garantie néanmoins, la loi anglaise exige la foi du serment ; mais, avec cette addition, le débiteur n'a pas d'autre preuve à fournir. Elle ne le met pas aux prises avec tous ses créanciers, comme la loi française ; il n'a besoin de s'expliquer qu'avec ceux qui l'ont arrêté ou le retiennent ; les autres sont censés n'avoir rien à demander, ou consentir à tout ce qu'il veut faire, par cela seul qu'ils ne le poursuivent pas. Le débiteur, ainsi protégé, n'a besoin que d'une très faible somme pour recouvrer sa liberté ( il est rare qu'elle dépasse trois guinées ) ; mais si, par suite de l'attaque des créanciers, la mauvaise foi du débiteur est démontrée, la loi qui le favorisait, devient aussi sévère qu'elle était indulgente, et il expie cruellement la surprise qu'il avait tentée. Cette manière de procéder, ainsi que nous l'avons fait observer dans notre chapitre II, satisfait pleinement la raison et la justice, car le débiteur étant présumé de bonne foi, doit trouver dans la loi toutes sortes de douceurs et de facilités, parce qu'elle a prévu la fraude et les moyens de la punir, dans le cas où il aurait le malheur de s'y livrer.

C'est tout le contraire chez nous ; le débiteur est obligé de faire une cession générale, et de faire assigner, souvent au loin, des créanciers qui ne songent pas à lui et ne lui demandent rien. Il est forcé de prouver extérieurement une bonne foi que la loi présume ; il est contraint de régler toutes ses affaires, comme s'il allait mourir, en luttant contre une loi dictée par le soupçon de la fraude, et qui n'a su rien faire pour la constater ou la prévenir.

La cession de biens judiciaire est donc illusoire dans le Droit français : sur deux cent cinquante prisonniers qui sont d'ordinaire à Sainte-Pélagie, il n'y en a pas quinze en état de la poursuivre ; il n'y en a pas cinq à qui elle pût réussir, grâce à l'absurdité du principe qui la dirige.

Il résulte de ces réflexions et de celles que nous avons déjà émises dans le courant de cet ouvrage, que le législateur français a entièrement négligé l'emploi du principe religieux, dont le législateur anglais a fait le plus heureux usage. La formalité du serment, parfois illusoire, produit ici un effet immanquable en ce que, si elle ne fait pas toujours découvrir la vérité, du moins elle rend sans excuse celui qui la trahit. En comparant nos lois sur la contrainte par corps avec celles de la nation anglaise, on croirait les nôtres faites par un législateur athée pour un peuple sans religion.

# CHAPITRE XVII.

En droit, il n'y aurait pas rétroactivité à appliquer la loi nouvelle, quant à la durée de la détention, aux débiteurs détenus au moment de sa promulgation.

La loi, en réduisant la période de la détention pour dettes à deux ou trois années, rendra-t-elle à la liberté les débiteurs qui auraient accompli deux ou trois années de captivité?

Pour lever ce doute par l'affirmative, il suffirait de répondre à cette question par une autre, en disant :

Serait-il juste que celui qui, la veille de la promulgation de la loi, a été arrêté, fût tenu de rester cinq ans prisonnier, tandis que celui qui ne serait entré en prison que le lendemain de cette même promulgation, en serait quitte pour deux ou trois ans de détention?

On résoudra nécessairement cette dernière question par la négative, ce qui sera un nouvel assentiment de la nécessité d'admettre l'affirmative pour la première.

On pourrait borner là une démonstration opérée par la méthode de la contre-épreuve; complettons cependant cette démonstration par quelques principes :

L'efficacité des lois nouvelles s'étend à tous les cas, moins *la chose jugée,* moins *les transactions.*

*Hæc igitur volumina institutorum et digestorum..... unà cum constitutionibus imperialibus vigorem et locum habitura, tam in his quæ postea emerserint quam in his quæ judiciis adhuc pendent, nec dùm amicalibus tradita sunt transactionibus : quodcumque enim hactenus* vel JUDICA- TUM, vel TRANSACTUM *est, retractari sustinemus.* L. I, § 25, Cod. de *Vet. Jur. Enucleando.*

Or, y a-t-il un seul prisonnier pour dettes qui ait consenti à l'aliénation de sa liberté ?

Y a-t-il un seul jugement qui statue que, faute de paiement intégral ou partiel, le débiteur sera tenu un mois, une année, ou plusieurs années ?

Non. Il n'y a donc, et il ne peut y avoir, quant à l'exercice de la contrainte par corps, ni *transaction,* ni *force de chose jugée.*

On objecte l'article 2 du Code civil, ainsi conçu : *La loi ne dispose que pour l'avenir, elle n'a point d'effet rétroactif.*

Mais il n'y a point de rétroactivité dans l'application des lois nouvelles :

1° Lorsqu'elles ont rapport à *l'état des personnes.*

2° Lorsqu'elles adoptent un *nouveau mode d'instruction en matière de procédure.*

3° Lorsqu'elles ont pour objets les *formalités* intrinsèques et extrinsèques des *actes.*

Ce principe est l'exception à l'excellente règle posée dans l'article 2 du Code civil ; règle puisée dans ce que la sagesse des anciens a produit de plus parfait ; règle conservatrice qui a pour objet d'empêcher le bouleversement des propriétés, en ne souffrant pas qu'on dépouille les citoyens des *droits* réellement et immuablement *acquis.*

Mais un *droit acquis* est celui qu'une convention expresse, acceptée de part et d'autre, autorise, ou que la loi concède d'une manière irrévocable.

Mais il ne peut y avoir de droit acquis d'après une convention ou une possession qui offense les bonnes mœurs et le droit commun.

Mais le droit commun dénie au citoyen *l'aliénation de sa liberté.*

Mais l'acte qui consacrerait cette aliénation serait nul, aux termes de l'article 6 du même Code civil, parce qu'en France la *liberté individuelle* est *d'ordre public.*

Mais pour qu'il y ait lieu de se plaindre de la rétroactivité donnée à une loi, il faut qu'il y ait un lien civil formé, et aucun *lien civil* n'existe entre l'incarcérateur et l'incarcéré pour dettes.

Mais dans le *doute*, l'obligé obtient la condition la plus favorable. (Art. 1162 du Code civil.)

La société, représentée par le gouvernement, autrement par le législateur, a droit sur chacun de ses membres d'une manière relative et non pas absolue ; et ses pouvoirs s'arrêtent là où les droits de l'humanité commencent. Si donc elle a permis à des individus ou à des classes une supériorité sur d'autres individus ou d'autres classes, de semblables concessions ne peuvent être que temporaires, et sont essentiellement révocables de leur nature.

Si la loi abandonne au créancier la faculté, pour un temps limité ou sans limites, de retenir son débiteur en prison, cette faculté d'user de la contrainte par corps ne constitue qu'un droit exceptionnel. Or, comment des jurisconsultes oseraient-ils prétendre que le *droit commun* doit constamment être sacrifié à ce *droit exceptionnel?*

Quant à ce qui touche les personnes, le législateur ne s'impose jamais et ne peut jamais s'imposer de loi à lui-même. Il est conséquemment toujours le maître de modifier les lois qu'il a faites à ce sujet, de la manière qui lui paraît la plus convenable. Autre temps, autres mœurs, autres lois! D'après l'état de la civilisation de son peuple, Charles IX a pu penser que l'emploi de la contrainte par corps devait être accordée pour dettes ; pourquoi l'état actuel de notre civilisation n'inspirerait-il pas à Charles X la pensée de l'abolir ?

C'est une matière personnelle , totalement livrée au gouvernement de la loi, et soumise conséquemment au pouvoir du législateur.

On doit donc décider que si la loi nouvelle abrège le temps de la captivité, les prisonniers pour dettes profiteront, *de plein droit*, de la réduction du temps, en raison de celui écoulé en captivité avant la naissance de la nouvelle loi.

On doit décider qu'en cas d'abolition totale de la contrainte par corps, tous les prisonniers pour dettes recouvreront sur-le-champ leur liberté.

La théorie et l'expérience s'unissent pour confirmer cette doctrine.

Dans la théorie, on n'admet pas qu'une loi nouvelle puisse rester sans exécution , tandis que la loi abrogée continuerait à être mise en pratique.

Dans l'expérience , deux faits sont remarquables : le premier, c'est la délivrance de tous les détenus lorsque la contrainte , pour non paiement de mois de nourrice , fut abolie par

Louis XVI, de douloureuse mémoire ; et le second, c'est la mise en liberté de tous les détenus pour dettes, lorsque la loi du 9 mars 1793 fut proclamée.

D'ailleurs, le principe contraire à la rétroactivité ne s'applique qu'aux droits matériels et réels ; il n'a aucune action sur les personnes. Ainsi la noblesse est abolie ou reconstituée, les serfs sont rendus à la liberté, et le noir s'assied libre au milieu des Européens sans blesser aucun droit acquis ; et, comme l'a fort bien dit Paillet sur l'art. 2 du Code civil : « *Les simples expec-* « *tatives, tous les droits qui peuvent être révo-* « *qués*, AD NUTUM, *ne sont pas des droits acquis.* » Or, la contrainte par corps permise n'est qu'une simple expectative ; elle est révocable à volonté ; donc la loi qui l'a autorisée est révocable et modifiable, précisément de la même manière qu'elle a été établie et placée dans de certaines limites.

Se rabattra-t-on sur ce que le débiteur ayant souscrit et le créancier ayant pris, comme représentation de son argent, une lettre de change, il s'est établi entre eux une sorte de convention qui, sous peine de subir cinq ans de captivité, promettait au dernier ou le remboursement de sa créance, ou la satisfaction de pouvoir se venger de celui qui l'a trompé dans ses espérances?

Nous répliquerons avec la cour de cassation, arrêt du 12 juin 1815 : « Les formes habilitantes d'un acte ayant pour objet de le permettre ou de le prohiber, relativement à certaines personnes, touchant à la capacité de ces personnes, les dispositions qui les régissent sont des lois personnelles ». ( Sirey, tom. 15, pag. 589 ; Denevers , tom. 13, pag. 407 ; J. D. P., tom. 43, pag. 449. )

Mais serrons de plus près les argumens sur une question, à bon droit, placée par les jurisconsultes au rang des plus ardues ; car il faut trouver un mode de démonstration tel que la vérité apparaisse dans tout son éclat.

Qu'est-ce que la rétroactivité?

En général, c'est la qualité d'une chose qui agit sur ce qui précède. En législation , c'est l'autorité d'une loi qui soumet le passé à son empire.

Or, la loi, l'ordonnance , l'arrêt ou le jugement qui prescrivent aujourd'hui même ma mise en liberté, ne rétroagissent pas, car ces actes de l'autorité publique ne peuvent pas faire que je n'aie pas été antécédemment privé de ma liberté.

Donc, si la loi disait que dès ce jour la contrainte par corps est supprimée, cette loi ne rétroagirait pas, mais agirait sur le présent et l'avenir.

On répond : la loi de germinal a déterminé la durée de la captivité du débiteur à cinq années consécutives ; elle a conséquemment accordé au créancier le droit de tenir en prison son débiteur tout ce temps, si celui-ci ne le paie pas. Et puisque cette loi de germinal a concédé ce droit, une loi postérieure ne saurait le ravir au créancier sans violer le principe de la non rétroactivité des lois, car dès-lors la loi nouvelle rétroagirait, soit en supprimant la contrainte par corps, soit en limitant la durée de son exercice.

Cette objection est fondée sur des erreurs de fait et de droit.

1° La loi de germinal n'a pas dit que le créancier avait un droit de main-mise sur la liberté de son débiteur pendant cinq années consécutives, si celui-ci ne payait pas : il n'y a donc aucun lien formé à cet égard entre le législateur et le créancier.

2° Elle a dit que le débiteur serait libre, *de plein droit*, au bout de cinq années consécutives de détention ; elle a permis à celui-ci de faire cession de biens, de déposer son bilan, de se prévaloir du défaut de consignation d'alimens pour obtenir irrévocablement sa liberté ; donc la liberté du débiteur n'a pas été remise par la loi à la disposition du créancier.

3° « La loi naturelle n'est limitée ni par le « temps ni par les lieux, parce qu'elle est de tous « les pays et de tous les siècles. » (Portalis, exposé des motifs du tit. 1er du Code civil.)

Or, la liberté personnelle est de l'essence de l'homme ; toute loi qui viole ce principe est un abus de la force ou de la violence ; donc une loi qui ferait cesser un pareil abus ne rétroagirait pas, c'est-à-dire qu'elle ne blesserait aucun droit. C'est ainsi que les jurisconsultes entendent l'application de l'art. 7 au C. *de legibus* : « *Leges et constitutiones futuris certum* « *est dare formam negotiis, non ad facta prœte-* « *rita* », et de l'art. 2 du Code civil : « La loi ne dispose que pour l'avenir ; elle n'a point d'effet rétroactif. »

4° Dans le cas où la loi, en faisant cesser un mal ou un abus, remplace le désordre par l'ordre, l'injuste par le juste, elle agit nécessairement sur le passé, comme l'indique la loi 7 du C., en ces termes : *Nisi nominatim de praeterito tempore et adhuc pendentibus negotiis cautum sit ;* mais, légalement parlant, elle ne rétroagit pas, puisqu'elle veille au rétablissement d'un droit jusqu'alors méconnu ; et pour que le juge ne se croie pas dispensé, sous prétexte de rétroactivité, de faire l'application de la loi nouvelle, le législateur doit régulièrement énoncer que sa volonté est que la prescription nouvelle s'étende au passé. C'est ainsi que, sans violer cette règle, l'Assemblée constituante a, le 4 août 1789, détruit en France la servitude personnelle, la main-morte et la féodalité.

C'est ainsi que la loi du 28 mars 1790, en supprimant le droit d'aînesse, a rendu aux puinés et aux filles le droit d'être appelés à partager également avec leurs aînés et leurs frères.

5° L'article 2 du Code civil ne se rapporte qu'au droit privé.

C'est un principe reconnu par la cour de cassation, dans son arrêt du 13 décembre 1809 dont la conséquence a été de soumettre un acte de vente du 9 février 1791 à la perception d'un droit de mutation de 4 p. %, conformément à la loi du 22 frimaire an 7, dont l'application avait, par la loi du 27 ventose an 9, été ordonnée à toutes les mutations antérieures à sa promulgation.

6° Pour que le vice de rétroactivité annule une loi dans le sens de l'article 2 du Code civil, il faut qu'il y ait lésion d'un *droit acquis*.

Or, comme les a fort bien définis notre grand jurisconsulte : Les *droits acquis sont ceux qui sont* entrés dans notre domaine, qui en font partie et que ne peut nous ôter celui de qui nous les tenons. ( Merlin , *Répertoire de Jurisprudence,* verbo , Effet rétroactif, tome 5°, page 537. ) *Mais, tel n'est jamais un droit purement facultatif, à moins qu'il n'ait été exercé, et que, par l'exercice qui en a été fait , la chose qui en est l'objet ne soit devenue notre propriété.* »

« *En effet , il en est des facultés accordées par la loi comme des facultés accordées par des individus; tant que celles-ci ne prennent pas le caractère de droits contractuels, elles sont toujours et essentiellement révocables* ».(MERLIN, *loco cit.* )

7° « *Le législateur ne contracte jamais lorsqu'il accorde une faculté , il permet, mais il ne s'oblige pas; il conserve toujours le pouvoir de retirer sa permission.* » (MERLIN, *loco cit.,* p. 537. )

8° L'irrévocabilité du contrat civil se rapporte aux choses plus qu'aux personnes.

*Vinculum juris quo necessitate adstringimur alicujus rei solvendæ secundum nostræ civitatis jura.* (Pr. inst. de obligat). Si j'ai promis de vous payer une somme ou de vous livrer un domaine, aucune loi ne peut détruire ce lien. Mais si je me suis engagé à aller pour vous à Rome, aucun jugement, aucune loi ne peuvent m'y contraindre si je m'y refuse.

9° Les lois qui statuent sur l'état des personnes ne rétroagissent pas ; ainsi les lois des 19 février et 26 mars 1790, faisant cesser l'état de mort civile des religieux profès, ne rétroagissaient pas.

Ainsi la loi du 18 vendémiaire an 2, qui les a appelés à succéder, à compter de sa date, concurremment avec les autres cohéritiers, ne rétroagissait pas.

Ainsi l'article 5 de la loi du 3 septembre 1792 ne rétroagissait pas dans les prescriptions suivantes : « *La peine des fers, de la réclusion, de la gêne et de la détention, ne pouvant, dans aucun cas, d'après le Code pénal, être perpétuelle, la perpétuité des galères ou des prisons, autrefois en usage, est, à compter de ce jour, anéantie pour tous ceux qui ont pu y être condamnés.*

« *En conséquence, les condamnés qui auront subi ces sortes de peines pendant un temps égal au plus long-temps fixé par le Code pénal pour les fers et la réclusion, seront de suite, sans qu'il soit besoin d'aucun jugement, rappelés des galères et mis en liberté.* »

Ainsi la loi du 20 septembre 1792, qui a aboli, § 1er, article 7, la séparation de corps entre époux, n'a pas rétroagi, quoiqu'elle ait éteint et aboli toutes demandes en séparation de corps non jugées.

Ainsi la loi du 12 mai 1816, en abolissant le

divorce, n'a pas rétroagi, quoiqu'elle ait ordonné, par l'article 2, que toutes demandes et instances en divorce fussent converties en demandes et instances en séparation de corps.

Ainsi c'est avec cette profonde sagesse qui la distingue dans toutes ses décisions, que la cour de cassation a déclaré, dans un arrêt du 20 mai 1806, que *les lois qui règlent ou modifient l'état des personnes, en améliorant leur sort, doivent, par la nature même des choses, et à raison de la faveur due à l'état des personnes, recevoir leur application du jour qu'elles ont été promulguées.*

Elle s'est exprimée d'une manière plus explicite et plus péremptoire encore dans deux arrêts des 6 juin 1810 et 12 juin 1815, en disant : premier arrêt : « *Les lois qui règlent l'état des personnes saisissent l'individu au moment même de leur émission, et le rendent, dès ce moment, capable ou incapable, selon leur détermination.* »

Deuxième arrêt : *Les lois qui régissent la capacité civile des personnes saisissent l'individu, et ont leur effet du jour de leur promulgation ; en cela elles n'ont aucun effet rétroactif, parce que l'état civil des personnes étant subordonné à l'intérêt public, il est au pouvoir du législateur de le changer ou de le modifier selon les besoins de la société.*

10° « Les lois qui intéressent l'ordre public
« doivent être exécutées dès le moment de leur
« promulgation , quoiqu'elles changent l'état
« de certains individus…..; ainsi, la femme qui
« pouvait disposer de ses biens paraphernaux
« et ester en jugement sans l'autorisation de
« son mari, a eu besoin d'y avoir recours après
« la publication du Code civil. » ( Arrêt de la
cour d'Agen , 7 prairial an 13. )

Ainsi les enfans devenus majeurs ont été,
sans rétroaction , affranchis de la puissance paternelle par la loi du 28 août 1792 :

L'enfant ne pouvait pas se plaindre, car sa
condition était améliorée. Le père ne pouvait
pas récriminer, car la loi qui avait placé son
fils sous sa puissance , n'a pu le faire qu'en se
réservant le pouvoir de l'en faire sortir quand
elle le jugerait à propos.

Ainsi l'art. 372 , qui assujétit l'enfant à la
puissance paternelle , en abolissant les coutumes
où la maxime était *puissance paternelle n'a lieu*
( *Voy.* Cout. de Senlis , art. 221), ne rétroagissait pas légalement, parce qu'il se pose sur un
point important d'ordre public , et que tout ce
qui concerne la liberté individuelle entre dans
le domaine du législateur.

11° « La loi ne rétroagit que lorsqu'elle en-
« lève un droit acquis et irrévocablement ac-

« quis. » (Arrêt de la Cour de Nîmes, 5 fructidor an 13).

12° « Une loi ne peut être accusée de rétroac-
« tivité que lorsqu'elle détruit ou dénature des
« droits acquis et subsistans à l'époque des lois
« en émission. » ( Cour de Dijon , 29 prairial an 13. ) Et comme jamais un homme ne peut avoir un droit acquis sur la personne d'un autre homme , il résulte de là que la jurisprudence des arrêts vient confirmer les règles précédemment posées.

13° « La loi n'a pu se priver de la faculté ,
« inhérente à la puissance législative , de se ré-
« former. »

14° « Le principe de non rétroactivité n'a
« jamais été appliqué qu'au fond du droit »
(Arrêté du Gouvernement, 5 fructidor an 9 ),
et conséquemment qu'à la possession matérielle des choses.

Voilà donc le Gouvernement lui-même qui vient confirmer la doctrine que nous avons développée.

15° « Le mode d'exécution, soit des actes ,
« soit des jugemens, appartient à l'avenir ; c'est
« conséquemment la loi nouvelle qui doit servir
« de guide ; de sorte qu'en arrêtant un étranger
« en vertu de la loi du 10 septembre 1807 ,
« pour dettes contractées antérieurement, on

« n'a point donné à la loi d'effet rétroactif. »
(Cour de Paris, 2 août 1808, confirmé par la
cour de cassation, arrêt du 22 mars 1809).

16° « L'exécution d'un jugement constitue
« une nouvelle procédure dont les formes sub-
« stantielles sont régies par les lois actuellement
« existantes, » ( Cour de Bruxelles, 13 août
1811 ). D'après ce principe précédemment reconnu, une contrainte par corps exercée sans
l'accomplissement préalable des formalités prescrites par l'art. 780 du Code de procédure civile, en vertu d'un jugement antérieur à ce
Code, a été déclarée nulle ( Cour de Paris, 7
avril 1807 ).

17° En établissant une nouvelle forme d'exécuter les contrats, la loi peut en excepter ceux
passés antérieurement à sa publication. Ainsi,
et très régulièrement, la loi du 25 ventose an 5,
qui a rétabli la contrainte par corps pour dettes,
a excepté les dettes contractées antérieurement
ou sous l'empire des lois qui ne la permettaient
pas.

18° Il n'y a rétroactivité dans une loi que
lorsqu'elle change le passé au préjudice des personnes qui sont l'objet de sa disposition.

Or, la loi nouvelle, en diminuant la durée de
la captivité ou en abolissant la contrainte, amé-

liore incontestablement la condition des débiteurs incarcérés, et ne préjudicie pas aux créanciers, qui ne sont nullement privés du droit de
s'adresser aux biens meubles et immeubles des
débiteurs.

19° « Si la loi nouvelle adoucit le sort des
« condamnés, elle doit être exécutée sur-le-
« champ, parce que, dans ce cas, le législateur
« a jugé que le surcroît de peine imposé par les
« lois antérieures n'était point justifié par des
« avantages suffisans. ( Blondeau , *Dissert. sur*
« *l'effet retroactif.* )

Comment, au mépris de tous ces principes ,
qu'il n'est permis à personne de contester, vien-
drait-on refuser au débiteur malheureux le bénéfice d'une disposition favorable, que le criminel lui-même a le droit d'invoquer ?

FIN DE LA PREMIÈRE PARTIE,

# DEUXIÈME PARTIE.

# DEUXIÈME PARTIE.

## CONSIDÉRATIONS MORALES, HISTORIQUES ET DESCRIPTIVES.

## CHAPITRE PREMIER.

Du fondement du droit de créance, et observations générales sur l'étendue des engagemens qu'un homme peut contracter à l'égard d'un autre. — Lettres de change.

Dans l'enfance du monde, les besoins de l'homme étaient peu nombreux : la terre, encore mal cultivée, y suffisait. Mais bientôt les nécessités se multiplièrent ; l'agriculture, devenue moins inhabile, ne put cependant offrir que les produits du sol dans leur état de simplicité ; alors les goûts et les passions, déjà développés, cherchèrent la combinaison de ces produits, qui n'étaient plus que des élémens de prospérité....... L'industrie naquit, et resta promptement en deçà des exigences humaines. La providence elle-même avait permis cette expansibilité de besoins, afin de rapprocher les hommes par le mobile qui devait agir le plus

puissamment sur eux : l'intérêt. Or, la répartition, nécessairement inégale, des biens, mit successivement en rapport les familles avec les
familles, les peuplades avec les peuplades, les
nations avec les nations ; et des tributs respectifs, que de proche en proche on se demanda,
résultèrent, en même temps, les échanges, le
commerce, les sociétés.

Nous n'essaierons pas de suivre les relations
commerciales dans les voies incertaines des siècles anti-historiques ; nous nous bornerons à
en ressaisir la trace à l'époque où l'histoire
vient éclairer la marche des temps. A Ninive,
à Palmyre, nous voyons fleurir déjà le haut
commerce ; Babylone étonne par des merveilles
que vingt peuples concoururent à réunir ; et le
luxe, cette parure éclatante de la civilisation,
couvre l'Asie de ses riches présens. Les échanges se sont accrus durant la période obscure que
nous avons franchie ; mais tandis que la vanité
créait le superflu, la raison, et plus souvent
l'avarice, restreignaient les besoins. Sous l'empire de cette restriction, qui reçut le nom d'*é-
conomie*, les échanges furent modifiés. Il arriva
donc qu'on offrit à certains hommes des objets
dont ils voulaient se passer, pour prix de ceux
qu'on leur demandait. Il fallut imaginer d'autres
moyens d'échanger la propriété ; les richesses

conventionnelles furent émises : l'or, l'argent ;
le cuivre, ravis aux entrailles de la terre, com-
mencèrent à payer tous les biens que sa surface
produit.

C'est à ce point que les Phéniciens trouvèrent
le commerce : borné jusqu'alors à l'intérieur
du continent asiatique, il s'élança bientôt au-
delà des mers, sur les vaisseaux de ces aventu-
reux habitans d'un coin de la Syrie : toutes les
richesses de l'Orient, de l'Afrique, de l'Europe
vinrent se resserrer à Tyr et à Sydon ; les commerçans traitèrent entr'eux des deux extrémités
du monde connu. Ces opérations lointaines ne
pouvaient admettre long-temps la ponctualité
des échanges ; le signe représentatif lui-même,
réalisé en métaux pesans, devint d'un transport difficile et dangereux. Les peuples livrés au
trafic durent chercher à rendre leurs relations
indépendantes des trocs immédiats. Ils créèrent
cet être immatériel nommé *crédit*; être auquel
la confiance intéressée prêta toute la réalité des
richesses effectives. La parole, quelquefois
écrite, quelquefois orale, fut le gage des plus
importantes négociations ; et, sur cette base
délicate qu'un souffle de la destinée pouvait renverser, contre le vœu et malgré tous les efforts
de la bonne foi, l'homme fonda ses plus chères
espérances ; assit les plus précieux élémens de

sa prospérité, et fit reposer ce droit *de créance*, qui devait être un jour une arme redoutable, un sceptre impérieux.

Cependant l'homme qui s'engage à réaliser, dans un temps donné, l'objet qu'il ne possède pas, et celui qui rend l'honneur de l'engagé responsable de l'exécution fidèle de l'engagement, agissent avec une égale témérité. Tous deux usurpent cet avenir qui n'appartient à personne, et qui se soustrait, comme une ombre, aux chaînes que nous voulons follement lui donner. Mais si, malgré la vanité des engagemens assujettis aux chances de la vie, il est utile de les contracter, il ne semble pas moins nécessaire d'en borner l'étendue ; car il est des limites imposées même au libre-arbitre, et l'homme ne peut s'affranchir ni des lois de la nature, ni des préceptes de la religion.

On peut définir *l'obligation*, considérée en général, une restriction à la liberté naturelle déterminée par la raison ; elle est plus ou moins forte, suivant la puissance du motif qui la dicte. De cette puissance naît donc, plus ou moins impérieuse, la nécessité de plier sa volonté à cette même obligation.

Mais quelle que soit l'importance de la cause pour laquelle un engagement est réclamé, elle ne peut devenir obligatoire si elle exige un sacrifice au-dessus des forces de celui qu'on veut lier, et cette exigence injuste a lieu, par exemple, lorsqu'on lui prescrit d'aliéner les deux biens que le droit naturel et le droit divin confient à la garde de l'homme, la vie et la liberté. Sans aller aussi loin que les philosophes, qui prétendent qu'une volonté étrangère ne doit soumettre la nôtre qu'autant que cette soumission tend à notre bonheur, nous soutiendrons, du moins, qu'aucune volonté n'a le pouvoir de nous contraindre à nous vouer au malheur. Si le consentement des deux parties contractantes est indispensable dans un engagement, cet engagement devient nul, aux yeux de la morale, s'il est arraché à celui qui doit en subir la conséquence funeste. Lorsque, par l'oubli de ce principe naturel, la raison se soumet aux intimations d'un ascendant quelconque, il ne résulte certainement de cette soumission qu'une contrainte extérieure, bien différente de l'obligation morale, qui pénètre, qui fléchit la volonté, et porte l'homme à obéir de son propre mouvement. De cette conviction intime, et d'elle seule, résulte le plus haut degré de nécessité, le lien le plus fort, le motif le plus propre à dicter les obligations. Sans ce mobile, ni les rapports de convenance que nous reconnaissons dans les choses, ni l'approbation même de la raison, ne peuvent nous déterminer à prendre un engagement. La raison est souvent séduite, abusée par les causes extérieures, et le sage ne doit obéir qu'à une conviction intérieure, qui ne trahit jamais le droit naturel.

Ces réflexions, qui nous amènent naturellement à examiner si le débiteur a le droit de s'engager *par corps* envers son créancier, ont déjà démontré la négative, et elles expliquent pourquoi les législateurs de l'antiquité restreignirent, autant qu'il fut en leur pouvoir, ce genre d'engagement. Ils considérèrent avec raison l'individu comme perpétuellement mineur quant à la disposition absolue de sa personne ; laquelle, dans leur opinion et dans la nôtre, n'appartient ni à cet individu, ni à nul autre, mais à la société tout entière. Plus nous remontons vers le berceau du monde, plus nous voyons la législation soumise à ce principe émanant de la loi naturelle; loi que les anciens cherchaient à seconder, et dont les modernes semblent s'être attachés à éluder l'esprit. Il n'était pas permis chez les Égyptiens d'engager le corps : Boccoris le défendit par une loi, que Sésostris renouvela. Solon abolit ce genre d'obligation dans Athènes ; il y fut rétabli plus tard, et Diodore s'élève contre une faculté bizarre qui permettait de saisir la personne d'un Athénien, lorsqu'il n'était permis de saisir ni sa charrue, ni ses armes.

Les partisans de la contrainte par corps s'appuient surtout de l'exemple des Romains, et s'abusent pour l'ordinaire sur la sévérité de cette mesure législative chez le peuple roi. En effet, malgré l'extrême rigueur de la loi des Douze Tables envers le débiteur (*reus debendi*), il n'était point livré sans restriction à la vindicte de son créancier. Un citoyen ne pouvait être privé de sa liberté, par l'autorité de la loi, que pour dol ou stellionat. Autrement, cette même loi ne faisait qu'abandonner aux créanciers le corps du débiteur, qu'il avait dû engager pour qu'on pût l'atteindre. Encore ne pouvait-il être emprisonné pour une seule créance. N'oublions pas, d'ailleurs, qu'à Rome on ne cumulait point tous les moyens de poursuite : ce n'était que successivement qu'on avait le droit d'exécuter un citoyen, d'abord dans ses meubles, ensuite dans ses immeubles, puis, *in extremis*, dans sa personne. Le cumul de toutes les contraintes était une barbarie réservée à notre époque éminemment civilisée, et à la nation qui se flatte de tenir le sceptre de la civilisation. Ajoutons que parmi ces Romains dont nous nous plaisons à citer la férocité juridique, le débiteur obtenait terme et délai de deux à cinq ans. Du reste, les lois romaines défendaient de prêter aux fils de famille, aux mineurs; et elles étaient sans action pour les prêts usuraires. Les créanciers modernes, qui se croient frustrés d'un droit, parce qu'ils ne peuvent pas, à l'exemple de ce qui fut permis aux Latins, vendre leurs débiteurs, ou les déchirer en pièces, afin de se partager leurs membres palpitans (1); les créanciers modernes, disons-nous, doivent encore subir quelques vérités historiques contraires à leur vœu farouche. Dès le temps de la république, le tribun Petilius obtint que les débiteurs cesseraient d'être vendus; sept cents ans plus tard, l'empereur Dioclétien abolit la servitude temporelle pour dettes, appelée *nexus*. Précédemment, Jules-César avait autorisé la cession de biens, et déclaré que les biens acquis depuis par le débiteur ne pourraient être confisqués qu'autant qu'ils dépasseraient son nécessaire (1). Enfin, les lois romaines défendaient d'outrager

(1) Cette atroce faculté était en effet accordée par la loi des Douze Tables; mais nous devons nous hâter d'ajouter, pour l'honneur de l'humanité, qu'aucun créancier n'usa de ce droit sanglant.

(2) Chez les Romains, la cession de biens était une faculté d'autant plus réelle, qu'elle pouvait s'effectuer à peu près sans frais. Chez nous, cette faculté est illusoire pour la plupart des débiteurs, puisqu'elle donne lieu à une dépense énorme, que peu d'entre eux peuvent supporter. Ajoutons que la cession de biens, sous l'empire de nos lois, prive le cédant de ses droits civils..... Comment accepter une telle humiliation? (*V.* le chapitre XVI de la première partie.)

un débiteur malheureux, ou de l'atteindre dans sa réputation ; elles s'opposaient, de toute leur autorité, à ce qu'on poursuivît un homme malade.

Telle est, dans ses dispositions exceptionnelles, cette législation antique sur laquelle nos législateurs modernes ont fondé le droit de créance, après l'avoir considérée seulement dans son texte absolu. Loin d'admettre les sages restrictions que les lois anciennes consacraient, ils en ont rendu l'action inflexible, et l'ont étendue à toutes les classes de la société, sans distinction d'âge, de sexe, ni de circonstances. Bien plus, le Droit français, particulièrement, a livré la liberté naturelle, ce bien inaliénable aux yeux de la morale, à la subtilité, souvent à la fraude du créancier, contre l'autorité duquel devaient se défendre si mal la raison et la volonté du débiteur, ordinairement dominé par la crainte ou par le besoin. C'est ce que nous allons essayer de prouver, en faisant rapporter nos observations sur l'étendue des engagemens qu'un homme peut prendre envers un autre homme, à l'obligation spéciale connue sous le nom de *lettre de change.*

Les lettres de change ne peuvent être légalement établies que pour effectuer un échange, un troc d'argent. Elles doivent être tirées d'une

place sur une autre, afin de mettre à la disposi-
sition des tireurs ou de leurs cessionnaires,
*un dépôt* ou partie d'un dépôt de deniers ap-
partenant au négociant qui souscrit la lettre de
change ; lequel dépôt se trouve entre les mains
du négociant sur lequel cette même lettre est
tirée. Telle fut, exclusivement, la destination
primitive de cette espèce de mandat, dont nous
allons rechercher l'origine. Nous suivrons ensuite la dégénérescence progressive de la même
institution qui, par l'envahissement des abus,
est devenue de nos jours un véritable fléau social.

Au rapport de Villain (*Histoire universelle*),
l'invention des lettres de change doit être attribuée aux juifs, qui, bannis de France par Da-
gobert I<sup>er</sup>, en 640 ; par Philippe-Auguste,
en 1181 ; par Philippe-le-Long, en 1316, se ré-
fugièrent dans la Lombardie. Empressés de retirer les capitaux qu'ils avaient laissés en deçà
des Alpes, ils chargèrent, dit l'historien que nous
citons, des voyageurs dignes de confiance *de
lettres, breves et spéciales,* au moyen desquelles
ces voyageurs purent toucher les sommes dont
il s'agissait. Mais Villain ne précise point à laquelle de ces trois époques on doit faire rapporter la première émission des lettres de change.
De Rabys (*Histoire de la ville de Lyon*) combat

cette opinion ; il attribue la même invention aux Florentins, chassés de la Toscane par les Giblins, et réfugiés en France, où ils se servirent de ce moyen pour enlever leurs richesses du pays qu'ils avaient été contraints d'abandonner. De la Serra, auteur du *Traité des lettres de change,* adopte la dernière version, et croit que Lyon est la ville où ces rescriptions commerciales parurent d'abord.

Quoi qu'il en soit, la première ordonnance royale qui fasse mention des lettres de change fut rendue par Louis XI, en 1462 ; mais avant l'ordonnance de 1673, il n'existait aucune règle fixe sur cette matière, qui fut régie par cet édit. Vers le même temps, l'usage des lettres de change passa des commerçans aux receveurs des tailles, aux receveurs généraux des finances, aux fermiers du roi, aux traitans, enfin, à tout individu devant participer, par état, aux échanges de deniers, dont on voulait éviter le transport. Le prix des marchandises, réalisé en espèces sur un point quelconque, nécessita également la souscription des lettres de change.... Mais là s'arrête l'émission légitime de ces valeurs. Or, dans cet état de chose régulier, on conçoit que la plus forte obligation doive être consentie par le souscripteur, qui reçoit les fonds *effectifs* du porteur, en échange de ceux qu'il lui *promet* dans une autre place. L'engagement n'est pas moins sérieux de la part de celui qui accepte la traite, puisqu'il doit en tenir le montant à la disposition du tireur, dont il garde en caisse les deniers. Ainsi, que l'un et l'autre s'obligent *par corps*, il n'y a rien là que de très légal ; car si l'accepteur refuse de payer, ou si le tireur ne rembourse pas, il résulte de leur défaut un véritable délit, un abus de confiance réel au préjudice du porteur. En les emprisonnant tous les deux, on commet sans doute une violation de la liberté naturelle ; mais c'est une répression nécessaire, une concession peut-être indispensable au droit social.

Nous croyons avoir bien démontré que le contrat qui se forme par lettre de change n'est point et ne peut être un prêt, mais bien une vente, un transport fait par le titulaire d'une créance sur celui qui doit la payer : la valeur stipulée est positive, palpable..... En un mot, la lettre de change n'est point une reconnaissance, c'est, tout aussi bien qu'un billet de banque, la valeur représentative de l'argent qui s'y trouve mentionné.... Si ce caractère n'est que supposé, tout, dans la lettre de change, devient illégitime, frauduleux, et telle est cependant la cause pour laquelle tant d'hommes sont jetés dans les fers.

Au moment où nous écrivons, il n'y a pas un quart des lettres de change émises qui reçoive sa destination légale ; des prêts d'argent, et le plus souvent des prêts usuraires, déterminent la souscription des trois autres quarts, et rien n'est réel dans ce que ces dernières traites stipulent : change, date, lieu d'émission (1), quotité de la somme, tout est faux, tout est en contravention avec le vœu de la loi, avec la légalité du contrat. Cependant ces valeurs, ainsi falsifiées, circulent sous la garantie terrible du *par corps*, suspendu sur la tête de l'accepteur, qui, trop fréquemment, n'a reçu qu'une faible partie de la somme pour laquelle il est obligé. Quant au tireur, il trouve dans la succession de ses opérations mêmes la facilité de se soustraire à l'effet de la responsabilité corporelle : au moyen des valeurs qu'il s'est créées par un mince déboursé, il sait se procurer des fonds pour répondre à la chance des remboursemens ; et cela avec d'autant plus de sécurité que les

---

(1) Le plus grand nombre des lettres de change en circulation à Paris, et qui autorisent quelque suspicion d'usure, sont tirées de Versailles, Saint-Germain, Saint-Denis, etc. Si les tribunaux voulaient s'arrêter un moment à cette circonstance, elle leur offrirait déjà une grande probabilité de fraude ; car ces traites donnent aux villes désignées une importance commerciale qu'elles sont loin d'avoir.... Mais les tribunaux procèdent en courant.

échéances sont plus éloignées, et que le ma-
niement des capitaux peut être plus fructueux.

Voilà donc les lettres de change devenues
l'instrument de ce louage d'argent ( *locare num-
mos* ), contre lequel s'élève Tacite dans ses
*Annales*, et qu'il qualifie de profit particulier,
devant infailliblement renverser le bien de l'É-
tat. Nous le demandons au moraliste, au jurisconsulte, au législateur, est-ce par un semblable trafic que doit être compromise la liberté,
ce bien si précieux, si sacré, pour l'inviolabilité duquel combattent simultanément la nature,
la religion et la philosophie? Jusques à quand
les tribunaux, se laissant abuser par le grand
argument des créanciers de mauvaise foi, *vo-
lenti non fit injuria*, oublieront-ils que la volonté est essentiellement mineure, même sous
l'empire de la raison, lorsqu'il s'agit d'aliéner
une existence dont l'Éternel ne confie à l'homme
que la simple direction! Non, l'obligation par
corps ne peut êre légalement maintenue au profit de la fraude, de l'usure; car ici l'on cherche
en vain l'unique condition qui la fait tolérer :
c'est-à-dire, une réciprocité d'avantages entre
les parties contractantes; réciprocité qui, dans
toute transaction, fournit la mesure de ce qu'on
doit appeler juste, légitime, légal. Cette condition existe lorsqu'on émet une lettre de change

pour la transmission *d'un dépôt ;* elle manque si cette émission n'a lieu qu'à l'occasion *d'un prêt.* Disons-le franchement, il est presque incroyable qu'on ait négligé, quelquefois repoussé cette distinction, dans les nombreux procès relatifs à la validité des lettres de change. Toutes ces causes ne présentent-elles pas une masse de probabilités qui rendent irrécusable l'exactitude ou la supposition du change, et la vérité ne ressort-elle pas évidemment de la profession, si facile à constater, du tireur et de l'accepteur ?

Que les tribunaux de commerce, érigés par le malheur des temps en véritables manufactures d'arrêts, soient forcés de passer légèrement sur les motifs des lettres de change, cette précipitation se conçoit, sans toutefois se justifier... Mais les sièges civils, mais les cours royales, juridictions graves où la justice doit marcher environnée de toutes les lumières propres à la guider, il est de leur devoir, comme de leur dignité, d'examiner à fond des contrats qui, journellement, détruisent la tranquilité des familles, par l'emprisonnement de ceux qui en étaient les soutiens ou l'espoir. Pour admettre les suppositions accumulées dans la plupart des lettres de change, nos magistrats veulent des preuves qu'il est souvent impossible de produire... (1) Les preuves! sans doute elles sont indispensables quand il s'agit de condamner; mais le sont-elles lorsque, même en se trompant, on ne risquerait que d'absoudre; lorsque l'erreur ne conduirait qu'à rendre un père à ses enfans, un époux à sa femme, un fils aux auteurs de ses jours, un citoyen à la société, dont il peut être l'ornement, dont il est quelquefois le flambeau? Que la preuve manque aux juges d'un criminel, et il est renvoyé dans le monde, où il va porter de nouveau la terreur ; que cette même preuve échappe aux juges civils, et le débiteur est jeté sous les verroux, sans égard pour ses affections, pour ses devoirs, pour ses besoins, pour la conservation de ses jours..... Qui conciliera cette bizarrerie judiciaire avec les principes de la morale ; qui la mettra d'accord avec les principes de l'équité?

Répétons, en nous résumant, que le droit

---

(1) On ne prouve point un fait négatif : ce n'est pas (d'après le témoignage de la raison) le débiteur qui doit prouver qu'il *n'est point* commerçant, mais le créancier qui doit fournir la preuve que ce même débiteur *se livre habituellement* au commerce. C'est ce qu'a fort bien exprimé M. Jacquinot de Pampelune, dans la proposition qu'il a développée à la chambre des députés, le 21 juillet dernier, relativement à la réforme du régime de la contrainte par corps.

divin et le droit naturel réprouvent les engagemens où l'homme dispose de lui-même. Le seul cas où le droit social puisse enfreindre cette double et imposante autorité, c'est celui du *délit réel.* Tout ce qui dépasse ce cercle de nécessité liberticide, est une violation ; et la contrainte par corps est inique dans le plus grand nombre des circonstances où elle est appliquée, puisque, bien évidemment, elle sert l'abus, substitué à l'action légale. Nous espérons justifier bientôt cette assertion par l'exposé des faits, et nous osons nous flatter de convaincre nos lecteurs, à l'aide de l'expérience, devant laquelle s'évanouissent toutes les préventions.

# CHAPITRE II.

Moralité ordinaire des créanciers et des débiteurs. — Des causes, des motifs et des passions qui déterminent, le plus souvent, l'usage de la contrainte par corps.

Nous vivons sous l'empire de certaines opinions absolues qui contribuent puissamment au malheur des hommes, en détruisant l'harmonie de la société. Il est entendu, par exemple, que tout débiteur insolvable, ou simplement retardataire, mérite le blâme par le seul fait de son débet, qu'il doive réellement ou fictivement; et que tout créancier dont l'intérêt souffre a droit à la protection, que sa créance soit légitime ou frauduleuse. Ce préjugé presque universel exerce une telle influence, que l'examen même des positions individuelles, en démentant ces téméraires généralités, ne change point, ou change peu, le jugement collectif primitivement porté. Propagées en France, surtout, ces idées suffisent pour expliquer la mésintelligence si ordinaire entre l'homme auquel il est dû, et celui qui lui doit. Fort de l'approbation des lois et de l'opinion publique, le premier persécute avec sécurité ; le second, contraint de chercher en lui la compensation du secours que lui refusent ces mêmes lois et cette même opinion, rassemble, irrite, exalte toutes ses facultés contre le créancier, souvent calomniateur de sa conscience, et, dans tous les cas, ennemi de son repos.

Un grand désordre social peut naître de la généralité de protection et de disgrâce que nous venons de signaler : d'une part, l'homme se décidera souvent à violer la délicatesse pour éviter la condition de débiteur, qui doit, plus sûrement que le défaut de probité, le priver de l'estime de ses semblables ; d'autre part, il rompra sans scrupule les liens de l'honneur pour devenir créancier ; car cette qualité placera sous la sauve-garde de la justice les exactions qu'il aura commises, lorsqu'elles seront couvertes du masque de la légalité.... Or, jetons les yeux autour de nous, et nous pourrons juger si ce désordre est un être de raison.

Ne serait-il pas digne de cette civilisation épurée que nous nous flattons d'avoir conquise, d'examiner un peu moins superficiellement les choses, et de procéder en morale d'une manière moins collective ? Ce devoir appartient aux magistrats, beaucoup plus essentiellement qu'ils ne pensent ; cependant, nous le disons à regret,

la plupart d'entre eux ont tout à faire, si ce
n'est pour s'en pénétrer, du moins pour y satisfaire. Dans les juridictions de première instance, le titre de débiteur, et particulièrement
celui de débiteur incarcéré, bannit chaque jour
la justice de son siége, usurpé par une prévention funeste au malheureux détenu : là, comme
à la guerre, les vaincus sont criminels. Ce n'est
qu'au sein des cours royales, ou devant la cour
suprême de cassation, que la loi naturelle réclame avec quelque succès contre l'inflexibilité
de la forme, et parvient à faire entendre la voix
de l'humanité. A Paris, dont nous aimons à
citer en cela la jurisprudence, les causes où la liberté du débiteur fut sacrifiée sont considérées de
haut par les membres d'une cour d'appel habile à concilier le droit et la philosophie ; c'est-
à-dire, à faire plier une légalité sévère sous
l'autorité des faits, qui peuvent en tempérer,
en démentir quelquefois la rigueur. Il est temps
de propager parmi nous ce soin pieux, conforme
à la législation des anciens, que nous avons
trop long-temps invoquée, sans en adopter la
morale.

Appelée à juger les hommes, la magistrature
de notre siècle éclairé ne peut plus se dispenser
d'étudier leurs mœurs. Les lois vieillissent vite
quand le mouvement de la perfectibilité est ra-

pide ; c'est du jeu, de mieux en mieux connu, des passions, qu'il faut apprendre à rectifier nos Codes, et le juge doit compte au législateur des changemens qu'il observe dans le cœur humain (1). A l'aide d'une telle investigation, les magistrats découvriront enfin le concours de circonstances qui, rendant les intérêts tributaires les uns des autres, fait les débiteurs et les créanciers. Ils se convaincront que, hors du commerce, dont elle est l'âme, la créance résulte d'une situation ordinairement forcée qui, pour être soumise à une pénalité grave, devrait au moins être appréciée dans ses causes, dans ses précédens. En un mot, avant de consacrer, à l'exemple des Romains, *le crime de devoir*, ne semble-t-il pas indispensable, au point de maturité sociale où nous sommes parvenus, de se rendre compte des proportions de malheur, de désordre et de mauvaise foi qni peuvent constituer les dettes en général. Sans cette étude approfondie, ne nous flattons point de tenir la balance avec équité dans une matière qui touche

---

(1) Le siége peut, de nos jours, recevoir d'utiles leçons du barreau : qu'on ouvre les plaidoyers des Dupin, des Barthe, des Mérilhou, des Berryer, des Hennequin et de tant d'autres avocats célèbres on y trouvera des témoignages multipliés d'une étude profonde, non-seulement de la morale, mais de toutes les connaissances humaines..... Que pourrait-on attendre d'une magistrature qui demeurerait stationnaire devant une telle richesse de ressources et d'autorités ?

à des intérêts si chers. Ici la justice ne peut reposer que sur des individualités, et, maintenant, elle découle, nécessairement imparfaite, d'une législation absolue et sans ressorts.

Nous avons dit qu'il était urgent de faire un retour sur la société pour juger sainement de la nature des créances, et leur appliquer une législation plus flexible, plus conforme aux causes diverses qui les produisent. Essayons d'esquisser le tableau moral dont il convient d'étudier les détails.

Aucune prospérité, depuis un tiers de siècle, n'a pu échapper à l'atteinte des troubles civils; aucune fortune n'est restée indépendante de leurs résultats. Dans cette conflagration générale, on n'a point vu de sagesse assez prévoyante, de prudence assez éclairée pour garantir les propriétés particulières du choc des événemens. Expulsés de leurs possessions territoriales par la terreur, arrachés à leurs vocations respectives par la guerre, poussés dans des négociations hasardeuses par le malheur des temps (1), nos

______

(1) Qui pourrait déterminer le nombre des hommes, sages d'ailleurs, qui se sont vus entraîner, durant les premières années de la restauration, par les chances décevantes du *jeu de la bourse;* et cela au moment où la stagnation du commerce laissait les fonds inactifs dans les mains de leurs possesseurs?.... L'activité est le premier besoin du commerçant; s'il ne peut trouver l'occasion de spéculer sagement, il hasarde, et les gouvernemens sont rarement étrangers à cette affligeante extrémité.

compatriotes ont, tour à tour, perdu la faculté
de régir librement leurs biens. Des Français,
contraints de fuir la hache révolutionnaire, ont
dissipé, dans une existence nomade, toutes les
ressources qu'ils avaient pu soustraire à la con-
fiscation ; d'autres ont payé de tout ce qu'ils
possédaient la gloire sanglante dont ils s'eni-
vraient ; d'autres enfin, parasites serviles des
pouvoirs successifs, ont étalé, au prix de tout
leur or, une représentation luxueuse, qu'ils se
flattaient de voir entretenue par une faveur, ou
vainement recherchée, ou qui dévorait aussitôt
les récompenses qu'elle décernait. Au milieu de
tant d'essais mal conçus, de professions improvisées par la nécessité, d'illustrations trop souvent ruineuses, et d'obsessions de cour toujours
trop rétribuées, même quand elles l'étaient peu,
qui a vu fructifier ses actions? l'intrigue et la cupidité : l'intrigue, prompte à se glisser, en ram-
pant, aux emplois lucratifs, dont elle sut au
besoin préparer les vacances par la dénonciation ; l'intrigue, qu'on surprit épiant toutes les
révolutions, pour arborer à temps la bannière
des vainqueurs ; l'intrigue, que ne rebutent ni
les difficultés ni les lenteurs, et qui connaît
toute la puissance d'une accablante ténacité, ou
d'une souplesse habilement calculée. La cupi-
pité, qu'on vit, non moins subtile, acheter à

vil prix les débris du grand naufrage dont nous atteignons à peine le terme ; la cupidité, adroite à se faire adjuger les fournitures avantageuses, en soudoyant les fonctionnaires qui les dispensaient ; la cupidité alimentant, par des prêts usuraires, les vanités ou les ambitions déçues.

Après avoir médité sur ces causes de détresse et de prospérité, nos magistrats seront, nous n'en doutons pas, disposés à faire une répartition de la disgrâce et de la protection, plus équitable que celle qui domine aujourd'hui leurs jugemens en matière de dettes. Ils ne se montreront pas aussi prompts à faire peser une pénalité aveugle sur des hommes qui peuvent être, ou par un effet immédiat, ou par une triste succession, victimes des circonstances politiques dont toute la prudence humaine n'a pu se garantir (1). Nos tribunaux inférieurs seront un peu moins formalistes, un peu plus arbitres, dans l'examen des créances. La moralité du débiteur cessera d'être frappée de réproba-

---

(1) Citons les émigrés ou leurs enfans ; les veuves et les orphelins des innombrables militaires tués au champ d'honneur ; les officiers de l'ancienne armée dépossédés après la restauration ; les fonctionnaires ou les employés mis sans emplois à diverses époques, et demeurés sans pensions ; les proscrits et leurs familles ; enfin, les héritiers des condamnés pour crimes politiques : héritiers qui n'ont eu à recueillir que les effets des confiscations, et les commandemens qui les obligeaient à payer les dépens du procès que l'exécution d'un époux ou d'un père avait suivi.

tion, celle du créancier cessera d'être environnée de faveur, à la seule inspection d'un titre en apparence régulier. On reconnaîtra que ce titre ne prouve qu'un fait matériel, dont l'existence est insuffisante quand il s'agit de prononcer sur la réputation, sur la liberté d'un citoyen, qui souvent perd tout avec elles.

L'étude morale que nous invoquons, en révélant parmi les débiteurs une majorité rassurante d'hommes délicats, et parmi les créanciers une foule d'individus peu dignes de la prévention favorable qui les protège, pourra sans doute, dans une assez forte proportion, déceler un état de choses contraire. Le désordre, l'astuce, la mauvaise foi, contractent trop souvent des obligations uniquement fondées sur l'espoir que le souscripteur nourrit de se dérober à leurs conséquences, après avoir profité de leur produit. Certes! la justice ne saurait s'armer de trop de rigueur contre les auteurs de tels engagemens. Qu'elle frappe d'une main terrible; toute la société applaudira quand cette justice sera guidée par le flambeau de la vérité; quand elle n'infligera plus la même punition au débiteur coupable de fraude et au débiteur malheureux.

Alors, notre jurisprudence pourra accueillir ou repousser, avec connaissance de cause, les motifs et les passions qui réclament l'usage de

la contrainte par corps ; alors, le juge philantrope fera rentrer cet expédient juridique dans
les étroites limites que le droit social doit lui imposer, pour réduire ce même expédient à la
moindre violation possible du droit naturel.

Terminons ce chapitre par quelques considérations sur les mobiles qui portent, le plus ordinairement, les créanciers à faire incarcérer
leurs débiteurs.

Dans une autre partie de cet ouvrage, nous
avons cherché à découvrir l'utilité réelle de la
contrainte par corps, dans l'intérêt général des
transactions, et la discussion impartiale nous a
paru réduire cette utilité à de rares exceptions.
Cependant les incarcérations deviennent de plus
en plus fréquentes ; les prisons pour dettes sont
encombrées sur plusieurs points de la France,
particulièrement à Paris. La dureté du cœur
humain ne suffit pas pour expliquer cet état de
chose affligeant ; d'autres motifs, d'autres passions, que nous rechercherons bientôt, portent
les créanciers à priver leurs débiteurs de la liberté.

Le commerce, mieux qu'aucune autre profession, sait peser les chances de l'intérêt privé :
dans sa sphère positive, viennent s'anéantir les
illusions de la vie ; là, tout doit se soumettre au
calcul ; tout doit s'offrir à l'esprit sous la forme

des chiffres. Eh bien! le commerce ne s'aide
que rarement de la contrainte par corps (1) : il
la repousse comme un moyen de recouvrement
illusoire, comme un expédient sans force sur
celui qu'il opprime, si ce n'est dans le sens opposé aux espérances de l'incarcérateur. En
effet, si le débiteur libre ne laisse souffrir son
engagement que par l'impossibilité présente de
le remplir, le débiteur emprisonné, qui se mon-
trera homme avant tout, secondera, de tous les
efforts de sa volonté, les obstacles que sa situation opposait déjà à l'acquittement provoqué.
La violence, qui jusqu'alors exista dans l'oppression, passera soudainement dans la résistance : le détenu ne prendra conseil que d'elle
seule; et, disons-le, ce sentiment sera la juste
réciprocité d'une rigueur d'autant plus atroce
qu'elle sera plus vaine. Voilà ce que l'expérience, le plus sûr, le plus irréfragable des gui-
des, a prouvé aux commerçans; voilà ce qui les
a détournés de la *presse* des débiteurs, si évidemment que, depuis dix ans, la population
des geoles pour dettes n'offre pas un cinquième
de détenus commerçans ou arrêtés à la requête
du commerce, et qu'une arrestation ordonnée

_______

(1) Voyez, pour l'exposé plus ample de cette réserve, de la part
du commerce, le chapitre de cette même partie.

par un négociant recommandable est un fait d'une extrême rareté. Si, d'ailleurs, on considère que les détentions en matière civile sont pour ainsi dire des phénomènes (1), on sera forcé de reconnaître que le prétendu bénéfice de la loi du 15 germinal an 6 est tout-à-fait en dehors des vues que le législateur avait en la promulgant. Cette vérité nous a été démontrée récemment par l'inspection d'une forte partie des écrous de la prison de Sainte-Pélagie: *des agens ou faiseurs d'affaires, des escompteurs, des huissiers, de soi-disant commissionnaires, des courtiers marons ou autres brocanteurs*, telles sont les professions, masquant presque généralement celle d'usurier, énoncées par les incarcérateurs eux-mêmes; tels sont les porteurs de ces lettres de change qui furent instituées pour faciliter les opérations du haut commerce (2). Revenons

---

(1) Au moment où nous écrivons, il n'y a dans la prison de Sainte-Pélagie que quatre détenus pour matière civile, y compris deux stellionataires, dont la détention est illimitée.

(2) On a remarqué, dans tous les temps, beaucoup de femmes parmi les incarcérateurs... Il est affligeant d'avoir à reprocher ce travers au sexe dans lequel Legouvé

Célébrait des humains la plus belle moitié;

Mais on est forcé de convenir que les dames ne sont pas indulgentes quand il s'agit d'intérêt. Ces dames ont, pour l'ordinaire, un prête-nom; il faut être doué d'une galanterie peu ordinaire pour leur rendre un pareil service.

aux motifs qui peuvent déterminer ces diverses classes de créanciers à *exploiter* les emprisonnemens.

Sur cent incarcérations, quatre-vingts ont lieu à l'occasion du prêt d'argent, soit à des fils de famille, soit à des militaires en activité de service ou pensionnés, soit à d'autres citoyens de différents états, et, en général, peu solvables par eux-mêmes. On ne se dissimule pas, en prêtant, que la rentrée des capitaux est incertaine ; mais cette considération n'arrête point les prêteurs ; leur déboursé entre pour si peu dans l'importance de l'engagement !... Interrogez les emprunteurs, qui, certes ! ne peuvent être intéressés à grossir la somme de leurs folies, ils vous diront qu'en espèces sonnantes, ils ont reçu le huitième de la créance souscrite ; que trois autres huitièmes leur ont été remis en marchandises de mauvais aloi, rachetées au plus vil prix par les compères des usuriers (1), et

_______________

(1) Un usurier de Paris possède un crocodile empaillé, qu'il a coutume de donner, comme argent comptant, aux emprunteurs qui viennent se courber sous les fourches caudines de sa rapacité. On a calculé que cet objet d'histoire naturelle, par sa longue et fréquente circulation, a produit au spéculateur arabe environ 100,000 francs ; sa valeur intrinsèque n'excède pas 60 francs. Les *marchandises* offertes le plus ordinairement sont des vins d'Espagne : à l'instant où la lettre de change est souscrite, ils ne peuvent tarder d'être rendus à Paris et livrés à l'emprunteur...... Mais à peine la signature fatale est-elle émise, qu'on apprend le naufrage du navire *frété* par le

que l'autre moitié de l'obligation (pour l'ordinaire à trois mois) représente l'intérêt d'une somme dont le quart au plus est entré dans les mains du souscripteur. Maintenant, si l'on évalue ce que les spéculateurs gagnent à des opérations moins hasardeuses, en escomptant, au taux légal, ce papier émis à leur ordre, on se convaincra qu'ils n'ont plus rien à risquer quand les effets viennent au remboursement ; et que le *produit* des incarcérations est clair et net. Ce produit n'est point chimérique ; nous allons le prouver.

C'est sur l'honneur, l'orgueil, la susceptibilité des familles que l'usure spécule essentiellement : un père, un oncle, un frère, une mère, une sœur, opulens ou seulement généreux, s'empresseront de briser les fers de l'incarcéré, en acquittant sa dette ; peut-être chicaneront-ils un peu sur la somme ; peut-être même le réclamant devra-t-il subir quelque réduction. Mais on sait que ses intérêts sont au large...... Il touchera toujours deux ou trois fois plus qu'il n'a donné, et sera prémuni contre les essais infructueux, contre les *non-valeurs* de l'incarcération usuraire (1).

---

prêteur...... L'échéance arrive..... et les murs de Sainte-Pélagie répondent seuls aux réclamations de la victime.

(1) Un usurier laisse ordinairement sa victime en prison de six

Mais tous les parens ne sont pas disposés à payer les dettes de leurs proches; il en est, au contraire, qui exigent sans pitié l'acquittement de celles que ces alliés ont contractées envers eux. Cependant le renom d'incarcérateur est si décrié, l'écriteau qu'il attache à la réputation, est si hideux, que la plupart des parens-créanciers répugnent à en assumer sur eux la responsabilité, et les transmissions de leurs créances deviennent, pour les acquéreurs ou les simples procureurs, une seconde branche de spéculations, non moins fructueuse que celle précédemment signalée. Cette industrie, sur laquelle nous donnerons d'amples détails dans le chapitre suivant, est le plus souvent exercée par les huissiers ou gardes du commerce : c'est une mine féconde, surtout lorsque le cessionnaire fictif se trouve substitué aux droits d'une maîtresse trahie et vindicative, d'un frère pressé de dépouiller son frère, d'une épouse adultère, d'un fils dénaturé, d'une sœur ou d'une fille dissolue..... Le lecteur a frémi... de telles horreurs, dont nous rapporterons des exemples, sont dues à la contrainte

---

mois à un an ; ce délai expiré, il est reconnu que le débiteur est *une matière ingrate*; c'est une *non-valeur*. On le relâche alors ; le retenir plus long-temps serait excéder les chances de *l'industrie des emprisonnemens.*

par corps, et ce sont là de ses effets les plus
réels.

Il est un motif d'incarcération que nous révé-
lons à regret, parce qu'il prend sa source dans
la bienveillance d'augustes personnages, et naît
quelquefois de la sollicitude royale elle-même.
Les commissions charitables, à diverses époques
de l'année, et la liste civile, soit à la fête du roi,
soit à celle des princes de sa famille, attribuent
de fortes sommes à la délivrance d'un certain
nombre de prisonniers pour dettes. Qui le croirait! ces bienfaits, trop habituellement dis-
tribués à des hypocrites ou à des intrigans favorisés (1), tournent en définitive au préjudice
de l'humanité, et fournissent un aliment de plus
à la cupidité des usuriers...... « Emprisonnons,
s'écrient-ils ; la bienfaisance du monarque ou
la charité publique paiera et nous enrichira des
dépouilles du pauvre....» On a remarqué que,
durant les deux ou trois jours qui suivent ces
sortes de libérations, toujours annoncées par les

---

(1) Les comités de bienfaisance né consacrent guère que 250 à
300 francs au plus à la délivrance d'un détenu pour dette. Une seule
fois, dans les derniers temps, l'un de ces comités a compté 1,600 fr.
pour un prisonnier fortement *recommandé*.... On nous a assuré que,
peu de temps après sa mise en liberté, cet homme, dont la conduite
avait été fort déréglée pendant sa détention, s'était expatrié avec
une jeune femme, enlevée à sa famille.... Le protégé des correspon-
dans du comité l'a emporté sur un vieillard de soixante-dix neuf
ans.... Voilà les effets de la faveur.

journaux, les emprisonnemens sont doublés.

Enfin, il faut bien retracer ici le rôle que la méchanceté humaine joue dans les incarcérations pour dettes. Nous ne grossirons point cette catégorie d'arrestations de celles opérées par l'effet de la mauvaise humeur des créanciers de bonne foi : cette effervescence d'un intérêt légitime froissé est rapide, passagère ; la captivité qu'elle sollicite ne se prolonge pas. Encore doit-on ajouter que, souvent, ces hommes estimables subissent l'influence des huissiers, gardes du commerce, et autres *faiseurs de frais*, dont il est facile d'apprécier le désintéressement. Mais il est d'autres individus que leur propre mouvement porte à nuire, lors même qu'ils prévoient que ce sera gratuitement.... « N'importe le résultat, répètent-ils dans leur fureur sauvage, *je me serai vengé.....* » Vengé de qui, misérables que vous êtes ? d'un homme esclave de sa fortune rigoureuse ; d'un infortuné qui déverse involontairement sur vous un peu du poison dont sa vie est abreuvée.... Ah ! le démon inspire-t-il une satisfaction plus féroce !!.. C'est parmi de tels vampires qu'on regrette le *debitore secando* de la loi des Douze Tables.... C'est au milieu de ces cannibales civilisés qu'on se repaîtrait avec délices de l'horrible mets d'Atrée. Nous reviendrons, armés de stygmates vengeurs, sur ces

infàmes créanciers; qu'ils soient livrés au mépris, à l'opprobre, car ils n'ont pas même pour
excuse les plus viles des passions : l'usure et la
cupidité.

# CHAPITRE III.

Des gardes du commerce, huissiers, agens d'affaires, etc.—Titres
qu'ils achètent ou paraissent acheter.—Concussions et exactions
qu'ils commettent.

La justice est ici bas l'organe de l'éternelle sagesse ; tout ce qui émane de ce noble auxiliaire
de la Divinité doit être pur comme elle ; et
la conséquence de ce principe, que personne ,
ce nous semble, ne songe à contester, est que
les agens de la justice, les hommes qui portent
sa parole au sein des sociétés , ceux qui répriment
ou frappent en son nom, doivent participer de
cette pureté, sans laquelle *exécuter judiciairement*
n'est plus qu'opprimer avec impunité. Si l'on
voulait, cependant, établir une distinction précise entre ce qu'on appelle communément *procédure* et *chicane,* la matière à traiter serait bien
délicate ; il faudrait aborder des intérêts puissans, éclairer des branches d'administration
publique qu'une prudente discussion laisse dans
l'ombre ; et la vérité n'a pour toute arme que
son miroir. Toutefois, il nous sera permis de

dévoiler ici la base de presque toutes les exactions judiciaires; cette base, que l'on considère comme légale depuis que la légalité s'affranchit des invocations du droit naturel, c'est le fisc. Le fisc, géant avide qui dévore, sans examen et sans choix, tout ce qu'on lui jette de pur et d'impur, pourvu que les tributs ne soient pas au-dessous du poids qui fut déterminé, non d'après les facultés des tributaires, mais d'après les exigences du colosse qu'il faut nourrir. Peut-être en sera-t-on réduit à compter cet état de choses au nombre des nécessités malheureuses; nous conviendrons difficilement, néanmoins, qu'il ne soit pas possible de rendre les perceptions fiscales moins opposées à la prospérité générale, motif allégué de tous les moyens de gouvernement.

Les fonctionnaires de l'enregistrement ne considèrent les actes que sous le rapport du droit à percevoir; que ces actes appartiennent ou non à la procédure régulière, peu importe : on enregistre *quand même;* la relation est minutée, une signature illisible est apposée au bas; l'argent entre en caisse; le reste est négligé. Plus les huissiers feront enregistrer, plus le total des bordereaux sera fort, plus les coffres du trésor se rempliront.... On semble avoir oublié que le droit d'enregistrement n'est que le prix du *contrôle* d'un acte, et que ce contrôle n'est pas le prétexte mais le motif de cette contribution....

Les citoyens.... Eh! bien, ils seront ruinés par une chicane qui peut étendre à loisir ses empiétemens.... C'est malheureux, sans doute; mais c'est *légal*. On va juger pourtant jusqu'à quel point est devenue extensible la signification de ce grand mot.

Au mois de mars dernier, un huissier de Paris, après l'incarcération du débiteur qu'il était chargé de poursuivre, a fait vendre ses meubles, et a mis une famille, encore composée de cinq personnes, entre quatre murs. Rien de mieux, puisque notre législation permet le cumul de toutes les exécutions. Mais on se trompera si l'on croit que la procédure en soit restée là; après y avoir réfléchi, l'officier ministériel a pensé qu'il y avait encore un acte à faire. Le propriétaire du débiteur a donc été sommé, par exploit, *de mettre hors de sa maison la femme et les enfans de l'individu incarcéré et dépossédé.* Vingt avocats, consultés sur cette sommation, l'ont, à l'unanimité, déclarée chef-d'œuvre *inédit* d'extensibilité de chicane (1).

---

(1) L'huissier à qui l'on doit ce chef-d'œuvre d'imaginative est le sieur L.....; on a lieu de présumer cependant qu'il a été secondé dans cette belle conception par un sieur L....., agent d'affaires, avocat;

Lorsqu'aux portes du Palais, les agens de la justice se donnent une telle latitude, qui pourra calculer l'essor de ces débordemens calamiteux ? qui assignera des limites à un tel désordre? Comme ce peuple belliqueux qui ne voulait voir le terme de sa conquête qu'au bout de ses lances, les gardes du commerce et les huissiers ne reconnaîtront bientôt, pour bornes de leur cupidité, que le bec de leur plume.

Et lorsque les opprimés élèvent la voix, lorsqu'ils se plaignent de l'énormité des frais, *faites-nous taxer*, répondent les praticiens.... Arrêtons-nous un peu à ces taxations, qu'on voudrait nous présenter comme le redressement de tous les écarts financiers de la procédure. D'abord, la plupart des débiteurs qui gémissent sous le poids des dépens ignorent qu'une main protectrice peut alléger leur fardeau; les réglemens *rigoureux* n'étant point une mesure spontanée, les exactions passent le plus souvent inaperçues, et consomment impunément la ruine des parties qui en sont les victimes. Du reste, les agens judiciaires ne feront croire à personne qu'on doive accepter, à titre de contrôle satisfaisant, ce qu'ils signalent dans leurs actes sous la désigna-

---

Si l'un ou l'autre voulait demander, sur cette révélation, un petit mot d'explication à l'auteur, il se fera un vrai plaisir de répondre.

tion *de liquidation ;* on sait comment cette opération s'exécute, lorsqu'elle a lieu à la demande de ceux-là même qui la redoutent.

Mais admettons un moment que le règlement des frais soit un recours suffisant contre la concussion, nos lois, par cet unique moyen, qu'il faut connaître et solliciter, ont-elles garanti les citoyens d'un surcroît de malheur, d'autant plus affligeant qu'il est moins légitime ? La justice, qui ne sommeille jamais sur les intérêts des créanciers, doit-elle dormir avec sécurité sur ceux des débiteurs, et attendre qu'on l'éveille pour les protéger ! On peut affirmer que les officiers exécutans ont à peu près carte blanche, puisqu'il n'existe point, à proprement parler, de règlemens préventifs contre leurs fraudes (1) ; puisqu'il faut en provoquer la répression pour la faire apercevoir ; enfin, puisque cette répression, sans pénalité, ne fait qu'arrêter l'effet de la concussion, et lui laisse le champ libre pour se reproduire.

---

(1) Le seul recours qu'on ait quelquefois exercé avec quelque succès, c'est celui de la plainte à la chambre des huissiers. Plusieurs membres de cette corporation ont été réprimandés par ce comité, dont il faut, pour être juste, proclamer la droiture et la loyauté. Mais la chambre des huissiers n'a qu'une juridiction de police assez étroite, et qui n'intervient que dans les écarts ne constituant pas délits. Quant à la chambre des gardes du commerce, nous n'avons point appris qu'elle se soit occupée jamais de redresser les torts de ses membres..... *non hic est locus.*

Le décret de 1808 qui créé des gardes du commerce pour la ville de Paris, renferme, parmi d'autres dispositions, dès long-temps éludées, le tarif des honoraires auxquels ces agens ont droit : il leur revient pour une arrestation, avec toutes les conditions et assistances qu'elle peut nécessiter, *cent vingt francs* au plus; et pour une simple recommandation, *soixante francs*. Il est cependant très rare que les écrous consignés sur les registres de Sainte-Pélagie n'offrent pas des sommes excédant ces fixations : nous en avons vu plusieurs d'après lesquels les gardes du commerce ont perçu, pour des incarcérations, 200, 225, 250 et jusqu'à 280 francs, sans que les signataires aient pris la peine de motiver, ou plutôt de prétexter ces perceptions exorbitantes. Quant aux recommandations, outre que les gardes du commerce se contentent rarement d'en réclamer le prix en conformité du tarif, ils leur prêtent, autant qu'il est en leur pouvoir, la forme de l'incarcération primitive, en doublant, triplant, quatruplant les procès-verbaux d'arrestation : nous avons cité ailleurs un exemple de cette manœuvre cupide et frauduleuse. Une dénonciation a été faite à cet égard au parquet de M. le procureur du roi, par la commission intérieure de Sainte-Pélagie; trente-cinq écrous ont été produits à l'appui, et, dans ce nombre, il n'en existe pas un seul où le tarif des honoraires ait été respecté. On assure que le ministère public est disposé à suivre l'instruction de cette affaire, et tout porte à croire que la magistrature de Paris ne laissera point échapper l'occasion d'arrêter enfin, par un exemple sévère, un torrent d'exactions auquel nulle digue n'est encore opposée. Le tribunal sentira qu'il ne s'agit pas seulement ici de *taxer* : la concussion existe ou elle n'existe pas ; si elle est positive, elle caractérise le délit prévu par l'article 35 du Code pénal, et elle le caractérise d'autant plus sûrement qu'elle est habituelle.

Nous avons promis des détails sur les vexations de toute nature auxquelles se livrent les huissiers, gardes du commerce et agens d'affaires, à l'aide du régime de la contrainte par corps : nous avons avancé qu'ils provoquaient, favorisaient, recherchaient, achetaient les actions exercées en vertu de ce régime ; les preuves ne nous manqueront pas. C'est maintenant un fait bien avéré que plusieurs des gardes du commerce, et peut-être tous, sont en rapport suivi avec des usuriers, connus sous la désignation d'*escompteurs*, et entretiennent des relations non moins intimes avec les huissiers et agens d'affaires les plus âpres à la curée des débiteurs. Tous ces individus qui, à divers titres, méritent

si bien d'être qualifiés d'instrumens des calamités humaines, sont liés entre eux par une
chaîne invisible. Ils se groupent, se serrent pour
fermer la route du salut à tous les infortunés
atteints du malheur de devoir. Un garde du
commerce, qui serait justement surnommé le
coryphée de l'incarcération, et qui, de deux cent
cinquante-trois arrestations faites du 1er août
au 5 septembre 1828, en a fait cent neuf, est,
d'une part, le frère d'un huissier de la capitale,
et d'autre part, l'associé d'un agent d'affaires
faisant l'escompte. Ce triumvirat travaille, dit-on,
de compte à tiers ; c'est conséquemment un
triple appât pour alimenter les filets de l'officier
exécutant. Or, une capture est-elle faite, et le
débiteur peut-il racheter sa liberté au moyen de
papier valable, il est conduit chez *l'associé* es-
compteur ; si les valeurs nouvelles ne sont pas
acquittées à l'échéance, *l'associé* huissier fait son
office ; enfin, soit immédiatement, soit après un
second renouvellement qui demeure encore en
souffrance, *l'associé* garde du commerce clôt
cette série d'opérations par un emprisonnement.

Nous avons sous les yeux un tableau sur lequel
sont consignés les noms d'un grand nombre
d'incarcérateurs ; les huissiers et les clercs d'huissiers s'y trouvent en majorité. Ce fait vient à
l'appui de ce que nous avons dit, dans un cha-

pitre précédent, de l'achat, réel ou fictif, des créances par ces agens ; autrement, il n'y aurait aucune raison pour que les créanciers de cette profession excédassent les proportions ordinaires. Encore doit-on ajouter que, par diverses considérations, plusieurs huissiers, cessionnaires connus et habituels des créanciers timorés, ont eux-mêmes des prête-noms à gages qui, se faisant payer la honteuse complaisance de porter le titre d'incarcérateur, laissent à ceux qui les soudoient le bénéfice sans mélange de la spéculation (1). Mais il est des huissiers qui, tranchant dans le vif avec audace, s'affichent, tout à la fois, escompteurs et officiers publics. Nous citerons un *cumulard* de cette nature établi quartier Saint-Martin : dans l'étude des clercs, on minute des assignations, des jugemens ; dans le cabinet du patron, on fait l'escompte, déguisé sous la noble désignation *de banque*.

Ce ne sont pas seulement les gardes du commerce et les huissiers qui spéculent sur les créances, ou qui engagent les créanciers dans une procédure extrême, dont l'effet est toujours douteux pour le client, mais constamment pro-

-------

(1) Nous disons bénéfice sans mélange, parce que les huissiers sont trop expérimentés pour se charger de créances qui ne leur offriraient pas un résultat certain, quoiqu'il puisse être difficile ou éloigné.

fitable au praticien. Nous trouvons sur une liste de ces tristes spéculateurs, des avoués, des agréés au tribunal de commerce, des avocats et, qui le croirait ! des médecins. Ici c'est un avoué du département de la Meurthe qui, moyennant quelques centaines de francs, achète une créance de 19,000 francs, sur la seule indication de l'âge (44 ans) du débiteur qu'il peut emprisonner ; là, c'est un agréé revêtu de la confiance d'un militaire poursuivi, et qui communique à la partie adverse les moyens que son client se propose d'employer pour se soustraire au par corps. Plus loin, un jurisconsulte de la même profession, consulté par un petit marchand, sur les traces duquel sont les gardes du commerce, se fait compter 100 francs, lui conseille de rester à son domicile, apprend qu'il y a été arrêté, et l'abandonne sans avoir même examiné ses pièces. Ailleurs, nous voyons qu'un usurier, traduit comme tel en police correctionnelle par un débiteur dont il dévorait toutes les ressources, reçoit d'un agent d'affaires, se qualifiant avocat, l'avis suivant : « Un juge-
« ment du tribunal de commerce est exécutoire
« nonobstant appel ; demandez la remise à hui-
« taine ; profitez de ce délai pour envoyer votre
« adversaire à Sainte-Pélagie ; dès lors *personne*
« *ne songera plus à lui* ; les moyens lui manque-

« ront pour suivre son affaire, et il sera trop
« heureux de consentir à tout ce que vous lui
« demanderez.....» Et l'homme qui peut s'exprimer ainsi s'attribue impunément le titre qu'honorent les Dupin, les Mérilhou !.. (1)

Nous avons avancé que des médecins osaient
s'inscrire parmi les incarcérateurs; nous tenons
la preuve de cette assertion. Que les savans qui
exercent à Paris l'art le plus utile à l'humanité
jettent les yeux sur leur respectable corporation;
ils ne tarderont pas d'y découvrir, surtout, un
homme que la multiplicité de ses manœuvres
usuraires et des incarcérations qui les suivent a
dès long-temps révélé au mépris public.... Il
est indigne de compter parmi les bienfaiteurs de
l'humanité, celui qui, semblable à la hyenne,
s'attache aux corps humains pour les déchi-
queter et en dévorer les lambeaux !

Même en descendant de ce haut degré de perversité, de combien d'irrégularités frauduleuses
ne se rendent pas coupables les hommes qui
vivent de la contrainte, et s'engraissent des dé-

_______________

(1) Nous pouvons citer mieux encore : le 10 juin 1820, M. H....,
avocat à la cour de cassation et aux conseils du Roi écrivait au sieur
G....., garde du commerce : « Je part pour la campagne; je serai
» de retour jeudi; si d'ici là vous n'avez pas arrêté M. C......, je
» me verrai forcé de vous retirer le dossier. » Depuis lors, le débiteur
ayant été arrêté, M. H..... a envoyé plusieurs fois déposer des alimens en son nom. Nous croyons qu'un des flambeaux de la justice devait éviter d'en devenir, en quelque sorte, l'instrument.

pouilles du malheureux ! L'article 1383 du Code civil porte : « *Chacun est responsable du dom-* « *mage qu'il a causé, non seulement par son fait,* « *mais encore par sa négligence ou par son im-* « *prudence* ». Faisons des vœux pour que l'œil de la justice s'ouvre enfin sur les nombreuses violations de ce principe législatif. Nous verrons alors cesser des exactions qu'encourage l'impunité, et que la crainte préviendrait. Parmi celles qui nous restent à signaler, nous citerons d'abord la tactique de certains huissiers qui, d'autant plus audacieux qu'ils sont moins favorisés de la fortune, marchent sur le domaine de la procédure comme les cosaques en pays ennemi, sans ordres et sans mission. Qu'on les ait rendus porteurs de titres pour un simple protêt, cela suffit; ils se tiennent pour autorisés, et, s'appuyant du silence de leurs cliens comme d'un consentement tacite, ils poursuivent à toute outrance jusqu'au moment où le pouvoir du créancier leur devient nécessaire afin d'opérer l'incarcération. Le créancier s'emporte, désavoue les poursuites ; mais, pour y mettre un terme, il faudrait solder les frais.... Le fatal *permis* est délivré, le débiteur est arraché de ses foyers... et cela parce qu'il faut qu'un huissier s'enrichisse (1).

---

(1) Il est à Paris un huissier qui s'est fait une sorte de célébrité

C'est dans cette même classe de praticiens qu'on trouve des complaisans disposés à porter, sans être munis de procurations, des alimens aux greffes des prisons pour dettes ; c'est une démarche mensuelle à inscrire sur la note des frais. Ce sera une exaction de plus.... qu'importe, il y a sécurité ; tout est sourd aux réclamations des débiteurs. Les avoués ne dédaignent pas toujours ce genre d'industrie supplémentaire, et elle est ordinairement exercée par leurs aides. Dans le courant de l'année dernière, un jeune clerc se rend à Sainte-Pélagie à l'effet de déposer des alimens pour M. Des..... ; ce détenu avait exigé qu'on le demandât au greffe quand on s'y présenterait pour faire ce dépôt; il fut prévenu. Il somma l'étudiant d'exhiber la procuration du créancier : l'avoué même ne l'avait pas; la dernière quittance du concierge : l'envoyé n'en était pas muni. Enfin M. Des.... déclare qu'il est prêt à payer le montant de son écrou, et réclame la présentation du titre; le clerc avoue alors en balbutiant que ce titre a été renvoyé à l'incarcérateur, qui habite Dijon. Ainsi l'on

---

dans cette guerre de partisans ; cet huissier habite une petite place située au centre de la capitale ; nous n'en dirons pas davantage : nous ne dénonçons pas. Mais puisse le praticien que nous ne nommons point, et qui se reconnaîtra, profiter, pour se corriger, du honteux renom qu'il s'est acquis.

détenait à Paris un citoyen en vertu de pièces qui se trouvaient en Bourgogne, et sans avoir même la moindre preuve à fournir de la légalité actuelle de la détention.

Que de faits nous pourrions relater encore, si déjà les manœuvres que nous voulons mettre au jour n'étaient présentées, sous toutes leur faces, par les révélations qui précèdent, et dont nous pouvons, non seulement garantir, mais prouver l'authenticité.

# CHAPITRE IV.

Désordres affligeans et malheurs de toute espèce occasionné
contrainte par corps.

Nous n'avons examiné jusqu'ici la contrainte par corps que dans ses causes, dans ses motifs réels ou supposés, et dans son abus, terrible autant que vain. Nous allons maintenant la considérer dans son exécution ; nous développerons ensuite ses résultats, et nous laisserons à nos lecteurs le soin de les qualifier.

En Angleterre, le domicile du débiteur est presque inaccessible, tant les difficultés légales se groupent étroitement sur le seuil de l'habitation particulière, pour en défendre l'entrée aux agens instrumentaires de la loi. Si l'homme poursuivi par corps est présumé absent, cette habitation devient un sanctuaire inviolable, même avec le secours des officiers civils, qui, dans le seul cas de présence du débiteur, peuvent autoriser une perquisition. Chez nous, au contraire, il est si bien entendu qu'on peut considérer le citoyen frappé du malheur de devoir comme la proie de son créancier, que l'asile de sa famille est livré sans scrupule, sans réserve, aux traqueurs du commerce, comme le repaire d'une bête fauve est abandonné aux chasseurs. Qu'une épouse effrayée, qu'une fille timide tienne un instant clos l'appartement conjugal ou le réduit sacré de la pudeur, soudain les recors, les serruriers, sous la protection d'un juge de paix, dont le caractère est rarement justifié (1), crochètent les portes, brisent les meubles, fouillent les armoires, dispersent le linge, les vêtemens ; et la moindre opposition à ces actes révoltans est consignée sur le fatal procès-verbal, à titre de rébellion. On a vu ces sbires arracher de son lit le débiteur malade, moribond, sans égards aux cris de la douleur physique, non plus qu'à ceux du désespoir d'une famille éplorée. Dans le mois de juillet dernier, M....., loueur de cabriolets, a été traîné à Sainte-Pélagie durant l'accès d'une forte fièvre, quoi-

---

(1) Il n'est pas sans exemple que des gardes du commerce, *pressés de jouir*, et qui n'avaient pu se procurer un juge de paix ou son assesseur, aient honoré de ce dernier titre un de leurs recors, pour abuser des débiteurs bénévoles..... On croit, au premier abord, que rien n'est plus simple que d'obtenir la répression d'une telle fraude, quand l'incarcération est consommée..... Essayez..... une montagne de difficultés vous sera opposée..... tous les moyens employés contre vous sont bons.

qu'il eût déclaré *à l'officier* garde du commerce, qu'il venait de prendre un médica-
ment, dont l'effet pourrait devenir funeste par
l'action de l'air extérieur. Plus d'une fois, les
suppôts de la contrainte portèrent une main au-
dacieuse sur la couche de douleur d'une nouvelle mère ; plus d'une fois, ils osèrent entr'ouvrir celle de la vierge tremblante.... En 1823,
les gardes du commerce allaient se présenter
chez un citoyen condamné par corps, et dont
l'épouse, accouchée depuis quelques heures,
éprouvait de violentes tranchées, qu'une révolution pouvait rendre mortelle (1). Le frère de
cette dame vole chez le porteur des pièces, et
lui fait part de cette circonstance, en jurant sur
l'honneur que l'individu poursuivi est absent. L'a-
gent de la contrainte, souriant avec dédain, déclare que cet exposé ne peut l'arrêter. « Eh ! bien,
reprend d'une voix forte le beau-frère du débiteur, je vous attends sur le seuil de ma sœur ;
quelqu'un, peut-être, pénétrera dans la maison, mais j'aurai fait sauter la cervelle à quatre

______

(1) Il existe un édit de Louis XIV qui défend d'instrumenter au
domicile du débiteur pendant les couches de sa femme... Cet édit,
qui n'est point abrogé, a été souvent invoqué par des pères de famille... Les huissiers ou gardes du commerce ont passé outre, et
nous n'avons point entendu dire qu'ils aient été réprimandés.... C'est
donc à l'humanité qu'il appartient de s'armer de toute sa puissance
contre la violation impunie du plus saint de ses droits.

d'entre vous. » Conseillés sans doute par la prudence, les gardes ne parurent pas..... Quelle loi, grand Dieu ! que celle dont l'exécution farouche ne laisse à l'humanité que la ressource d'un tel moyen !

Si des excès de cette nature peuvent être commis au domicile de l'individu poursuivi, que sera-ce lorsqu'il sera rencontré sur la voie publique par les impitoyables exécutans ? Nous ne rapporterons pas les misérables subtilités que les recors, ordinairement familiers expérimentés de la police, mettent en usage pour éviter l'intervention de la force armée, dont on fera, dans tous les cas, payer le concours. Mais nous devons à nos lecteurs quelques nouveaux témoignages de la révoltante latitude accordée contre les débiteurs, que nos magistrats semblent avoir destinés à devenir les *parias* de la société.

Un citoyen se montre quelquefois soigneux de défendre sa liberté, dont la perte compromettrait l'existence de toute une famille : il se cache durant la journée, ı  sort que le soir ou les jours fériés.... Vaine précaution ! des recors acharnés l'attendent à proximité d'un corps-de-garde, l'engagent dans une bagarre ou lui cherchent querelle, et parviennent à le faire conduire au poste voisin. Si, par l'effet de la ruse née de leurs missions d'une autre nature, ils réussissent à prolonger la détention du prétendu perturbateur de l'ordre jusqu'au retour du soleil, voilà leur partie gagnée; le garde du commerce se montre, et l'infortuné captif est conduit à la prison pour dettes (1). Il y a quelques années, les agens de la loi de germinal, au nombre de sept ou huit, se jettent, rue Montesquieu, sur un homme de haute stature, dont la boutonnière ornée et les moustaches grises révèlent un vétéran de la vieille armée. Le militaire, auquel on avait *escamoté*, comme cela se pratique souvent, les actes précurseurs de l'arrestation, se débat contre ses assaillans inconnus; bientôt il va se débattre avec succès, car les passans se montrent disposés à le soutenir..... « Eloignez-vous, messieurs, s'écrie alors le garde du commerce, *c'est un voleur que nous arrêtons.....* » et soudain cet imposteur et ses recors poussent le débiteur, muet de surprise et de rage, dans un fiacre, ils s'y placent à ses côtés, et disparaissent avec leur proie (2). Au mois d'avril dernier, M.............. encore détenu à Sainte-Pélagie, est arrêté dans la cour du Louvre, au mépris de l'inviolabilité des palais royaux; en référé, ce débiteur est déclaré

_______________

(1) Nous avons nos preuves.
(2) Nous avons été témoin de ce fait, vers la fin de 1821.

libre ; mais il est repris, à l'instant même, dans
la cuisine de M. le président ; et ce magistrat approuve cette seconde arrestation, nonobstant
l'autorité du Code, qui veut que vingt-quatre
heures s'écoulent entre deux exécutions judiciaires relatives au même individu, et ayant le
même objet (1).

Nous abrégeons une trop déplorable nomenclature ; elle dépasserait les bornes que nous
avons dû nous prescrire, si nous voulions citer
toutes les arrestations vexatoires, arbitraires,
illégales qu'encourage l'impunité des gardes du
commerce. Tirons le rideau sur ce tissu d'atrocités, dont la narration, portée mille fois peut-
être au pied des siéges de première instance, a
trouvé nos magistrats impassibles ou léthargi-
ques.... Ah ! dans un siècle si ostensiblement
religieux, ne devrait-on pas graver dans l'enceinte des tribunaux ce passage de l'Écriture :
*Abstenez-vous de vexer le débiteur, et de l'oppri-
mer par des usures !* ( Exod. xxij, ver. 25. )

Qui ne verra dans les faits que nous venons
de mentionner l'oubli de l'humanité, la première
des lois, celle dont tous les Codes ne devraient
être que les commentaires ! Cependant nous

____

(1) Cette arrestation n'a point été annulée, quoique le débiteur en
ait attaqué la légalité ; en première instance, détenu pour dettes ou
criminel ; c'est synonime.

n'avons encore déploré les conséquences de la contrainte par corps que dans leur effet immédiat sur le débiteur ; agrandissons le cadre de nos observations, et tâchons de faire apercevoir au lecteur la contagion de douleur que les incarcérations répandent sur les familles, sur la société tout entière.

L'infortune et la prospérité personnelles qui ne contribuent point à d'autres infortunes et à d'autres prospérités, sont rares, dans l'état actuel des sociétés. L'être isolé n'est pas seulement ennuyé de sa solitude, il en est honteux.... C'est une si triste situation que de borner au *moi* le cercle des peines ou des plaisirs ! L'homme s'attache donc à ses semblables pour sentir et faire sentir par communication ; il se plaît à voir ses impressions, heureuses ou malheureuses, se communiquer comme la puissance électrique, à tout ce qui l'environne.... Aussi frappez avec quelque violence la destinée d'un individu, et le coup retentira sur plusieurs, quelquefois sur de nombreuses affections. Et que ces échos sont plaintifs dans une famille au sein de laquelle un créancier barbare vient de marquer une victime ! Non, jamais les gardes du commerce ne pénétrent sous le toit domestique, sans traîner à leur suite du malheur et de la désolation pour tout ce que ce toit abrite.

Ici, c'est un ouvrier de qui le travail nourris-
sait père, mère, épouse, enfans : la Misère
frappait vainement à la porte de ce ménage;
l'incarcération du laborieux artisan va donner
accès à cette fille hideuse du Destin. Là c'est un
modeste commis auquel la longue gêne du sur-
numérariat arracha le seing fatal ; aujourd'hui,
ses minces appointemens suffisent à des besoins
qui ne sont pas uniquement les siens ; demain,
le chef de bureau du pauvre employé, averti de
son arrestation, le rayera froidement du contrôle de l'administration, et donnera sa place à
un aspirant protégé qui ne fut point surnumé-
raire. Ailleurs, le jeune avocat travaille, déjà
fructueusement, à sa réputation, à sa fortune;
le nouvel avoué vient de placer la dot de sa
femme dans une charge qui promet des avantages... Une lettre de change, souscrite au temps
difficile de leur stage, ferme tout-à-coup, et
peut-être pour jamais, à ces jurisconsultes dé-
butans, la perspective des prospérités (1). Le
médecin, après les longues, les pénibles, les dé-
goûtantes veilles de ses cours, commence à voir

(1) Il y a maintenant à Sainte-Pélagie un jeune avoué incarcéré
par suite des dettes qu'il avait faites pour l'achat de sa charge, c'est-
à-dire dans l'intérêt de la communauté conjugale...... Cependant ce
détenu n'a été arrêté que par l'effet d'un manque de parole de sa
belle-mère.... Il croit qu'aujourd'hui elle n'est pas étrangère à sa
captivité.

grossir une clientelle si difficile à conquérir sur
la confiance publique, quand un arrêt du tribunal de commerce relègue intempestivement
sous les verroux l'infortuné docteur, coupable
d'avoir *négocié* avec son bottier, son tailleur ou
son boulanger. L'homme de lettres disputait à
l'indifférence du siècle, aux lecteurs saturés
d'émotions, quelques parcelles d'or ramassées
péniblement au fond du creuset des dégoûts,
des humiliations; l'escompte, avec endos, d'une
traite qu'il reçut en paiement d'un libraire
maintenant failli, le jette dans les fers, et réduit
sa muse au silence. Le propriétaire nécessiteux
a réalisé le revenu de ses possessions lointaines,
qu'on lui fit parvenir sous la forme d'une lettre
de change, qu'il a négociée. L'accepteur ne
paie point à l'échéance, l'honnête citoyen est
incarcéré pour avoir touché son dû; il est incarcéré quoiqu'on ait, cumulativement, frappé
ses meubles de saisie, et sa propriété d'hypo-
thèque. Enfin l'officier, au prix de son sang,
et après de nombreuses injustices, obtint le
grade qu'il avait dès long-temps mérité.... mais
il ne l'obtint qu'en aidant, par des sacrifices
onéreux, cette fortune militaire que tant de
gens fixent pourtant sans mérite et sans frais.
Le brave s'est endetté; il a pris des engagemens,
et, selon l'usage, on les lui a fait prendre par

corps.... Le voilà derrière les guichets de Sainte-Pélagie. Beaucoup de nos lecteurs pourront croire que ce militaire n'a pour sujet d'affliction que son éloignement du drapeau, bannière de ses devoirs moins encore que de ses affections.... Hélas ! ce drapeau n'est plus le sien ; le malheureux détenu s'est vu forcé de donner sa démission, pour ne pas être destitué ; il a perdu son traitement (1) ; heureux s'il peut le reconquérir un jour, contre le vœu des *fabricateurs* en sous-ordres du budget de la guerre, qui, dès ce moment peut-être, comptent sur cette disgrâce pour appuyer d'un prétexte de plus les faveurs gratuites dont ils sont gorgés.

On jugera facilement de combien de contre-coups seront suivies les atteintes portées à tant d'intérêts..... Que de pères et de mères, retenus au lit des infirmités, descendront dans la tombe sans avoir revu leurs fils emprisonnés !... Que d'épouses, de sœurs, de filles abandonnées aux dangers du monde (2) !... Que d'enfans dont l'é-

---

(1) Telle est la position de M. le baron de ***, lieutenant-colonel, et l'un des bons officiers de la garde royale ; il a été incarcéré par des usuriers ; et c'est ainsi que la patrie et le Roi s'appauvrissent de serviteurs généreux, pour satisfaire aux exigences scandaleuses d'hommes tarés qui déshonorent le pays.

(2) La fille du sieur ***, coiffeur à Paris, était recherchée par un jeune homme dont la prudence du père de cette jeune personne avait repoussé les projets. Ayant appris que le sieur *** venait d'être arrêté

ducation ne sera point achevée !... Et la corruption, comme elle moissonnera dans ces mé-
nages où le bras du chef ne sera plus étendu
pour refréner les passions, pour repousser les
séducteurs! Il est permis de compter, sans doute,
sur la puissance du devoir et de la vertu ; mais
les infractions à leur culte deviendront d'autant
plus nombreuses que le vice sera plus persévé-
rant... Nous en avons, par malheur, l'expérience
pour garant, le laisser-aller de la faiblesse et
les efforts de la perversité finiront par devenir
tels que, si la rage des créanciers ne se dément,
l'on verra retenus captifs, l'époux par son épouse,
le frère par sa sœur, le père par sa fille..... Nous
avons recueilli des preuves nombreuses de cet
infâme débordement de mœurs ; nous en serons
cependant avares : leur accumulation dégraderait
trop l'humanité ; elle accuserait trop éloquem-
ment la législation étroite qui favorise de semblables horreurs.

Nous avons passé sous silence les procès dont
le résultat, présumé favorable, est compromis
par l'incarcération de la partie intéressée, et par

pour dette, le fougueux prétendant a signifié à la demoiselle qu'il
entendait la posséder, et en effet il s'est disposé à l'enlever de l'atelier
d'un relieur, chez lequel elle travaillait. Les efforts du ravisseur ont
été d'abord arrêtés par d'autres ouvriers, présens à cette tentative,
et ensuite paralysés par M. le préfet de police, que la commission
de Sainte-Pélagie avait averti du danger de mademoiselle ***.

les préventions, malheureusement ordinaires, qu'elle jette dans l'esprit des juges. Nous taisons les déréglemens qui peuvent résulter de l'introduction d'une main étrangère dans l'administration des affaires du détenu. Nous ne mentionnons pas davantage la duplicité de dépense imposée à une maison dont le chef vit en prison, tandis que le reste de la famille continue de vivre dans le monde. Enfin, nous supprimons une foule de détails qui démontreraient surabondamment la désorganisation domestique qu'entraînent les emprisonnemens pour dettes.

Abordons une sphère plus vaste de généralités. L'artisan, le commis, l'avocat, l'avoué, le médecin, l'homme de lettres, le propriétaire, l'officier, contribuaient, chacun suivant son état, à la gloire ou à la prospérité du pays : leurs travaux, leurs talens, leur savoir, leur courage étaient des fractions du faisceau de la force publique. Or, en enlevant ces citoyens, le plus souvent à la requête d'usuriers qui, loin de donner à la patrie, en sont les sangsues avides, la loi appauvrit l'État de ressources et de capacités; elle nuit à l'intérêt général, en même temps qu'elle sape jusque dans ses fondemens la félicité domestique. De combien de corrolaires nous pourrions appuyer cette proposition en citant les sa-

vans illustres (1), les administrateurs éclairés,
les magistrats intègres, les fonctionnaires divers,
renommés dans leur partie respective, que la
désastreuse exécution surprend, chaque jour,
au milieu de leur carrière honorable. Mais, ne
nous attachant qu'aux professions que nous
avons d'abord signalées, remarquons qu'il est
peu hasardeux de supposer que l'artisan pouvait
être destiné à franchir les bornes de son industrie ; que le zèle paralysé du commis forme une
lacune parmi les rares intelligences de la bureau-
cratie subalterne ; que l'emprisonnement de l'a-
vocat entraîne la perte de quelques causes légitimes ; que l'avoué laisse regretter vivement un
praticien consciencieux ; que la retraite forcée du
médecin livre à la tombe un ou plusieurs de ses
malades ; que l'homme de lettres a senti s'étein-
dre, dans les angoisses de l'esclavage, des inspirations utiles à l'humanité ; que la détention
du propriétaire prive d'une lumière sûre, d'un
jugement sain, d'un choix loyal, le conseil
d'arrondissement, le jury, le collège électoral ;

______________

(1) Un savant, auquel la patrie a plus d'un genre d'obligations, a
été arrêté, il y a quelques années, à la requête d'un vampire qu'il
avait payé en capital et en intérêts calculés au taux légal, mais qui se
cramponnait encore à lui pour le fruit de ses rapines. Au moment
de son arrestation, ce savant songeait à entreprendre un second
voyage autour du monde, qui, comme celui qu'il avait déjà fait, eût
reculé les limites de la science.

qu'enfin la démission obligée du militaire, non seulement ravit à l'armée un bon officier, mais favorise encore , par son remplacement, le choix d'une nullité heureuse.... Toutes ces suppositions sont admissibles ; la *traite* des débiteurs s'exerce au hasard. Mais nous n'avons pas besoin du secours de l'hypothèse pour démontrer que la chose publique est violemment heurtée par les incarcérations : l'évidence ressort des détails, aussi vrais qu'affligeans , que nous venons de rapporter. En un mot, il demeure prouvé par une logique difficile à récuser, que la contrainte par corps, dans son état actuel, est tout à la fois atroce, immorale et impolitique.

# CHAPITRE V.

Description de la prison de Sainte-Pélagie. — Ses mœurs particulières. — Un mot sur la maison de détention des femmes.

Au sud de la capitale s'élève un édifice de forme quadrangulaire, renfermant, au centre, une cour assez vaste, mais que partage en deux parties à peu près égales une galerie (1), qui réduit chacune de ces parties à un espace étroit, relativement à sa destination. La moitié du bâtiment et de la cour située à la droite des personnes venant du dehors, est affectée à des condamnés repris correctionnellement, à des négocians faillis, et à quelque détenus en ma-

(1) Cette galerie est surmontée d'une espèce de rotonde dans laquelle on a établi la chapelle, en attendant la construction d'un autre édifice destiné à la célébration du culte, et qui vient d'être terminé. On rapporte que Robespierre et d'autres révolutionnaires, placés à une croisée de cette rotonde, assistèrent, durant les massacres des prisons, à l'exécution d'un grand nombre de prisonniers, qu'ils livraient aux fer d'une guillotine dressée au milieu de la cour de Sainte-Pélagie; il leur importait, dit-on, de voir mourir ces victimes.

tières dites *politiques* (1). La seconde moitié, c'est-à-dire, celle de gauche, a été entièrement réservée aux détenus pour dettes. L'entrée extérieure, communiquant à la rue de la Clef, est commune aux condamnés et aux tributaires de la contrainte par corps. Là, pour franchir un guichet dont l'élévation n'excède pas cinq pieds, le front du citoyen que l'opprobre n'a jamais fait rougir, doit se courber comme celui du coupable que les lois atteignent d'un juste châtiment. On dirait que l'architecte a voulu, dans cette construction, rendre hommage au préjugé qui frappe d'une même réprobation les diverses classes d'hommes qui, sous l'empire de circonstances si différentes, laissent leur liberté en deçà de ce guichet symbolique. Ce n'est que dans une première cour, connue sous la désignation *de chemin de ronde,* que deux portes distinctes conduisent, d'une part les condamnés, d'autre part les débiteurs incarcérés, à leur destination repective.

Pénétrons dans la partie de l'édifice appelée

---

(1) Tous les jours, de deux à quatre heures, le dimanche et le jeudi exceptés, cette partie de cour, plus commode que l'autre, et dans laquelle se trouvent quelques arbres, est *prêtée* aux détenus pour dettes, qui s'empressent d'y chercher un air plus sain que dans la leur. On promet depuis long-temps à ces infortunés de leur abandonner entièrement la jouissance de cet espace; mais le bien leur vient si lentement....

*la Dette,* habitation dont les incarcérateurs ne aissent guère la population au-dessous du grand complet de deux cent cinquante à deux cent-soixante personnes. Arrivé à la cour, ou plutôt à la section de cour sise au milieu de cette portion de bâtiment, on est pénétré d'une vive compassion en reconnaissant, par un calcul facile, que si tous les prisonniers viennent en même temps essayer d'y respirer, chacun ne peut disposer que d'un terrain de vingt-neuf pouces carrés. Nous réduisons, pour les habitans de Sainte-Pélagie, la faculté de respirer aux chances d'un essai, et il est facile de justifier cette assertion. En effet, quatre étages s'élèvent au-dessus du niveau de la cour dont nous parlons, sans qu'aucun courant d'air horisontal, ménagé dans la construction, vienne renouveler la masse d'atmosphère, bientôt corrompue, qui s'y trouve comme encaissée (1).

Deux escaliers assez commodes conduisent aux quatre corridors où sont situées les chambres des détenus; ces corridors, un seul ex-

---

(1) Il est de tradition à Sainte-Pélagie que cette prison a été construite avec les matériaux de la Bastille.... Si le fait est exact, ces pierres, ces solives, ces grilles ont peu changé de destination : elles renfermaient des prisonniers arrêtés sur l'autorité des lettres de cachet; or, les jugemens des tribunaux de commerce sont d'autres lettres de cachet, d'un usage plus général, et tout aussi peu motivées que les premières.

cepté (1), ont si peu de largeur, qu'en y circulant, on risque sans cesse d'être blessé par les lourdes portes ouvrant sur ces passages. Du reste, ils ne sont éclairés que par d'étroites meurtrières, qu'une précaution surabondante a grillées. Quant aux chambres, les seules qui soient suffisamment aérées sont celles dont les croisées donnent sur le Jardin du Roi : ce n'est que de ce côté qu'il est permis de respirer librement; dans cette seule direction, la vue se soustrait à la captivité du corps. Nous devons même ajouter qu'au quatrième étage, l'œil embrasse une perspective délicieuse.... Plus d'un créancier a dû murmurer en songeant à cette jouissance unique, ménagée à quelques détenus ; et nul doute qu'une souscription, dont l'objet serait de masquer par un mur ce tableau récréatif, ne fût remplie en peu de jours, dût-elle imposer un sacrifice considérable aux incarcérateurs.

Il est à Sainte-Pélagie, peu de chambres disposées pour une seule personne ; il en existe cependant ; mais le droit de les obtenir est le plus triste privilége qu'un prisonnier puisse acquérir : celui de l'ancienneté. Cette prérogative, cruel-

---

(1) Ce corridor, auquel les détenus ont donné le nom bizarre de *Palais Royal*, est un fragment de l'ancien couvent de Sainte-Pélagie, où l'on renfermait les jeunes personnes de famille qui avaient failli.

lement obtenue, est au moins infaillible : il n'y a pas d'exemple qu'un passe-droit ait été fait à cet égard ; et l'on doit noter, comme une chose digne de remarque, que, pour trouver la justice distributive dans toute sa pureté, il faille pénétrer au fond d'une prison. Toutes les autres chambres sont des réduits insalubres (1), quelquefois infects, où deux, trois, quatre, cinq et jusqu'à six hommes sont jetés, sans distinction d'âge, de classe, ni d'état sanitaire. On ne peut réellement, sans être pourvu d'une constitution robuste, résister, dans de tels cloaques, à l'influence nuisible des miasmes résultant d'une co-habitation hors de proportion avec l'espace, non plus qu'aux atteintes délétères du charbon, qu'on est forcé de brûler afin de cuire les alimens.

Ce n'est pas qu'il n'y ait à Sainte-Pélagie plusieurs tables d'hôtes, un traiteur à la carte, des cafés ; on y remarque aussi des chambres ornées

---

(1) Quelques chambres disposées pour deux détenus ont été séparées en deux portions, au moyen d'une cloison de planches, et l'on y a ménagé une double entrée, à l'aide d'un tambour. Lorsque l'une de ces portions de chambre devient vacante, le droit d'y appeler un nouvel habitant appartient au détenu qui occupe l'autre partie ; le directeur fait droit à la demande. Ces chambres, dites *coupées*, sont à peu près aussi commodes que celles réservées à l'ancienneté, pour une seule personne ; mais, dans ces cellules, où la communauté n'est interrompue que par l'épaisseur d'une planche, il ne faut pas avoir de secrets pour son voisin.

aux frais de leurs habitans. Mais il faut pour user de tout cela, jouir de quelque aisance, et nous verrons bientôt que l'aisance est le partage d'une bien faible partie des détenus pour dettes; ce qui, soit dit en passant, témoigne à leur avantage. Vainement la majorité mal aisée cherche-t-elle à suppléer, dans son lugubre asile, l'élégance par la propreté; vainement métamorphose-t-elle en canapés les grabats loués chèrement aux prisonniers; leur prison ressort toujours...., ils doivent, en toutes choses, la subir. Le seul luxe qui soit général à Sainte-Pélagie, c'est celui des grilles : il est difficile de se faire une juste idée de la quantité de fer employée à clore les croisées de ce lieu redouté; et les barreaux, qui partout disputent le passage aux rayons du jour, n'ont pas moins d'un pouce et demi en carré. Nous rappelons à cet égard une brochure sur la contrainte par corps, publiée, en 1820, par M. Burg. Cet écrivain, dans un parallèle piquant, compare le sort des détenus pour dettes avec celui de leurs voisins, les *hôtes étrangers* renfermés dans les cages de la ménagerie royale; il conclut en faveur de la situation des derniers, qui, dit-il, sont mieux logés, et, généralement, mieux nourris que les habitans de la rue de la Clef. Ne pourrait-on pas ajouter que, dans la dimension des barreaux, on a éga-

lement montré plus d'urbanité aux pensionnaires du Muséum d'Histoire naturelle qu'à ceux
de Sainte-Pélagie.... Il est vrai qu'on ne renferme pas le lion du désert pour l'opprimer, et
qu'il a le bonheur d'être indépendant de la fureur d'un créancier.

Tel est, dans ses dispositions statistiques, le
séjour où la contrainte agglomère constamment
deux cent cinquante Français enlevés du sein
de toutes les conditions, et réunis sous le niveau
du malheur. Là viennent s'incliner, à la voix
d'un porte-clefs, les sommités sociales ; là s'é-
vanouissent, au bruit des verroux, les illusions
qui, dans le monde, bercent l'orgueil des grands
et la vanité des petits. L'égalité, dont nos pères
caressèrent un moment le fantôme à la fin du siècle dernier ; l'égalité, cette chimère turbulente
qui peut-être n'a jamais produit que des excès,
semble, au mépris des songes révolutionnaires,
ne devoir se réaliser que pour les captifs. On la
trouve au milieu d'eux à Sainte-Pélagie, comme
on la vit il y a trente-cinq ans sur nos places
publiques, exigente, hostile dans ses rêves, et
toujours prête à opposer à la supériorité morale
le pouvoir effectif du pugilat. Ici se renouvelle
fréquemment la guerre *des restes contre les ha-
bits*, et ces derniers ne sont pas en majorité (1).

_______________

(1) Les détenus des classes inférieures de la société, qui sont

Cette observation nous conduit à dire, sans transition, qu'à une faible exception près, on ne compte dans la prison pour dettes de Paris que de petits débiteurs. Nous pouvons affirmer, à cet égard, que, si l'on voulait faire deux portions égales de la dette totale pour laquelle deux cent cinquante individus sont détenus en même temps, avec la précaution de former une des portions au moyen des plus fortes créances, il n'en faudrait pas plus de trente pour égaler les deux cent vingt autres. On sera surpris d'apprendre qu'il se trouve des créanciers assez barbares pour faire incarcérer de malheureux artisans qui, en capital primitif, ne doivent pas au-delà de 100 francs, ou dont les créances ont été réduites, par des paiemeus à valoir, à 80, 60, 50 et même 30 francs. Un commissionnaire nommé Roche, vieillard de soixante-neuf ans, a été retenu dix-huit mois pour une amende

nombreux à Sainte-Pélagie, ont reçu le nom générique de *bonnets de coton*, moins encore parce qu'ils ont adopté ce genre de coiffure, que par suite d'une convention intérieure que nous allons mentionner. Dans la presque impossibilité d'obtenir des chambres particulières, dès leur entrée, des détenus aisés s'arrangent, moyennant une subvention mensuelle, avec leurs co-*chambristes*, pour que ceux-ci s'éloignent, le matin, de l'habitation commune, après en avoir enlevé leur lit, et n'y reparaissent que le soir pour se coucher. De là cette désignation de *bonnets de coton*, qui semble en effet assez exacte, puisque le prisonnier rétribué n'est visible pour son partner qu'au moment où celui-ci se coiffe pour la nuit.

de 23 francs (1)... Voilà les effets les plus ordinaires de cet expédient juridique si chaudement défendu par des hommes mêmes désintéressés, mais qui ne veulent rien voir qu'à travers leurs préventions.

Maintenant que les faibles sommes dues primitivement ont été doublées, triplées, quadruplées, et quelquefois décuplées par les frais, comment pourront-elles être acquittées?... Les débiteurs n'avaient pu les payer quand ils étaient libres, et lorsqu'elles ne s'élevaient qu'à un mince capital. Ainsi, il demeure entendu que, si la méchanceté de l'incarcérateur persévère quatre ou cinq ans, l'existence de sa victime doit être sacrifiée à un intérêt qui repose sur quelques onces de métal. Jusqu'à quand la vie des hommes sera-t-elle d'un poids si léger dans la balance où sont pesés les droits! Nous disons

(1) La maison de Sainte-Pélagie renferme, dans la proportion de moitié au moins de sa population, des porte-faix, des charbonniers, des cochers de fiacre et de cabriolet, des charretiers, des blanchisseurs, des porteurs d'eau, des ouvriers maçons; en un mot, le patois de l'Auvergne, province d'où ces honnêtes industriels viennent pour l'ordinaire, est l'idiome qu'on entend le plus souvent parler parmi les détenus pour dettes de *la capitale*. Cet été, les gardes du commerce ont grimpé sur les échafaudages d'une bâtisse pour arrêter *un négociant*, qu'ils ont saisi ayant l'*oiseau* sur l'épaule. Quelques jours après, ces *officiers ministériels* se sont emparés, sur le Pont-Neuf, d'un journalier couvreur qui se rendait à son travail, avec un pain de munition sous le bras. Nous pouvons garantir ces deux faits.

que l'existence du détenu sera sacrifiée, et ce n'est point exagérer; car est-ce vivre que de languir?.... L'industriel, l'artiste, l'employé subalterne, qu'on aura tenus éloignés, plusieurs années, de la trame rompue de leur industrie, n'en pourront plus renouer les fils : les protecteurs se seront éloignés, les pratiques auront porté ailleurs leur confiance et leur argent; les détenus élargis, eux-mêmes, seront devenus inhabiles dans leurs professions. Il faudra qu'ils succombent à un délaissement presque inévitable. Or, d'un côté, le créancier n'aura été payé ni de la créance principale, ni des intérêts, ni des frais dont il s'est plu à grossir, contre son véritable intérêt, les obligations déjà trop fortes du débiteur. De l'autre côté, ce débiteur aura perdu, avec la liberté, tout son bien-être, toutes ses espérances.... Où donc est le bénéfice de l'équité, de la morale, du droit des gens?

Cette perspective affligeante s'offre, à toute heure, à une grande partie des débiteurs incarcérés; elle les poursuit, les obsède et les force de chercher l'oubli d'un tel avenir, lorsque, par l'existence d'une famille dénuée, le malheur n'est pas déjà réalisé. Le vin est partout le consolateur du pauvre; mais si, comme l'a dit l'ingénieux *Barbier* de Beaumarchais, l'ivresse du peuple est celle du plaisir, elle perd ce caractère dans les prisons. C'est particulièrement après avoir bu outre mesure, que certains détenus se mutinent à Sainte-Pélagie : c'est alors qu'ils soutiennent, à poings fermés, le système d'égalité qu'ils invoquent. Cette prétention, émise en toute occasion, contribue à rendre plus amers les jours de la captivité. L'homme tranquille échappe à ce genre d'hostilités, en se renfermant ; mais qu'elles sont longues, les heures de l'esclavage ! que l'emploi en est difficile, dans l'absence de courage, dans la prostration d'aptitude (1) qu'on subit inévitablement sous les verroux ! L'âme n'y sort de sa profonde léthargie qu'à la voix d'une passion violente ; on la cherche, on la trouve, et du soin qu'on a pris pour user des loisirs accablans, naît l'un des résultats les plus funestes de la contrainte par corps... Nous ne désignerons personne ; mais de nombreux exemples prouvent que des fils de famille, entrés sans défauts essentiels à Sainte-Pélagie, ont contracté, dans les cellules ténébreuses de cette maison, des vices qui, depuis, ont entraîné dans le monde la ruine et le déshonneur de plusieurs d'entre eux.

(1) Presque toutes les personnes qui sont restées plusieurs mois à Sainte-Pélagie se sont plaintes d'avoir été atteintes dans leurs facultés morales, qui souvent ont fini par être complettement oblitérées.

Nous ne dirons qu'un mot des jeux de ha-sard qu'une tolérance mal entendue a laissé se multiplier parmi des hommes qui, pour la plupart, n'ont que l'absolu nécessaire, quand il ne leur manque pas (1).... Tirons le rideau sur d'autres déréglemens, réciprocités malheureuses du délaissement forcé de quelques jeunes épouses, dont l'amour s'est effarouché de l'aspect des grilles, du bruit sinistre des clefs. Que conclure de ce double égarement.... l'humanité n'est-elle pas, de sa nature, débile et vulnérable? Malheur à la prise de corps ! elle rompt ici des liens qui, sans elle, n'eussent point été brisés, au moins d'une manière aussi absolue.

Toutefois, ce n'est pas toujours au sein des désordres et de l'oisiveté que s'écoulent les journées des détenus; les beaux arts ont trouvé dans leurs rangs de fervens sectateurs. Un savant qui, naguère venait de moissonner des lauriers dans les camps, et de cueillir des palmes académi-ques, a fait jaillir de ses fers des étincelles dont la

---

(1) Le précédent directeur avait expressément défendu l'introduc-tion à Sainte-Pélagie de toute espèce d'instrumens d'harmonie; mais il avait laissé multiplier à l'infini les banques de jeu, instrumens de ruine et de discorde. M. Gaillard tolère l'entrée des violons, des guittares, des bassons, etc., et il en résulte qu'on joue beaucoup moins. Ce changement convient à tout le monde, excepté aux incar-cérateurs, qui aimeraient bien mieux savoir que les débiteurs se cou-pent la gorge entre eux, que d'apprendre qu'ils s'amusent.

science a profité (1), Eug. de Prad.... a préludé, parmi ses compagnons d'infortune, aux improvisations rapides qui maintenant étonnent l'Europe ; enfin, le Tyrtée français (2) n'a pas laissé assoupir, sur un grabat du *corridor rouge*, cette muse nationale dont l'immortalité recueillait les accens au travers des guichets. Le lieu même inspira, dit-on, de jeunes émules de Sterne et d'Addisson : on vit l'observateur captif, ses tablettes à la main, fixer des regards attendris sur la croisée du réduit où respirèrent, en des temps de malheur, l'héroïque épouse de Roland (3), puis cette belle, cette excellente Joséphine (4) que l'amour jeta d'un coup d'aile sur le premier trône du monde, et dont la chute fut plus prompte encore que ne l'avait été son élévation.

---

(1) C'est le même qui méditait un nouveau voyage scientifique au moment où il a été arrêté.

(2) Béranger était détenu pour *délit politique*, et habitait, en conséquence, la *partie droite* de Sainte-Pélagie. Ce poète célèbre doit à l'indépendance de ses nobles chants une fortune qui l'a dispensé d'habiter la *partie gauche ;* assez d'autres tiennent cette dispense d'une conduite contraire ; nous connaissons aussi des prisonniers de *la dette* qui se félicitent, dans les fers, de n'avoir pas rampé pour s'y soustraire.

(3) On assure qu'elle y a commencé ses mémoires.

(4) Les auteurs des *Ermites en prison* prétendent avoir lu le nom de *Joséphine*, écrit de sa main, sur un mur de cette chambre ; leur éditeur a même fait graver un *fac simile* de ce nom, que ce libraire, dans sa *haute industrie*, regardait comme un moyen puissant de succès. Quoi qu'il en soit de la réalisation de ses espérances, nous avons vainement cherché la signature historique au lieu où MM. Jay et Jouy l'ont vue.... Il n'en existe pas la plus légère trace.

Le moraliste que nous signalons n'aura point omis l'esquisse de cette double file d'anciens généraux, de brillans colonels de l'Empire, d'administrateurs jadis couverts de riches broderies, tous fonctionnaires dépossédés, qui, rangés, de trois en trois jours, dans un corridor, attendent l'appel d'un geolier pour recevoir une *paie* de quelques centimes..... Le même écrivain aura conservé les traits des notabilités évanouies qui, cachant les insignes d'une illustration sans fruits, se pressent pour avoir part à *la pitance* (1) du pauvre, autour d'un servant, dont la malignité exhume à dessein leurs titres de comte, de marquis, de baron, de chevalier.

Mais si quelque jour l'historien habite l'enceinte noircie où la contrainte par corps presse ses victimes, il y recueillera des documens plus graves, plus dignes de sa haute mission. C'est là qu'il étudiera, sous leurs formes multipliées, les effets de l'usure habile, de la subtilité ra-

_____

(1) La *pitance* se composé d'un boll de bouillon gras ou maigre, et d'une portion de légumes ou de viande ; on ne distribue pas de pain. Ce secours est accordé par M. le préfet de police, sur une pétition que le détenu lui adresse à cet effet ; il est rare qu'il soit refusé à ceux qui le sollicitent, en alléguant un besoin réel ; mais on est quelquefois long-temps à l'obtenir. Des personnes, qui se croient bien informées, assurent que des fonds annuels sont faits pour que la *pitance* soit donnée à tous les prisonniers de Sainte-Pélagie ; pourquoi, si cette assertion est fondée, oblige-t-on à solliciter ce qui est assuré par un droit ?

finée, de l'immoralité profonde, de la méchanceté atroce, dans les exploits carastéristiques
du plus grand nombre des incarcérateurs. Essayons, en attendant, d'analyser les notes que
nous avons recueillies et que nous classerons
dans l'ordre numérique.

Le n° 1 nous apprend que le sieur N*** a fait
arrêter, pour simple caution d'une créance de
16,000 francs, un homme qui fut, qu'il nomme
encore son ami. L'arrestation a eu lieu à la suite
immédiate d'un déjeûner offert par le créancier, et durant lequel le débiteur a compté
4,000 fr. à valoir... Les gardes du commerce,
prévenus, attendaient leur proie au café voisin.

Le n° 2 mentionne un incarcérateur qu'une
rage impie anima jusqu'au bord de la tombe, et
qui fit une disposition testamentaire de la captivité indéfinie de son débiteur stellionataire.

Au n° 3, un sieur Larrieux achète, moyennant
4,000 francs, une créance de 40,000 francs,
sur laquelle le souscripteur du titre n'a rien
reçu; et ce Larrieux, à qui le débiteur a fait offrir
plusieurs fois le remboursement des 4,000 fr.
et des intérêts, exige les 40,000 francs dûs
fictivement, regardant, dit-il, son déboursé
comme *une mise à la loterie* (1).

_______________

(1) M. Car...., qui nous a fourni cette note, a été arrêté à la re-

Le n° 4 dénonce un sieur R.... qui, porteur
de six jugemens contre un même individu, a

---

quête de M. Lebreton, ancien sous-chef de l'habillement au ministère
de la guerre, et maintenant agent d'affaires à Paris. Mais on doit présumer que M. Huart, avocat à la cour de cassation et au conseil du
roi, a pris un grand intérêt ou un grand plaisir à cette incarcération,
car, ainsi que nous l'avons dit ailleurs, c'est lui qui l'a fait effectuer
et qui, pendant quelques mois, a servi les alimens; ce qu'il n'a cessé de
faire que sur la menace d'être cité au conseil de discipline de son
ordre. Il n'y aurait peut-être pas de témérité à penser que M. Huart
est associé aux négociations de M. Lebreton; nous ne l'en félicitons
pas. Ce dernier a avancé devant témoins qu'il a fait incarcérer
le débiteur pour l'intégralité d'une créance de 11,500 francs, qu'il
n'a payée que 8,000 francs: c'est ce qui s'appelle spéculer *sur le
corps humain*, et l'on doit s'affliger de voir un homme placé au
premier rang du barreau participer à un tel négoce. Quelles que
soient les idées de M. Huart sur l'efficacité de la contrainte par
corps, M. Car........ aura toujours à lui reprocher des faits qui
honorent peu la carrière d'un avocat : en effet, M. Huart, malgré
l'assentiment de M. Lebreton, s'est refusé à ce que le détenu ob-
tînt sa liberté provisoire, pour rendre les derniers devoirs à son
respectable oncle, et assister à la levée des scellés apposés chez ce
parent; mesure que réclamait l'intérêt même des créanciers de
M. Car.... A cet égard, M. Huart a manqué trois fois à sa parole,
après avoir promis de déférer à la demande du débiteur incarcéré;
ajoutons que, la troisième fois, il a retiré cette promesse, faite à un
personnage éminent, qui présentait la garantie morale la plus imposante. Nous devons encore mentionner ici un M. Vinay, qui, nouveau
Janus, sait montrer deux visages dans les affaires où il intervient. Ce
Vinay est, en même temps, l'avoué, 1° de M. Thibaut, notaire, de
M. Car...., 2° de M. Delechat, créancier du même; 3° de M. Lebreton.
Or il n'a rien trouvé de plus simple que de solliciter M. Lebreton de
faire opposition entre les mains de M. Delechat : c'est soutenir le
*contre* et le *pour*.

Nous tenons une dernière note du même détenu; la voici : M. Choppin père, son troisième créancier, exerça aussi la profession d'avocat
au parlement; depuis, il fit, soit à Auxerre, soit à Paris, des affaires
de la nature de celle que nous allons signaler. Après avoir vendu à
M. Car.... des bijoux pour une prétendue valeur de 17,500 francs,
M. Choppin intenta à l'acheteur un procès pour le paiement de cette

fait procéder à l'incarcération de ce débiteur, dans le même jour, dans le même moment, par six procès-verbaux d'arrestation (et non de recommandation) dressés, *séparément* et *simultanément*, à la diligence du même garde du commerce, qui, de cette manière, a sextuplé ses honoraires (1).

Un trait d'inhumanité démoniaque est rapporté au n° 5 : M. San..., maire d'une petite ville du département de Seine-et-Oise, retenait M. Am.... à Sainte-Pélagie, lorsqu'à la suite de cent démarches infructueuses, l'épouse de ce détenu, plus pressante que jamais, se précipite, fondant en larmes, aux pieds de l'inflexible incarcérateur.... Le résultat fut d'amères

---

somme avant le terme convenu. Le 27 septembre 1824, la sixième chambre de la police correctionnelle, présidée par M. de Belleyme, fut saisie de cette cause. M. Bapst, joaillier de la couronne, appelé en arbitrage par M. le président, déclara que les bijoux vendus par M. Choppin 17,000 francs ne valaient pas plus de 7,000 francs ; le tribunal condamna le créancier aux frais et dépens. Mais M. Choppin fils, avocat à la cour royale, qui avait plaidé la cause de son père, pour début au barreau, ne tint compte de l'estimation de M. Bapst, et fit recommander M. Car.... pour la somme totale de 17,500 francs.

Dans ces diverses affaires, nous voyons étrangement fourvoyée la robe des Target, des Tronchet, des Dupin et de tant de jurisconsultes célèbres, qui pensèrent constamment que la mission de l'avocat est de défendre le bon droit, et de ne jamais opprimer l'humanité.

(1) Il y a d'autres exemples de cette fraude ; mais de telles spécialités disparaissent dans la masse habituelle des exactions dont les gardes du commerce se rendent coupables. Une dénonciation a été faite dernièrement à M. le procureur du roi à cet égard ; elle est, dit-on, suivie par ce magistrat.

railleries sur la sensibilité de cette dame. A peu de temps de-là, M. Am.... est mort en prison.

Un bijoutier de Paris, désigné au n° 6, a fait écrouer pour 5000 francs, un débiteur auquel cet engagement n'a produit que 60 francs.

Le n° 7 révèle un créancier qui tient en prison, sur l'autorité d'une lettre de change de 600 francs, un citoyen auquel le porteur doit plus de 16,000 fr., comptés de confiance.

Nous acquérons, par le n° 8, une donnée bien caractéristique de l'usure : six jeunes gens (dont trois ont été incarcérés pour ce fait) ont souscrit successivement des traites s'élevant à une somme totale de 500,000 francs, pour le prix, six fois stipulé, d'un lot de marchandises six fois racheté par des compères de l'usurier prêteur, et qui n'a réalisé aux mains des emprunteurs que 25,000 fr. Il faut ajouter qu'aucun des souscripteurs successifs n'a vu les marchandises, dont l'existence même peut être révoquée en doute.

La note n° 9 nous a été remise par M. D....., vieillard octogénaire, qui fut détenu trois ans, pour le montant d'une lettre de change sous-c... .. paiement d'un objet qui lui a été escroqué. L'escroc a subi un emprisonnement d'une année, après laquelle il a été libéré ; tandis qu'au terme d'une captivité de trente-six mois, relative à un engagement qui ne lui a rien procuré, le vieillard n'est libre que par suite d'une transaction.

Nous voyons au n° 10 un artisan détenu par l'amant de sa femme, à la sollicitation de celle-ci.

Le n° 11 nous montre une épouse cupide qui tient, sans mystère, son mari sous les verroux, par un calcul qu'elle honore de la qualification *d'esprit d'ordre et d'économie.*

Le n° 12 nous initie aux secrets d'une industrie nouvelle, dans l'exercice de laquelle un homme s'est associé avec sa fille pour ruiner un jeune négociant, devenu l'époux de cette dernière; le chasser ensuite de son propre domicile, et le faire incarcérer enfin, à défaut d'autres moyens de s'en débarrasser.

Nous retraçons en frémissant le contenu de la note n° 13 : un cordonnier de Paris retenait, depuis six mois, à Sainte-Pélagie, le brave colonel R...., militaire couvert de blessures, et qui comptait quarante-trois ans de services loyaux. Le dénuement de cet officier était affreux; la maladie le dévorait sur le grabat qu'il ne quittait plus..... Quelqu'un se charge de voir l'incarcérateur; lui peint l'extrémité à laquelle le colonel est réduit, et finit par solliciter son élargissement.... *Qu'il meure,* répond le tigre.... Ce vœu homicide s'est accompli; M. R.... est mort dans les fers peu de temps après cette démarche... Il avait été incarcéré pour le prix de *deux paires de bottes ;* prix dont les huissiers officieux avaient fait une créance de 800 francs.

Deux frères, MM. Mer....., mentionnés au n° 14, paraissent avoir été incarcérés à la requête de leur oncle, négociant retiré, jouissant de cent mille livres de rente. L'aîné fut atteint, ce printemps, d'aliénation mentale (1)... La dureté du parent incarcérateur, ou du moins consentant à l'incarcération, ne s'est point démentie ; aujourd'hui, MM. Mer.... sont réduits au pain et à l'eau.

Les n° 15, 16 et 17 présentent des exceptions, rares sans doute, à la piété conjugale, première vertu d'un sexe que nous chérissons. M. P..., détenu à Sainte-Pélagie, pressé par le besoin, envoie demander *vingt francs* à son opulente épouse... le commissionnaire rapporte un refus. « Je vous en aurais donné quarante, « avait ajouté la dame, si vous m'eussiez an-

---

(1) Pendant les accès de fureur de ce prisonnier, les habitans de Sainte-Pélagie ont vainement demandé qu'il fût enlevé de la maison, où sa présence était devenue dangereuse. M. le directeur, M. le préfet de police lui-même n'ont pu prendre cette mesure sur eux. On s'est replié sur la non interdiction du furieux.... On a craint de violer le *droit des gens......* Ce scrupule, appliqué aux détenus pour dettes, est bien tardif ; et peut-être eût-ce été le cas de ne pas s'y arrêter, lorsqu'il s'agissait d'empêcher ces détenus d'être étranglés par un fou.

noncé sa mort. » — «Il est une dépense, disait madame B...., que je ferais encore avec plaisir pour mon mari ( alors incarcéré ), c'est celle de ses funérailles. » — Madame de R...., réature non moins dénaturée, donne une fête omptueuse à chaque anniversaire de l'entrée e son mari à Sainte-Pélagie... *Furens quid mina possit.*

Terminons ces horribles citations par un fait ue les journaux ont rapporté. Un usurier de 'aris avait fait emprisonner un jeune étourdi ont le père était riche, sans néanmoins vouir consentir à payer la dette de son fils. Le réancier appelle un jour son débiteur au greffe e Sainte-Pélagie : «Votre liberté, lui dit-il, dépend de vous; écoutez-moi : voici deux billets à ordre, approuvez les sommes, et signez les noms de MM. ***, négocians. — Mais c'est un faux que vous me proposez ? — Du tout, c'est un simple stratagême, sur les suites duquel je vais vous rassurer par une contrelettre. Muni de ces effets, je cours chez votre père ; je les lui montre, je parle de la Cour d'assises... le vieillard est idolâtre de l'honneur : il paiera, et vous serez libre »...., Le eune homme réfléchit, signe, et rentre sous le oît paternel..... Il y rentre, pour voir succomer l'auteur de ses jours à un accès de goutte, qu'une violente révolution a rendu mortel (1).

C'est avoir mis sous les yeux de nos lecteurs assez de peintures déchirantes ; nous leur offrirons bientôt des tableaux consolans. On a vu, parmi les détenus, un esprit hostile toujours prêt à primer même sur le sentiment du malheur, et qui aspire obstinément à ce nivellement de conditions que cherche en tous lieux la vanité humaine, comme les ondes comprimées cherchent le niveau que la nature leur assigne. Mais ces émanations d'une aigreur de caractère inhérente à toute destinée malheureuse, pénètrent rarement jusqu'au cœur, et les habitans de Sainte-Pélagie tendent, sans le moindre effort, une main secourable à ceux de leurs compagnons que l'infortune a laissés sans défense contre ses coups.

Ici ressort de notre sujet l'occasion de combattre, par l'exposé des faits, une erreur que partagent tous les incarcérateurs, et qui les porte à se persuader qu'en général les débiteurs *ne veulent pas payer*. Ce préjugé, qui ne soutient pas l'épreuve du plus simple raisonnement,

---

(1) Ce *stratagème* ayant obtenu un plein succès, a, dit-on, été mis en usage plusieurs fois ; c'est un supplément de ressource pour les usuriers..... Il peut y avoir mort d'homme ; mais qu'importe....... les moyens homicides ne sont pas exceptés dans le régime de la contrainte par corps.... *La forme* est là pour couvrir toutes les atrocités

lorsqu'il s'agit des débiteurs détenus, est presque toujours la conséquence de conseils interessés : « Poursuivez, disent les huissiers et les garde du commerce, poursuivez sans relâche.... exécuté dans ses meubles, dans sa personne, le *défendeur* fera des efforts surhumains; il finira par s'acquitter. « Que résulte-t-il de ce système de torture? un avantage bien positif pour les conseillers : l'étude d'un huissier de Paris rapporte annuellement de vingt à trente mille francs ; la clientelle d'un *officier garde du commerce* procure à peu près le même revenu. Ces praticiens sont logés plus fastueusement que ne l'était le chancelier D'Aguesseau, que ne l'est encore le premier président Séguier. Ils ont cabriolet, maison de campagne; leurs femmes n'aspirent pas toujours en vain à une loge au théâtre Italien; et les charges, vendues après dix ans d'exercice par leurs titulaires, ajoutent en définitive quatre-vingt mille francs aux richesses si *laborieusement* amassées (1).

Quant aux créanciers, sur vingt créances dont ils ont poursuivi à toute outrance le recou-

---

(1) Il est des huissiers à Paris qui ont senti fermenter en eux la haute ambition, la vanité transcendante; plusieurs de ces praticiens ont sollicité et obtenu *la croix d'honneur*. Personne, à coup sûr, ne se serait douté que les *exploits* de ces Messieurs fussent du nombre de ceux qu'un brevet de chevalier doit récompenser.

vrement, deux ou trois au plus ont été payées, grossies de frais égalant et quelquefois surpassant le capital. Le surplus est resté en souffrance, précisément parce que les poursuites en ont rendu la liquidation impossible. Le poursuivant doit rembourser le *coût* des actes qui se sont multipliés sous la main féconde de l'huissier, et le zèle de celui-ci est loin de se démentir lorsqu'il s'agit d'encaisser ses honoraires. Cependant, une fois parvenu au-delà de toutes les bornes de la procédure consulaire, l'incarcérateur s'y maintient autant qu'il le peut, bercé par un espoir décevant, ou dominé par une méchanceté dont nous avons signalé les effets ; et ce n'est souvent qu'après plusieurs années qu'il reconnaît enfin que le débiteur *ne pouvait pas s'acquitter.*

Pendant ces essais, le quart au moins des détenus n'a pour unique ressource que les *quarante-cinq centimes* par jour, restant des vingt francs par mois que la loi alloue.... Les infortunés n'ont que cette ressource, et la femme, la fille de plusieurs d'entre eux viennent en demander le partage, afin d'échapper à la prostitution (1).....  Mais hâtons nous de dire que de nombreux dé-

---

(1) Ceci n'est point une figure, un mouvement de style ; nous pourrions citer.

biteurs imposent leur propre nécessaire pour secourir les hommes qui souffrent à leurs côtés. Les traits de bienfaisance se multiplient, de plus en plus à Sainte-Pélagie ; la confraternité du malheur y supplée journellement la charité publique, trop exclusive, trop intolérante si elle est exercée par le sacerdoce ( 1 ) ; trop lente ou trop incertainement dirigée si elle vient de l'autorité. Nous rapporterons seulement deux exemples qui caractérisent la commisération intérieure dont nous parlons.

Un étranger, qu'un décret violateur du droit des nations prive depuis vingt ans de la liberté, et qui, dans sa fermeté stoïque, a lutté, durant toute cette longue période, contre des réclamations injustes, dont les tribunaux ont , en grande partie, fait justic ·, un étranger, disons-nous, a déboursé des sommes considérables pour soutenir les détenus; et la plupart de ces sommes ne rentreront· jamais dans ses mains.

Le sieur Bien...., simple cartonnier, qui séjourna trois ans à Sainte-Pélagie, y avait établi une table· d'hôte où l'on dinait abondamment

______

(1) La véritable charité ne scrute point la conscience de celui qui a faim.... elle dit au catholique, au protestant, au juif, au quaker, voilà du pain, mangez.

pour vingt sous. Mais combien de prisonniers ne pouvaient, à la fin du mois, et même au terme du trimestre, acquitter le modique prix de leur pension! Ce n'était point une raison pour que la table de Bien.... leur fût interdite; il continuait de nourrir ses pensionnaires, et perdait souvent. Quelquefois ce philantrope rencontrait, devant la porte de sa chambre, de nouvelles victimes, dont le teint hâve, les joues creuses, la tristesse apparente décelaient le besoin et le défaut de ressources. « Entrez, leur disait-il, vous avez faim ; je puis vous repaître. Vous ne pouvez me payer; qu'importe, cela viendra peut-être quelque jour. » Les bienfaits de Bien.... ont été mal reconnus; il avait sollicité de l'autorité supérieure la permission de continuer à tenir, après son élargissement, la table si long-temps offerte aux détenus, à de si faciles conditions... Sa demande, peu recommandée peut-être, ou plus probablement contrariée par une prétention rivale, n'a point été admise.

A une autre extrémité de la capitale, les souffrances imposées aux détenus de Sainte-Pélagie se reproduisent pour un sexe qui, n'ayant pas la même force et ne pouvant avoir le même courage que les hommes, ne devrait, dans aucun cas, être soumis aux tribulations qui sont le triste partage de ces derniers. Si l'on doit gémir sur la pénalité déplorable inhérente aux arrêts rendus en matière de commerce, ou de prétendu commerce, combien, à plus forte raison, ne faut-il pas s'affliger de voir appliquer aux femmes un système plus sévère encore pour elles que pour nous ! Il ne serait pas difficile de prouver, par des argumens puisés dans la religion, dans la morale et même dans les principes conservateurs de l'ordre social, que le législateur, que le juge dépassent leur mission en compromettant la vie de laquelle, au moment de la catastrophe d'une arrestation, peut dépendre une autre vie.... Ah ! sur les bancs législatifs, sur le siége du magistrat, est-il permis d'être sourd à la voix qui crie aux hommes,

Et respecte le sexe à qui tu dois ta mère.

Bornons-nous cependant à examiner, dans quelques points de son exécution, cette extension presque impie du régime de la contrainte par corps.

Les femmes détenues pour dettes à Paris occupent une partie de la maison dite de *Saint-Lazare*, rue du faubourg Saint-Denis. A Sainte-Pélagie, les tributaires de la loi de germinal, quoique renfermés dans le même bâtiment que les condamnés correctionnellement, ne sont pas du moins confondus avec eux, et les dames incarcérées subissent à peu près cette humiliante fusion. Les femmes reprises de justice, les prostituées habitent le même corridor que la mère de famille qui, par une signature, a perdu sa liberté; une simple grille en bois, placée au milieu de ce corridor, sépare l'audace obscène de la pudeur, le crime de la vertu. Les infortunées qui gémissent ainsi fourvoyées au milieu des passions coupables, sont condamnées d'ailleurs, à un véritable secret : elles ne peuvent recevoir ni parens ni amis dans les cellules où elles logent seules ou deux à deux (1). Toute communication avec les personnes de l'extérieur a lieu dans un parloir, d'où l'on entend les saillies lubriques des courtisannes déhontées,.... la mère prudente devra donc se priver des embrassemens de sa fille, dont la chasteté ne peut approcher d'un tel séjour. Le mari de la dame incarcérée n'est pas exempt de l'interdiction : il n'est point admis dans sa

---

(1) Dans cet état de gêne extrême, ce n'est qu'à un prix exorbitant que les dames détenues peuvent faire faire leurs commissions ; les servans imposés par l'administration se montrent si avides, qu'en général, ils font payer les objets le double de ce qu'ils ont coûté. Une dame renfermée à Saint-Lazare écrivait dernièrement à quelqu'un que chaque pièce de cinq francs qu'elle fait apporter du dehors, lui coûte vingt sous de port.

chambre, quelque preuve d'identité qu'il apporte.... La femme engagée par corps doit, à la requête de son créancier, cesser d'être épouse et mère ; elle doit oublier son sexe, imposer silence au vœu de l'amour conjugal.

C'est ainsi qu'une loi dont on ne peut apercevoir l'utilité douteuse qu'en descendant au second rang des considérations sociales, se substitue à toutes les bienséances, à tous les devoirs, à toutes les affections, et devient tyrannique jusqu'au point de commander à la nature elle-même le sacrifice de sa plus noble mission.

# CHAPITRE VI.

**De la commission instituée à Sainte-Pélagie pour appeler l'attention des chambres et du Gouvernement sur les abus de la contrainte par corps.**

Depuis dix ans, les détenus ne cessent de réclamer contre le régime dont ils subissent les rigueurs ; à chaque session législative, ils trouvent, dans les chambres , d'éloquens protecteurs ; mais aussi long-temps que le dernier ministère a pesé sur nous , des hommes qui élevaient la voix au nom de la *liberté naturelle* ne devaient pas voir leurs vœux exaucés. Plus il se trouvait de captifs dans le royaume, plus les ministres oppresseurs pouvaient donner d'essor à l'arbitraire. Aussi, le garde-des-sceaux de Peyronnet faisait-il répondre à un débiteur incarcéré, qui avait invoqué son autorité relativement à une nullité manifeste dans un dépôt d'alimens, « qu'il importait peu que ce depôt fût « fait par telle ou telle personne, pourvu qu'il « eût lieu (1). »

(1) Cette indifférence de l'autorité judiciaire sur le dépôt des ali-

Les espérances des victimes de la contrainte par corps se sont relevées après la chute du ministère Villèle, et les échos qu'elles ont trouvés dans l'enceinte représentative ont été plus puissans que jamais. La société tout entière, se réunissant aux mandataires de la France, a, comme eux, appelé sur notre législation consulaire une amélioration comptée dans les besoins impérieux de l'époque; elle a sollicité une réforme marquée par la progression ascendante des idées, et sur laquelle s'appesantit aujourd'hui la sagesse de toutes les nations.

Cet élan de l'esprit public ne pouvait manquer d'être véhément de la part des hommes les plus intéressés à l'accomplissement de ce perfectionnement moral : les placets, les mémoires, les pétitions sont sortis à flots pressés des murs

mens est-elle donc sans conséquence? Une multitude de faits prouvent le contraire. Un huissier, que nous pourrions nommer, a continué de poser les alimens pour son client décédé, et cela parce que cet officier public avait une créance directe sur le débiteur, pour la rentrée de laquelle il se servait sans façon des titres du créancier mort.

M. Des..... a été tenu long-temps à Sainte-Pélagie au nom d'un négociant failli, et à l'insu des syndics de la faillite. Journellement, une femme de chambre, une cuisinière, un commissionnaire du coin, vont remplir la condition mensuelle de l'esclavage des débiteurs, sans mandat, sans même être munis de la dernière quittance du greffe, et seulement par continuation d'abus. Ainsi, la malveillance, l'inimitié ont beau jeu, et les formalités faciles du dépôt d'alimens ouvrent une vaste carrière à tous les désordres, que la présence d'un chef de famille dans son ménage peut ou prévenir ou réprimer.

de Sainte-Pélagie, et ont divergé vers tous les pouvoirs. Les pétitionnaires étaient sans doute vivement pénétrés du sujet de leurs requêtes ; mais chacun d'eux le concevait d'après sa manière de voir, de sentir, de juger ; chacun, surtout, signalait comme le point le plus vicieux celui qui le froissait personnellement. Tel demandait la suppression absolue de la contrainte par corps ; tel autre sollicitait son refoulement dans les limites assignées par le Code de commerce ; celui-ci n'invoquait qu'une simple réduction du temps de la détention ; celui-là se bornait à réclamer contre l'insuffisance des alimens. Il devenait indispensable de mettre plus d'ordre et de connexité dans l'objet des démarches, qui, jusqu'alors, n'avaient prouvé qu'un seul fait, c'est que le régime des incarcérations renferme divers élémens de malheur et d'oppression (1). Dans cet état de choses, plusieurs détenus, qui avaient pu se convaincre, par les lettres de quelques fonctionnaires, que, dans

----

(1) Dans les premiers temps, plusieurs députés dont les pétitionnaires invoquaient l'appui, ont répondu, ont promis de s'intéresser à une cause qu'il était si facile d'apprécier, à travers les verbeuses récriminations des réclamans. Mais le défaut de mesure et de sagacité dans les démarches avait fini par lasser les philantropes disposés à servir les victimes de la contrainte par corps ; ils avaient cessé de répondre à une correspondance sans fin. Telle était la situation des choses quand la commission de Sainte-Pélagie a été créée ; et sur-le-champ les relations, qu'il était important d'entretenir, ont recommencé.

leur incohérence, les demandes parties de la prison pour dettes de Paris ne pouvaient fixer ni les chambres ni le gouvernement sur la question soulevée, plusieurs détenus, disons-nous, proposèrent d'élire une commission, dont les membres seraient désignés par la majorité des suffrages ; laquelle commission demeurerait chargée de peser les droits naturels, les besoins des débiteurs contraints par corps ; d'en rédiger l'expression, et de diriger convenablement les écrits divers. Cette proposition ayant été adoptée unanimement, le comité central fut installé vers la fin du mois de mai dernier : il se compose de cinq commissaires principaux et de cinq suppléans ; le président et le secrétaire sont choisis parmi les premiers.

Telle est l'origine d'une institution tardivement mais utilement fondée. Pendant la dernière moitié de la session législative de 1828, cette institution a certainement contribué, par les documens précis qu'elle a fait parvenir aux chambres et à S. G. le garde-des-sceaux, aux améliorations déjà commencées, et que la prochaine session verra s'accomplir. Appelés par la commission intérieure de Sainte-Pélagie, d'honorables députés, inscrits depuis long-temps parmi les bienfaiteurs de l'humanité, se sont empressés d'aller recueillir au milieu des vic-

times d'une loi barbare, les cris de souffrance
arrachés par son exécution ; des pairs de France
ont suivi ce noble exemple, qui n'a point été
perdu pour les dépositaires du pouvoir, maintenant disposés à rétrécir, autant qu'ils le pourront, la sphère de l'infortune, si cruellement
agrandie par leurs prédécesseurs.

La proposition de M. Jacquinot-Pampelune,
développée, en comité secret, à la chambre des
députés, le 12 juillet dernier (1), prouve, par
l'esprit philantropique qui la caractérise, que la
question du *par corps* est rentrée, aux yeux des
hommes éclairés, dans le cercle des nécessités
malheureuses que lui assigne la raison. Mais les
intérêts privés ne manqueront pas, au moment
de l'investigation décisive, d'entraver la marche
d'une sagesse bienveillante, en s'aidant de ces
assertions spécieuses, de ces considérations
étroites qui n'ont que trop souvent le pouvoir
de paralyser les efforts généreux. Alors, le comité de Sainte-Plagie, et lui seul, peut-être,
par l'autorité des faits érigés en preuves, pourra
faire triompher la cause de l'humanité ; lui

---

(1) Cette proposition a été écoutée avec une faveur unanime, et
prise en grande considération par la chambre. La discussion en séance
générale n'a pu avoir lieu parce que la session touchait à son terme;
mais nous savons de bonne part que cette même proposition a laissé
une impression profonde, dont on verra prochainement l'effet.

seul possède une masse imposante de documens
sur les abus de la contrainte par corps, et de
l'examen approfondi de ces abus doit jaillir la
vérité.

Les détenus investis, à Paris, de la confiance
de leurs compagnons d'infortune, ont acquis
déjà quelques droits à leur reconnaissance; nous
savons qu'ils ne s'en prévalent pas. Mais que
les débiteurs incarcérés n'oublient point que ces
avocats officieux leur rendront infailliblement
de nouveaux services; qu'ils les exemptent,
mieux qu'ils n'ont fait jusqu'ici, des atteintes
de cet esprit d'hostilité né d'une vie calami-
teuse; esprit qui, à défaut d'autre aliment, se
replie jusque sur son propre foyer.

En des temps meilleurs, et lorsque le régime
contre lequel nous réclamons sera réduit à de
plus justes proportions, la commission créée l'an
dernier parmi les détenus pour dettes, pourra,
sentinelle vigilante, surveiller, dans leurs intérêts, l'exécution d'un système régénéré, en
signaler les abus s'ils reparaissent, et, d'accord
avec l'autorité (1), prévenir le retour du mal,

---

(1) Dans toutes les réclamations, celui qui demande la justice excède presque toujours les bornes de ce qui est juste, et c'est une
raison pour que celui qui accorde reste en deçà. L'existence de la
commission de Sainte-Pélagie peut faire espérer une plus exacte appréciation des besoins qu'elle aura examinés, et l'autorité accordera

qui, comme l'a dit un philosophe ancien, se trouve au fond de toute chose.

Au moment où la commission de Sainte-Pélagie peut, ainsi que nous l'avons dit, rendre des services essentiels, il est nécessaire qu'elle se pénètre bien de toute l'importance de sa mission ; il faut que chacun de ses membres réprime en lui-même tout ce qui, dans l'homme, peut nuire aux droits de l'humanité.... Elle a senti, cette commission, qu'elle est appelée non-seulement à protéger les individus incarcérés, mais encore à défendre la liberté des nombreux débiteurs sur la tête desquels est suspendu, comme l'épée de Damoclès, l'arrêt des juridictions commerciales. Ce n'est pas à des hommes aussi versés dans la matière que le sont ces mandataires du malheur, qu'il est utile de rappeler qu'à Paris seulement il se rend, par année, de quarante à cinquante mille jugemens en matière de commerce ; et que, dans toute l'étendue du royaume, le nombre de ces sentences, presque toutes exécutables *par corps*, s'élève à plus de quatre-vingt mille. — La tâche du comité dont il s'agit s'agrandit donc de tout ce qui peut se rattacher à la cause qu'il est chargé de plaider ;

---

plus volontiers, parce qu'elle sera plus sûre de répondre à des nécessités réelles. Aussi l'administration supérieure a-t-elle vu avec plaisir l'établissement de ce comité intérieur.

elle peut s'ennoblir de tout ce qui n'intéresse pas les détenus actuels. Il y aura de l'honneur à recueillir par les membres de ce petit corps, si le salut d'une classe nombreuse de la société peut avoir été préparé par leurs travaux ; et certes ! il sera beau de voir sortir d'une prison quelques-uns des motifs déterminans d'une amélioration désirée par tous les bons esprits.

# CHAPITRE VII.

Améliorations du régime des prisons. — Sollicitude de S. A. R. le Dauphin. — Administration juste et sage de M. de Belleyme. — Bon choix de fonctionnaires.

Il y aurait de l'injustice à ne pas convenir que, depuis l'installation du nouveau ministère, une amélioration sensible a été apportée dans le régime des prisons. Frappé, durant ses voyages en France, de l'état déplorable de ces maisons et de la situation affligeante à laquelle étaient réduits des prisonniers que, dans aucun cas, on ne peut mettre hors la loi de l'humanité, S. A. R. le dauphin s'empressa de fonder, il y a quelques années, un comité de philantropes qui, sous la présidence de ce prince, sut bientôt juger les vices du système, ou, pour mieux dire, du défaut de système existant, et dans les effets immédiats, et dans l'appréciation plus grave des conséquences. Les hommes, aussi sages qu'éclairés, dont nous parlons, ne pouvaient manquer de reconnaître que les condamnés, dont la peine est généralement temporaire, doivent retomber un jour sur la société, avec toutes les inclinations nuisibles qu'on aura laissé se propager en eux; ou de tout le poids des ressentimens que le mépris de leurs besoins aura fait naître dans leur âme. Mais tant que M. de Corbière tint sous sa main le porte-feuille fermé du département de l'intérieur, le conseil royal des prisons fut la tête d'un corps sans bras. Des documens nombreux, puisés à la source même des faits, des rapports et des projets émanés d'une profonde sagesse allèrent s'empiler dans les cartons poudreux de la rue de Grenelle; les réformes urgentes sollicitées par le conseil ne purent être arrachées à la somnolence du ministre, qui ne semblait être au timon des affaires que pour empêcher l'administration publique de prendre le pas sur Mont-Rouge.

Une autre tactique, et, nous l'espérons, d'autres vues administratives se concilient mieux avec les travaux de la commission présidée par S. A. R. le dauphin : déjà des prisons-modèles ont été adoptées et mises en construction; d'autres établissemens ont été assainis; sur différens points, les prisonniers viennent d'être classés selon la gravité des délits : cette classification va s'étendre aux bagnes; enfin, un régime pénitentiaire, résultant de la distinction tardive établie entre les germes vicieux et les inclinations funestes réalisées , promet une diminution progressive de la corruption contagieuse des prisons.

Ces sages dispositions, dues particulièrement à la sollicitude toujours active de l'illustre héritier de la couronne, font' pressentir des changemens favorables dans le régime des maisons où sont renfermés les hommes dont, à quelques exceptions près, la destinée seule a failli, et pour qui l'exercice des droits civils n'a pas discontinué. Mais au moment où nous écrivons, les détenus pour dettes, dans une partie du royaume, sont littéralement confondus avec les condamnés; nous avons vu qu'à Paris même, ils n'en sont séparés, à Sainte-Pélagie , que par un mur; à Saint-Lazare, que par une simple grille en bois. Si dans quelques villes, comme Bordeaux, Rouen, Marseille, le malheur obtient une prison distincte de celle du crime, c'est à prix d'argent, et l'on peut évaluer ce qui reste d'une allocation mensuelle de 20 francs, après le prélèvement du double loyer de la chambre et des meubles indispensables au détenu (1).

---

(1) A Bordeaux, le prix mensuel d'une chambre où les détenus sont deux , est de 10 francs pour chacun; si l'on ajoute à cela le loyer du mobilier, calculé ou taux de Paris, il restera au prisonnier qui prend un lit, une chaise et une table, *quatre francs* par mois pour subvenir à sa subsistance.

Sans doute l'administration a dû sentir qu'au point où les idées sont parvenues, la contrainte par corps ne peut tarder d'être restreinte à d'étroites limites ; que son exécution laissera les détenus au large dans l'édifice qu'ils occupent à Paris ; et que la province n'offrira plus que de rares exemples d'emprisonnemens pour dettes. Mais, outre que nos lois conserveront toujours au commerce l'indispensable ressource de la mise en dépôt des faillis (1), ces lois ne perdront pas leur action par corps en matière civile (2), et la personne continuera d'être atteinte pour le quasi-délit résultant du stellionat. D'ailleurs, n'est-ce pas trop compter sur des changemens à venir, que d'en attendre la repression d'abus intolérables, et l'adoucissement à des maux présens ?

Cette considération mérite de trouver placé sur les tablettes de M. Appert, qui saura certainement en apprécier la justesse. Nous accueil-

---

(1) C'est ici le cas de dire que les négocians faillis, dans lesquels la présomption ne doit voir que des hommes malheureux, ne peuvent continuer d'être détenus parmi les condamnés ; et quand ils le sont eux-mêmes, il semble que la nature du délit nécessite une prison particulière.

(2) En matière civile, il est cependant des cas où la liberté est sacrifiée à de faibles intérêts, et le gouvernement lui-même se montre bien sévère pour le recouvrement d'amendes encourues quelquefois par ignorance.

lons avec plaisir tout ce que la renommée publie
de flatteur sur ce jeune citoyen, dont monsei-
gneur le dauphin a dignement récompensé le
zèle, lorsqu'il l'a fait l'agent de sa pensée bienfaisante. Mais que M. Appert y prenne garde,
interposé, en quelque sorte, entre le grand
personnage qui sonde les plaies de l'humanité
et l'autorité qui dirige le système curatif, il ne
doit taire la vérité ni de l'un ni de l'autre côté.
Répandre le baume d'une douce éloquence dans
l'asile de l'infortune, promettre des secours aux
êtres souffrans, c'est s'acquitter de la plus douce,
mais de la plus facile partie d'une noble tâche.
Abandonner immédiatement aux organes de la
publicité ces premiers élans d'un cœur généreux, ce serait satisfaire trop tôt à un appétit de
gloire qu'il convient de réprimer... L'estime publique (car c'est elle seule que recherche la
vraie philantropie), l'estime publique est infaillible quand les bienfaits sont réels et multipliés.
Il y a quelque chose de plus grand dans la mission d'un homme qui s'est placé sur les traces de
Vincent de Paule : c'est de faire retentir à l'o-
reille du prince, dans l'idiome de l'âme et non
dans celui des cours, les abus qu'il faut attaquer; c'est de porter ensuite sous les lambris
ministériels la parole de l'auguste réformateur,
et de n'en déguiser ni l'énergie ni même la sé-

vérité. Telle est sans doute la manière de procéder de M. Appert, et, sur la foi de l'exellente opinion que nous avons de sa philantropie désintéressée, nous nous rangeons au nombre de ses admirateurs.

Cependant les détenus pour dettes ne sont pas restés complètement étrangers aux améliorations du régime intérieur des prisons; nous devons mentionner quelques changemens heureux opérés à Sainte-Pélagie dans les premiers mois de l'année 1828. La retraite de M. Bault, directeur, a donné lieu à la division du service qui lui était confié : M. Leroy, ancien officier supérieur de gendarmerie, gouverne les condamnés; M. Gaillard est investi de la direction de la dette. Il n'appartient point à notre sujet d'examiner l'administration de M. Leroy, qu'on s'accorde à louer, mais nous devons nous hâter de dire que la gestion de M. Gaillard est un des bienfaits que M. de Belleyme, préfet de police, commence à répandre sur les débiteurs incarcérés. Ils ont aussi à remercier ce dignitaire de les avoir placés sous la protection de M. de Moulignon, inspecteur général qui, malgré l'étendue de sa surveillance (1),

_______

(1) L'inspection de ce fonctionnaire s'étend à dix-huit prisons. M. de Moulignon appartient à cette classe honorable de citoyens qui se montrent dignes de la confiance dont ils sont investis..... Ce n'est pas la route la plus courte pour arriver à la fortune; mais c'est le moyen le plus sûr d'obtenir l'estime publique.

laisse passer peu de jours sans paraître au mi-lieu des habitans de Sainte-Pélagie.

L'installation de ces deux fonctionnaires a été le signal de plusieurs mesures bienveillantes, parmi lesquelles il faut citer l'abolition du redou-blement de captivité qu'on imposait, le soir, aux détenus, en les renfermant dans leurs chambres, sans égards aux suites funestes qu'une telle clô-ture pouvait avoir, et qu'elle a eues quelque-fois (1). Mais, soit défaut de latitude de la part de MM. de Moulignon et Gaillard, soit lenteur inévitable dans les réformes qu'ils ont entrepri-ses, et qui peut-être dépassent même les attri-butions de M. le préfet de police, des vices mons-trueux règnent encore dans l'administration de Sainte-Pélagie; nous citerons les principaux.

Comment, par exemple, peut-il être entendu que l'indemnité représentative des alimens, payée de trois en trois jours, par suite d'une décision ministérielle, sera comptée à l'expira-tion de ces trois jours, au lieu de l'être d'avance, c'est-à-dire, de manière à mettre le détenu en-trant à même de vivre avec *sa paye*, qui, dans

---

(1) On nous a donné l'assurance que cette mesure avait été de-mandée, il y a quelques années, par les détenus eux-mêmes. Il est difficile de croire qu'une telle demande ait été générale; et si quel-ques désordres partiels y ont donné lieu, il est facile de prévenir, par une bonne police intérieure, des méfaits individuels, qui, dans aucun cas, ne doivent être le sujet d'une punition infligée à toute la dette.

l'état de choses actuel, ne lui est remise que lorsqu'il a vécu par d'autres moyens, ou après une abstinence de soixante-douze heures.... Chaque jour, ce mode de paiement laisse de nouveaux incarcérés dans le dénûment, dont la conséquence homicide n'est prévenue que par la confraternité charitable que nous avons précédemment révélée.

Il est à Sainte-Pélagie un autre usage administratif consistant à faire, pour la paye, une période de trente jours du mois de février, qui n'en a que vingt-huit ou vingt-neuf. On compte ainsi au détenu des journées d'alimens qui ne lui sont point dues ; mais à la fin de sa détention, qui pour l'ordinaire arrive par manque d'alimens, il paie cher cette décevante gratification, car alors il doit acquitter, en jours complémentaires d'esclavage, les *centimes* qui lui ont été comptés *abusivement*. Et si, pendant l'émission de ce solde malencontreux, l'incarcérateur se ravise, ou si un nouveau créancier écroue le débiteur, ce mode perfide de comptabilité le replonge dans les fers (1).

On doit également s'affliger sur l'abus, ayant

_______________

(1) Ce double résultat, plus affligeant cent fois qu'une captivité naturellement prolongée, a eu lieu plusieurs fois, dans les cas, surtout, où le manque d'alimens n'avait lieu que par oubli de la part du créancier ou de son fondé de pouvoir.

force de chose jugée, qui oblige le débiteur manquant d'alimens à payer 22 fr. 50 c, pour sortir de Sainte-Pélagie, lorsque, dans toutes les villes de France, les portes de la prison sont ouvertes, en pareille occurence, à l'instant et sans frais. Nous savons qu'il est des formalités propres à la capitale, et qui nécessitent quelque dépense : des calculateurs rigoureux ont démontré qu'elle devrait se réduire à huit francs au plus, en n'y comprenant point le salaire de l'exprès chargé d'aller faire régulariser les pièces (1). Si l'on ajoute cinq francs pour le prix bien suffisant de ces démarches, on n'obtiendra qu'un total de *treize francs....* Comment donc justifier l'emploi du surplus? Cependant un débiteur ne sortira pas de Sainte-Pélagie qu'il ne dispose de la somme intégrale de 22 francs 50 centimes ; il y restera, privé d'alimens et de lit, jusqu'à ce qu'il ait réalisé, soit par ses propres ressources, soit par le comité de bienfaisance, cette contribution forcée quoiqu'illégale.

Des réclamations se sont élevées aussi relativement au prix de location du mobilier; il est incontestable, en effet, que cette charge est loin

---

(1) Beaucoup de détenus peuvent se passer de cet exprès, chèrement payé, en faisant faire les courses par un parent ou un ami, et, dans la position ordinairement nécessiteuse d'un détenu élargi, aucun moyen d'économie n'est à négliger.

d'être proportionnée aux faibles ressources sur lesquelles on la perçoit ; nous prouverons tout à l'heure qu'elle ne l'est pas davantage à la valeur intrinsèque des objets. Le détenu ne peut se passer d'un lit, d'une petite table, d'une chaise ; et ces trois articles lui coûtent six francs par mois. Or, ces mêmes articles, estimés chèrement, ne valent pas plus de quatre-vingt-dix francs ; d'où il résulte qu'ils sont presque payés par le loyer d'une seule année.

Il est d'autres ressorts de l'administration de Sainte-Pélagie qui doivent être, ou renouvelés ou retrempés ; une foule d'irrégularités de détail se groupent autour des grands abus que nous venons de désigner. Elles n'échapperont pas long-temps au zèle plein d'équité de MM. de Moulignon et Gaillard (1) ; à la sagesse de M. de

---

(1) Ces fonctionnaires réduiront le tarif un peu élevé des commissionnaires privilégiés ; ils s'apercevront que l'eau manque d'autant plus souvent à la pompe que le pompier a été moins satisfait de sa promenade intéressée dans les corridors ; enfin, ils imposeront des formes plus polies aux servans de la maison. Il est d'autres petites exigences que nous tairons ; car s'il est convenu que le prêtre doit vivre de l'autel, il n'est pas tout-à-fait défendu au porte-clefs de penser qu'il peut vivre de son guichet. Mais nous ne pouvons passer sous silence une inscription qu'on lit dans un corridor de Sainte-Pélagie, et qui *menace les détenus d'une cohabitation avec les condamnés*, s'ils se permettent de jeter des ordures dans les plombs..... Il est inimaginable que le directeur d'une maison où sont retenus *des citoyens*, ait pensé qu'il pouvait s'arroger le droit de les envoyer parmi les criminels, et s'attribuer ainsi une juridiction pénale.......

Belleyme. Nous le répétons, ces dignes fonctionnaires, ainsi que le greffier en chef, M. Duchêne, marchent franchement dans la voie bienveillante que le gouvernement vient de s'ouvrir. Il n'y a pas jusqu'aux employés subalternes, jusqu'aux gardiens sur la figure desquels on trouve enfin l'expression des sentimens généreux, qui, long-temps, semblèrent proscrits de Sainte-Pélagie, comme des élémens d'un emploi dangereux avec des hommes que l'on croyait déshérités de leurs droits sociaux.

Mais tant qu'on n'aura pas frappé au cœur le préjugé sous l'empire duquel gémissent les victimes de la contrainte par corps, les directeurs, les inspecteurs des prisons, l'autorité supérieure elle-même n'oseront attaquer ouvertement, dans les vices de son exécution, un système que protègent encore les lois; la réforme doit partir de plus haut... Il appartient à nos législateurs de porter le flambeau de la saine morale, de la philosophie, dans une sphère où l'humanité est depuis trente ans garottée par la chicane avide, par un fisc impur, par des intérêts malentendus. Quand une nouvelle législation, conforme à nos besoins réels et aux changemens salutai-

---

M. Gaillard se hâtera de faire effacer cette étrange inscription, tracée impunément par son prédécesseur, au bon temps de M. Delavaux.

res déjà effectués chez d'autres nations (1), aura surgi des discussions de la tribune et des méditations du ministère, les améliorations passeront, de proche en proche, jusqu'aux derniers agens du pouvoir. Alors les autorités de Sainte-Pélagie, nous en avons leur caractère honorable pour garant, s'associeront avec empressement aux actes de justice qui résulteront de cette régénération.

---

(1) En Angleterre, le parlement vient encore de restreindre l'exécution de la contrainte par corps : un débiteur ne peut plus être arrêté pour une somme au-dessous de 2,000 francs, et les formalités de l'incarcération sont tellement multipliées aujourd'hui, qu'il est devenu très difficile de l'obtenir. Aux États-Unis d'Amérique, l'appréhension au corps a été tout-à-fait abolie à la fin de l'année 1827. Ajoutons que les Hollandais n'ont jamais reconnu la nécessité de cette mesure juridique, non plus que les Portugais. On allègue, en France, les intérêts commerciaux.... L'Angleterre, l'Amérique septentrionale et la Hollande peuvent, ce me semble, nous disputer la prééminence commerciale ; cependant deux de ces puissances repoussent la contrainte par corps, et la troisième y renoncera bientôt.

# CHAPITRE VIII.

## CONCLUSION.

Nous croyons avoir examiné la contrainte par corps dans tous ses points de rapport, soit avec les diverses législations qui l'ont admise, soit avec la morale naturelle et sociale, dont une mesure législative, pour être vraiment équitable, doit réfléchir les principes et l'esprit.

La première partie de notre ouvrage, consacrée à la discussion légale, a montré cette contrainte, compagne ordinaire des calamités publiques, comprimée, abolie même par la sagesse des législateurs, aussitôt que la paix et la prospérité renaissaient au sein des empires. Au moyen âge, nous la voyons réduite à une suite de faits pour ainsi dire exceptionnels, qui doivent, dans chaque circonstance, et après un examen spécial, être autorisés par des magistrats très peu disposés, en général, à favoriser le par corps. Enfin, en 1798, la France qui, durant plusieurs siècles, adoucit, éluda le triste moyen des emprisonnemens pour dettes, le rétablit soudain avec toute la barbarie, toute la férocité du vieux Droit romain, dont les auteurs de la loi de germinal an 6 n'admettent pas même les exceptions (1).... Et c'est cette émanation du délire sanglant des révolutions qui nous régit en 1828; au temps de la restauration, les victimes d'une longue suite de troubles qui nécessitèrent tant de sacrifices, qui engloutirent tant de biens, ne retrouvent qu'une loi révolutionnaire, toujours prête à les punir par de nouveaux malheurs d'avoir souffert en d'autres temps.

Nous avons essayé de présenter, au commencement de la Ire partie, le meilleur système de contrainte par corps, c'est-à-dire celui qui ferait le moins possible descendre la loi du haut degré de civilisation où les sociétés sont parvenues; et nous avons dû reconnaître que les Anglais se tiennent beaucoup plus près que nous de ce point essentiel de toute bonne législation. Cette vérité, nous nous sommes proposé de la démontrer dans une suite de chapitres où, après avoir recherché de bonne foi l'utilité réelle de la contrainte par corps, nous avons, ce nous semble, signalé

____

(1) Voyez l'énumération de ces exceptions au chapitre 1er de la présente partie.

d'une manière précise l'action vicieuse du régime actuellement suivi parmi nous. En effet, non seulement la loi de germinal donne lieu, par l'obscurité de plusieurs de ses articles, à des interprétations diverses, fécondes en procès, mais elle n'est que dans un petit nombre des dispositions, d'accord avec les autres principes régulateurs de la même matière. Tantôt cette règle, exclusivement suivie pour l'application du *par corps*, est contraire au Code de commerce, tantôt elle contrarie le Code de procédure, tantôt elle viole les bases fondamentales du Code civil lui-même, et n'est pas seulement en harmonie avec les lois supplémentaires rendues pour 'aider à son exécution. De là cette fluctuation de jurisprudence dont nous sommes témoins depuis trente ans, et qui fait triompher auprès de telle cour une instance repoussée par telle autre cour; ou confirmer aujourd'hui par un siége ce que le même siége infirmera demain.

Une nation qui, sous mille rapports, fournit à l'Europe des exemples et des modèles, ne doit pas continuer de lui offrir le spectacle d'une semblable incohérence législative, de laquelle résulte une versalité judiciaire si déplorable ?... Puissions-nous, d'ailleurs, 'avoir rendu sensibles, dans les derniers chapitres de notre première partie, les véritables hérésies commises par des législateurs qui ont autorisé un cumul d'exécutions inconnu chez les autres peuples ; des législateurs qui frappent le débiteur d'une peine plus forte que celle infligée aux plus graves délits ; qui condamnent des hommes à une lente inanition ; qui violent, d'une manière atroce, les lois sacrées de l'hospitalité, en imposant aux étrangers une captivité indéfinie (1) ; qui font enfin du cachot commercial le tombeau d'une vieillesse que le reste de la société s'efforce, au contraire, de décharger des fardeaux pesans de la vie.

Qui osera révoquer en doute la désorganisation sociale entraînée par l'abus des emprisonnemens ; abus dont nous avons développé les funestes conséquences dans la seconde partie de nos considérations ? Qui pourra voir sans frémir tant d'hommes injustement humiliés, tant

______

(1) Le décret de 1807, relatif à l'arrestation des étrangers pour dettes, dit qu'ils seront *incarcérés et détenus provisoirement :* on ne conçoit pas par quel système d'interprétation les cours ont conclu de ce texte que ces étrangers devaient rester *perpétuellement* en prison. Ce n'est qu'en torturant d'une étrange manière la lettre du décret qu'on a pu en tirer cette conclusion inhospitalière autant que forcée. D'ailleurs, si la magistrature, dans les appels qui ont toujours eu lieu lors de l'emprisonnement des étrangers, n'a pu les faire rentrer sous la protection du droit commun, n'avait-elle pas assez d'organes dans les assemblées législatives pour solliciter l'abrogation de cet attentat permanent au droit des nations.

de familles ruinées sans nécessité, tant de discordes conjugales nées du malheur, tant de femmes prostituées, tant de filles séduites, tant de détenus démoralisés, tant d'élémens de la prospérité publique anéantis par l'effet d'un système dont les bienfaits sont, à peu près, nuls..... Oui, ces bienfaits sont presque nuls, car la sagesse, la raison ne comptent que pour les maudire les projets de la haine, les calculs de l'usure, les menées de la corruption, et les manœuvres de tous les vices hideux au nom desquels la contrainte par corps est journellement exploitée. Tâchons cependant de rassurer le peu d'intérêts légaux, ou du moins de bonne foi, qui pourraient redouter la réforme que notre époque appelle à grands cris.

Le crédit est incontestablement l'âme du commerce ; il en multiplie les relations, en agrandit le domaine, et procure, par ses combinaisons, des résultats importans qui ajoutent, non seulement au bien-être des particuliers, mais encore à la prospérité des États. Or, ce crédit sur quelle base repose-t-il, dans une direction bien entendue des spéculations commerciales? Sur l'intelligence humaine, sur le déploiement plus ou moins habile, ou plutôt plus ou moins heureux des moyens intellectuels que le négociant met en émission. Tel est le seul

fondement raisonnable que l'on puisse reconnaître à des opérations qui dépassent toujours
les ressources effectives, et qui s'anéantissent
promptement lorsqu'elles se réduisent à des
échanges matériels. Cela posé, l'on demande
quelle garantie réelle peut offrir, par sa personne,
le contractant qui n'a pu remplir les engagemens
que son crédit lui avait permis de poser dans la
balance des transactions ?...Quel rapport y a t-il
entre les sommes qu'il doit et la liberté qu'on lui
ravit? Existe-t-il quelque parité entre des marchandises, des terres, de l'argent, et le bien
immatériel dont le créancier se saisit?....Non,
sans doute, et c'est par l'évidence de cette vérité négative que le haut commerce repousse la
contrainte par corps. Il fait plus que de la ré-
pousser, il la condamne, parce qu'il sait qu'elle
paralyse l'intelligence, sur laquelle sont fondés
le crédit, et conséquemment les ressources du
débiteur. La nécessité de l'emprisonnement pour
dettes se réduit, aux yeux des notabilités com-
merçantes, à la simple mise en dépôt du négociant qui cesse de payer ; il devient nécessaire
alors d'éclairer ses affaires, et, par divers motifs,
il peut se soustraire à cette investigation. De
l'examen des livres du commerçant ainsi détenu, il résulte, ou que sa gestion est reconnue
pure, quoique malheureuse, ou que ses opéra-

tions sont entachées de fraude. Dans le premier cas, le gage de la personne cesse d'être utile : elle doit être relâchée ; dans le second cas, la loi retient un coupable qu'elle doit punir. Là finit évidemment le système légitime des incarcérations commerciales; mais là commence l'empire du préjugé, auquel, dans notre situation actuelle, il faut peut-être rendre encore quelque hommage. On croit, parmi les commerçans du second ordre, que la contrainte par corps est le frein des détaillans, trop disposés à contracter légèrement des obligations envers les marchands en gros ou les manufacturiers; et l'on se persuade que la crainte des emprisonnemens entretient chez eux une tension continuelle de moyens et d'efforts (1)..... Laissons cette triste perspective à ceux qu'elle flatte..... Mais hors de ce cercle déjà trop agrandi de rigueurs judiciaires, l'incarcération pour dettes ne nous semble plus qu'une violation flagrante, qui ne peut être consacrée par un nouvel ordre de choses.

Dans le commerce, le jeu des intérêts est réglé pour ainsi dire mécaniquement ; si le mé-

____

(1) Il est douteux que ce moyen obtienne l'assentiment des hommes versés dans l'économie politique, et peut-être préféreraient-ils le déni du crédit à cette émission laborieuse de ressources commerciales, qui, en définitive, doit ruiner le commerce lui-même.

canisme est bon, toutes les chances sont prévues,
quoique incertaines. C'est la marche d'une pen-
dule bien organisée ; et de même que la pen-
dule a besoin d'être revue , après la rupture d'un
ressort principal, de même l'existence commerciale doit être examinée quand son action régulière est interrompue. La mise en dépôt est
donc une précaution ; ce n'est que par un sens
forcé qu'on en a fait une peine , avant d'avoir
reconnu s'il y avait délit (1). Ce sens forcé devient un attentat au droit des gens lorsque, à
l'aide d'un prétexte , on l'applique à toutes les
classes de la société. Aucune d'elles ne présente
les garanties qu'on a le droit d'attendre du commerce ; les engagemens d'un non commerçant
reposent sur des chances flottantes que mille
circonstances modifient, éloignent , détruisent.
Le fonctionnaire public a compté sur son traitement, et la moindre déviation politique l'en
prive ; le militaire s'est engagé sur la foi de sa
solde d'activité, et le caprice d'un commis le
met à la retraite ; l'employé subalterne destinait
le montant d'une gratification habituelle au
paiement d'un effet, et l'immunité attendue

______

(1) Nous entendons, ainsi que nous l'avons dit au chapitre I<sup>er</sup>, qu'il
y a délit véritable dans l'émission d'une lettre de change où l'on cède,
comme véritable, *un dépôt* fictif, ou bien après l'acceptation de laquelle on ne compte pas au porteur le montant d'un *dépôt réel.*

est comprise dans les réductions du budget, qui, comme on sait, ne peuvent atteindre les hautes puissances bureaucratiques. Le solliciteur s'est vu contraint d'escompter ses espérances sous la forme d'une acceptation, et la nullité de son compétiteur l'emporte sur ses talens de toute l'importance de quelques lettres de recommandation. Le propriétaire lui-même n'a pu disposer avec sécurité de son revenu futur, car la sécheresse, les inondations, la gelée, une grêle intempestive, un incendie lui raviront, peut-être, les arrérages sur lesquels se fondait sa solvabilité. Il faut, pour rentrer dans les voies de l'équité, exempter de ce régime inflexible tant d'hommes qui ne sont pas en position de commander à la fortune. Disons plus, il serait sage de leur interdire une forme de reconnaissance instituée pour le commerce (1), puisqu'ils ne disposent ni des ressources, ni des compensations de cette profession ; puisqu'ils ne peuvent obtenir ses prérogatives quand la capricieuse fortune les trahit. En effet, vous invoquez, à l'appui des obligations d'un particulier étranger au négoce, toutes les conséquences rigoureuses

---

(1) Nous recommandons cette proposition à toute la sagesse de nos législateurs.... où serait l'inconvénient de fermer cette route dangereuse à ceux qui ne la suivent qu'abusivement ? quel homme, étranger au commerce, pourrait regretter une arme qui ne lui sert qu'à se blesser lui-même?

de la loi commerciale ; vous lui donnez, par une aberration judiciaire, le titre de *négociant* ; et lorsque, revêtu de ce caractère, il en invoque le bénéfice, vous le dépouillez tout-à-coup de la qualification qu'il tient de votre autorité : vous prononcez hardiment, et malgré le témoignage de la chose écrite, que, n'étant point *négociant*, il ne peut être failli..... Sortons enfin de ce chaos... Tâchons que le magistrat acquière le droit d'être d'accord avec lui-même.

Telles sont les nécessités auxquelles une loi nouvelle doit satisfaire, et la tâche de ses auteurs sera moins difficile qu'ils ne se l'imaginent ; il s'agit seulement de séparer l'action légale de l'abus, et la distinction est simple : elle consiste dans la reconnaissance d'un *commerce habituel*, qu'il n'est pas possible de cacher, ou d'un commerce fictif, qui ne présente rien de réel par un ou plusieurs actes fortuits. Mais en retenant le seul négoce démontré sous le joug de la contrainte, il nous semble indispensable d'admettre des nuances dans l'exécution. Jamais la raison ne sanctionnera des dispositions qui infligent la même période de détention pour cent francs et pour cent mille écus (1) ; jamais la justice ne sera complète, si

_______

(1) M. Jacquinot de Pampelune insiste, dans le projet qu'il a déve-

des juges spéciaux ne reçoivent pas la mission d'examiner, à court délai, la situation personnelle du débiteur arrêté, et de confirmer ou d'annuler en conséquence son arrestation. Enfin, l'humanité gémira toujours sur la fixation d'une indemnité d'alimens qui ne suffirait pas aux premiers besoins de l'homme, parce qu'elle aurait été calculée d'après la plus basse appréciation des denrées, au lieu d'être périodiquement déterminée d'après le cours variable de ces objets (1).

---

loppé à la chambre des députés, pour la fixation d'une période de détention en rapport raisonnable avec le montant de la créance ; il sollicite une réforme non moins essentielle : c'est de décharger le débiteur de l'*exécution par corps* en ce qui concerne les frais ; de telle manière que le détenu, ayant acquitté le capital, plus les intérêts, puisse être élargi, nonobstant le reliquat des dépens. Par cette disposition pleine d'équité, le débiteur cesserait de payer l'*amende*, au moins de sa personne, après avoir été *battu*.

(1) Ce dernier moyen est aussi indiqué dans la proposition de M. Jacquinot de Pampelune : l'honorable député voudrait qu'à des époques périodiques déterminées, une commission fixât, d'après le cours, des objets de consommation, et dans chaque département, l'indemnité représentative des alimens. Il ne serait pas moins juste d'arrêter un tarif pour la location des objets de mobilier ; autrement les entreprises anticiperont toujours sur les faibles ressources alimentaires des détenus. Mais nous ne croyons pas, comme M. Jacquinot de Pampelune, que les commissions appelées à régler périodiquement l'indemnité doivent se composer de préfets, de magistrats, de juges des tribunaux de commerce.... Il ne s'agit ici ni de science administrative ni de jurisprudence, mais de connaissances techniques ; des boulangers, des bouchers, des agriculteurs, sous la présidence de l'officier municipal chargé de fixer les mercuriales, seraient des commissaires plus compétens.

Quels sont donc les intérêts dignes d'être protégés, que froisserait un système assis sur l'appréciation de ces diverses considérations? regretera-t-on que la justice, rentrée dans les bornes d'une sévérité mesurée, cesse de servir la colère aveugle d'un créancier qui souvent s'endette lui-même pour emprisonner son débiteur? allèguera-t-on le tort fait aux huissiers, aux gardes du commerce, *réduits* à s'enrichir un peu moins vite aux dépens de l'infortune ou de l'erreur? S'affligera-t-on sur les espérances trompées d'un frère empressé de dépouiller son frère, d'une femme que gêne la surveillance de son mari, d'un fils à qui le *par corps* offrait un moyen sûr d'abréger la longévité de son vieux père? S'attendrira-t-on sur la disgrâce des incarcérateurs toujours prêts à répondre *qu'il meure,* quand on les implore en faveur de leurs victimes ?..... Non, non, la loi qui mettra un terme à ces horreurs ne trouvera point de détracteurs parmi les honnêtes gens ; tous applaudiront, surtout, à la législation régénérée qui brisera dans les mains de l'usure l'arme redoutable dont elle atteint, sans distinction et sans pitié, les hommes de toutes les conditions; et tel est le résultat le plus utile, le plus impatiemment attendu.

Les emprunts, dira-t-on, deviendront diffi-

ciles, impossibles, peut-être...... Tant mieux,
s'ils sont usuraires; s'ils secondent en même
temps la folie ou l'industrie frauduleuse de l'emprunteur, et la cupidité insatiable du prêteur.
Dessaisis de l'expédient qui sert à souhait leur
rapacité, les usuriers livreront leurs capitaux à
des conditions moins exorbitantes, mais plus
sûres, et, de toute manière, la morale y ga-
gnera. La société ne sera plus attristée par le
spectacle de la misère, toujours croissante, des
rentiers, dont les emprunts onéreux livrent au
présent les ressources de l'avenir. Les rêves de
l'ambition, les entreprises gigantesques cesse-
ront d'être favorisées par l'usure, qui, seule, en
recueille le fruit. Les passions recevront un frein
salutaire : elles manqueront heureusement de
moyens pour séduire l'innocence, pour entretenir la prostitution. La faiblesse sera moins
souvent entraînée, par l'appât de l'or, dans les
lacs de la perversité. Le père de famille, au bord
de sa tombe, n'aura plus à pleurer la longue
captivité d'un fils devenu dilapidateur parce
qu'il trouva des usuriers; on ne rachetera plus
la liberté de ce nouvel enfant prodigue par le
sacrifice d'une fortune laborieusement acquise,
et qu'engloutissent les folies d'une seule année.
De jeunes Français, appelés à continuer les cé-
lébrités que nous comptons parmi nous, à per-

pétuer la gloire dont l'auréole brille sur le front de notre belle patrie, restitueront à une carrière généreuse le temps de ces emprisonnemens qui jettent un si triste reflet sur la vie. Enfin, l'exaltation, que les prêts usuraires égarent sur les pas de l'erreur, s'épurera promptement aux sources du savoir et du génie; l'oisiveté vicieuse, qui dégrade les familles, fera place aux nobles travaux qui les honorent.

A tant de titres, la France sollicite ardemment de ses législateurs l'abrogation d'une loi injuste, inhumaine, amie du désordre; et la création d'une loi sage, protectrice du véritable honneur, ennemie de la fraude, et qui réponde au vœu de l'humanité, aux besoins de la civilisation, à la confiance des citoyens.

FIN.

# APPENDICE.

# LOI

## QUI DÉTERMINE LE MODE D'EXERCER

## LA CONTRAINTE PAR CORPS

### EN MATIÈRE CIVILE ET EN MATIÈRE COMMERCIALE.

### Du 15 germinal an 6.

Le conseil des Cinq-cents, considérant qu'il est indispensable de préciser les cas auxquels doit être appliqué le principe de la contrainte par corps, remis récemment en vigueur (1), soit en matière civile, soit en matière

---

(1) Loi qui rétablit la contrainte par corps en matière civile. Du 24 ventose an (5 14 mars 1797.) — *Bulletin des Lois*, n° 112.

Le conseil des Anciens, considérant qu'il est urgent de rendre aux obligations entre citoyens la sûreté et la solidité qui seules peuvent donner au commerce de la république la splendeur et la supériorité qu'il doit avoir, approuve l'acte d'urgence.

Le conseil des Cinq-cents, considérant qu'il importe de rendre aux obligations entre citoyens la sûreté et la solidité qui seules peuvent donner au commerce de la république la splendeur et la supériorité qu'il doit avoir,

Déclare qu'il y a urgence.

Le conseil, après avoir déclaré l'urgence, prend la résolution suivante :

ART. Ier. La loi du 9 mars 1793, qui abroge la contrainte par corps en matière civile, est rapportée.

2. Les obligations qui seront contractées postérieurement à la promulgation de la présente loi, et pour le défaut de l'acquittement desquelles les lois antérieures prononçaient la contrainte par corps, y seront assujetties comme par le passé.

3. La présente résolution sera imprimée.

*Signé* LALOY, *président.*

COLLOMBEL (de la Meurthe), BACHELOT, DESMOLIS, HOURIER-ELOY, *secrétaires.*

de commerce, et d'établir à cet égard, dans toute l'étendue de la république, une uniformité compatible, soit avec nos anciens usages et réglemens, soit avec ceux des pays réunis à la république;

Considérant que tout ajournement en cette matière pourrait préjudicier essentiellement au commerce et à l'ordre social,

Déclare qu'il y a urgence.

Le conseil, après avoir déclaré l'urgence, prend la résolution suivante :

## TITRE PREMIER.

### De la Contrainte par corps en matière civile.

Art. 1er. La contrainte par corps ne peut être prononcée qu'en vertu d'une loi formelle.

2. Toute stipulation de contrainte par corps énoncée dans des actes, contrats et transactions quelconques, toute condamnation volontaire qui prononcerait cette peine hors le cas où la loi l'a permis, sont essentiellement nulles.

3. La contrainte par corps aura lieu pour versement de deniers publics et nationaux, stellionat, dépôt nécessaire, consignation par ordonnance de justice ou entre les mains de personnes publiques, et représentation de biens par les séquestres, commissaires et gardiens.

4. Les juges pourront aussi la prononcer contre tout fermier de biens ruraux, faute de représentation, à la fin de son bail, du cheptel de bétail, des semences, des charrues et outils aratoires qui lui seront confiés pour

l'exploitation des biens à lui affermés, à moins qu'il ne justifie que le déficit de ces objets ou de quelques-uns d'eux ne procède pas de son fait, et qu'il n'a rien détourné au préjudice du propriétaire.

5. La contrainte par corps ne peut être décernée, en matière civile, contre les septuagénaires, les mineurs, les femmes et les filles, si ce n'est pour stellionat procédant de leur fait.

6. Tout jugement rendu en contravention aux articles précédens emportera nullité, et donnera lieu à prise à partie, dépens, dommages et intérêts contre les juges qui le prononceraient.

## TITRE II.

### De la Contrainte par corps en matière commerciale.

Art. 1er. A dater de la publication de la présente loi, la contrainte par corps aura lieu dans toute l'étendue de la république française,

1° Contre les banquiers, agens de change, courtiers, facteurs ou commissionnaires dont la profession est de faire vendre des marchandises moyennant rétribution, pour la restitution des marchandises, ou du prix qu'ils en toucheront;

2° De marchand à marchand, pour fait de marchandises dont ils se mêlent respectivement;

3° Contre tous négocians ou marchands qui signeront des billets pour valeur reçue comptant ou en marchandises, soit qu'ils doivent être payés sur l'acquit d'un particulier y nommé, ou à son ordre, ou au porteur;

4° Contre toutes personnes qui signeront des lettres ou billets de change, celles qui y mettront leur aval, qui promettront d'en fournir avec remise de place en place, et qui feront des promesses pour lettı de change à elles fournies ou qui devront l'être.

2. Sont exceptés des dispositions énoncées au paragraphe 4 de l'article précédent, les femmes, les filles et les mineurs non commerçans.

3. Les femmes et les filles qui seront marchandes publiques, ou celles mariées qui feront un commerce distinct et séparé de celui de leurs maris, seront soumises à la contrainte par corps pour le fait de leur commerce, quand elles seraient mineures, mais seulement pour exécution d'engagemens de marchand à marchand, et à raison des marchandises dont les parties feront respectivement négoce.

Cette disposition est applicable aux négocians, banquiers, agens de change, courtiers, facteurs et commissionnaires, quoique mineurs, à raison de leur commerce.

4. La contrainte par corps aura lieu également pour l'exécution de tous contrats maritimes, tels que grosses aventures, chartes-parties, assurances, engagemens ou loyers de gens de mer, ventes et achats de vaisseaux, pour le fret et le halage, et autres concernant le commerce et la pêche de mer.

## TITRE III.

### Du Mode d'exécution des jugemens emportant Contrainte par corps.

Art. 1ᵉʳ. Tous jugemens emportant contrainte par corps pourront, s'ils sont définitifs, être exécutés nonobstant l'appel, en donnant caution.

2. Les jugemens emportant contrainte par corps seront mis à exécution par tout huissier qui aura le droit

d'instrumenter dans le ressort du département où rési-
dera la personne contre laquelle ils seront exécutés ; et
dans le département de la Seine, concurremment avec
tout individu qui a ci-devant exercé les fonctions de
garde du commerce ; à la charge par ces derniers de se
faire enregistrer au greffe du tribunal de commerce du
même département.

Ces agens sont, dans ce cas, autorisés à requérir, conformément aux lois sur sa disposition, la force armée,
qui ne pourra leur être refusée, à peine de responsabilité des fonctionnaires publics auxquels ils s'adresseront
à cet effet.

3. Nulle contrainte par corps ne pourra être exercée
contre aucun individu, qu'elle n'ait été *précédée de la
notification* au contraignable, visée par le juge de paix
du canton où s'exerce la contrainte, 1º du titre qui a
servi de base à la condamnation, s'il en existe un ; 2º *des
jugemens* prononcés contre le contraignable, s'il en est
intervenu plusieurs contre lui pour le fait de la contrainte ; 3º d'un commandement au contraignable de
satisfaire à l'objet de la contrainte ; 4º qu'il ne se soit
écoulé au moins une décade entre le commandement et
l'exécution.

Cette suspension n'aura pas lieu à l'égard du débiteur
qui aurait joui d'un délai semblable ou plus long pour
s'acquitter, en vertu du jugement qu'on voudrait exécuter contre lui ; l'exécution pourra être faite dans ce
cas vingt-quatre heures après la signification du jugement, dans la forme ci-dessus énoncée, à personne ou
à domicile du condamné, avec commandement d'y satisfaire.

4. Aucun jugement de contrainte par corps ne pourra être mis à exécution, 1° avant le lever et après le coucher du soleil ; 2° les jours de décadi ; 3° pendant la durée de ceux indiqués par la loi pour la célébration des fêtes républicaines ; 4° pendant le temps des assemblées primaires ; 5° contre aucun électeur durant le cours des assemblées électorales, ainsi que pendant les trois jours qui auront précédé leur tenue, et les trois jours qui l'auront suivie ; 6° en aucun temps, dans un lieu public destiné aux cultes, dans l'enceinte du corps législatif, du directoire exécutif, d'un tribunal ou d'une administration publique quelconque.

5. Hors les cas et les lieux ci-dessus indiqués, la contrainte par corps peut être mise à exécution partout et même à domicile, en se conformant à l'article 359 de la constitution.

6. Toute exécution faite en contravention aux articles précédens emportera nullité, et donnera lieu à des dommages-intérêts envers la partie lésée.

7. La contrainte par corps ne préjudicie à l'exercice d'aucun autre moyen légal assuré au créancier pour recouvrer sa dette, telle que la saisie-exécution, réelle ou autre, des biens de son débiteur.

8. Aucune condamnation par corps, en matière civile ou de commerce, ne peut être exécutée contre un individu, si, appelé comme témoin en matière civile, de police ou criminelle, il est porteur d'un sauf-conduit du président du tribunal, du directeur du jury, ou du juge de paix devant lequel il doit paraître.

Le sauf-conduit sera motivé dans ce cas, et réglera la durée de son effet, à peine de nullité.

9. Il sera laissé à toute personne incarcérée *copie* de son écrou, ainsi que *du jugement* en vertu duquel l'incarcération aura eu lieu, à peine de nullité.

10. Tout individu à la requête duquel se fait un emprisonnement, est tenu, sous la même peine, d'élire domicile dans *le lieu* de la maison d'arrêt où est détenu son débiteur.

11. Les formalités ci-dessus prescrites à l'égard du créancier à la requête duquel on a fait une incarcération, doivent être observées par celui qui recommande l'incarcéré, à peine de nullité.

12. La nullité d'un emprisonnement emporte celle de tous écrous et recommandations qui en sont la suite : mais cette nullité ne peut être prononcée qu'avec tous les recommandataires, parties présentes ou dûment appelées.

13. Toute personne incarcérée qui pourra établir par la représentation du procès-verbal de son écrou, que l'une des formalités ci-dessus indiquées n'a pas été observée, obtiendra son élargissement, sur une simple requête adressée à cet effet au tribunal civil du département dans le ressort duquel le jugement de contrainte aura été exécuté.

La requête sera préalablement communiquée au commissaire du pouvoir exécutif, et notifiée aux créanciers poursuivans et recommandataires.

Si cette demande en élargissement donnait lieu à un incident, la connaissance en serait attribuée au tribunal qui aurait connu de la requête.

14. Le créancier qui aura fait emprisonner son débiteur, sera tenu de *consigner d'avance*, et *par chaque*

*mois*, *la somme de vingt livres*, entre les mains du gardien de la maison d'arrêt, pour la subsistance de l'incarcéré ; sinon, ce dernier obtiendra son élargissement, sur la représentation du certificat du gardien que la somme destinée à pourvoir aux alimens du détenu n'a point été consignée, et dans la forme prescrite par l'article précédent.

Tout débiteur ainsi élargi ne pourra plus être incarcéré pour la même dette.

15. Si le débiteur est recommandé par un créancier autre que celui à la requête duquel s'est fait l'emprisonnement, il sera tenu de contribuer à l'acquit des alimens du détenu, du jour de sa recommandation.

Le contingent de la contribution pour ces alimens se partage par égales portions entre les différens créanciers d'un détenu.

Néanmoins *celui qui aura fait exécuter un emprisonnement sera personnellement tenu d'effectuer la consignation prescrite par l'article* 14 *ci-dessus*, sauf son recours contre les autres créanciers, à peine de nullité de l'écrou.

16. L'énonciation faite par le procès-verbal de l'huissier, que le prisonnier a refusé des alimens, ne sera d'aucune considération, si son refus n'est confirmé par sa déclaration inscrite sur le registre de la maison d'arrêt.

17. Le détenu qui aura refusé de recevoir des alimens, pourra changer de volonté par une simple sommation faite au créancier de lui en fournir ; et dans le cas où celui-ci refuserait d'y satisfaire, ou n'y satisferait pas dans les trois jours de la sommation, le détenu sera

fondé à provoquer, conformément à l'article 14, son élargissement, qui ne pourra lui être refusé.

Néanmoins tout créancier qui a fait incarcérer ou recommander un débiteur, peut, nonobstant le refus de celui-ci de recevoir des alimens de son créancier, en consigner le montant pour un mois, conformément à l'article 14 ci-dessus.

18. Toute personne légalement incarcérée pourra obtenir son élargissement,

1° Par le consentement authentique du créancier ou des créanciers qui l'ont fait incarcérer ;

2° Par le paiement ou la consignation légale des sommes pour lesquelles on l'a constituée prisonnière ou recommandée, et des frais d'exécution ;

3° Par le paiement du tiers de la dette, et une caution pour le surplus, consentie par le créancier, ou régulièrement reçue par le tribunal qui a rendu le jugement d'exécution ;

4° Par le bénéfice de cession ;

5° Par la réunion des trois quarts des créances en sommes, pourvu que les créanciers ne soient que chirographaires ;

6° De plein droit par le laps de cinq années consécutives de détention.

19. Tous réglemens, lois et ordonnances précédemment rendus sur l'exercice de la contrainte par corps, en matière civile et de commerce, sont abrogés.

20. La présente résolution sera imprimée.

*Signé* BOULAY ( de la Meurthe ), *président ;*
GUILLEMARDET, ROEMERS, ALEX. VILLETARD, *secrétaires.*

# LOI

## RELATIVE A LA CONTRAINTE PAR CORPS

### POUR ENGAGEMENS DE COMMERCE

### ENTRE LES FRANÇAIS ET LES ÉTRANGERS.

#### Du 4 floréal an 6.

Le conseil des Cinq-cents, considérant qu'il importe d'assurer, par des mesures législatives, les relations commerciales des Français avec l'étranger, et que la loi à faire pour atteindre ce but, se trouvant liée avec celle générale sur la contrainte par corps, doit coïncider avec elle,

Déclare qu'il y a urgence.

Le conseil, après avoir déclaré l'urgence, prend la résolution suivante :

#### ARTICLE PREMIER.

Tout étranger résidant en France y est soumis à la contrainte par corps pour tous engagemens qu'il contractera dans toute l'étendue de la République avec des Français, s'il n'y possède pas des propriétés foncières ou un établissement de commerce.

II. S'il y possède des propriétés foncières ou un établissement de commerce, il ne sera pas contraignable par corps pour l'exécution des engagemens énoncés au précédent article, que dans les cas où les Français peu-

vent être contraints par cette voie, pour des stipula—
tions de même nature.

III. La contrainte par corps aura lieu contre lui pour
tous engagemens qu'il contractera en pays étranger, et
dont l'exécution réclamée en France emportait la contrainte par corps dans le lieu où ils auront été formés.

IV. Tout Français qui s'est soumis à la contrainte par
corps en pays étranger pour un engagement qu'il y a contracté, y est également contraignable en France.

V. Tout jugement rendu dans les cas ci-dessus mentionnés, ne pourra être exécuté qu'en conformité du
titre III de la loi générale sur la contrainte par corps.

VI. La présente résolution sera imprimée.

*Signé* BOULAY (de la Meurthe), *président;* GUILLE-
MARDET, ROEMERS, ALEX. VILLETARD, *secrétaires.*

Après une seconde lecture, le conseil des Anciens
approuve la résolution ci-dessus. Le 4 floréal an VI de
la République française.

*Signé* J. POISSON, *président ;*<br>
AUGUIS, DAUTRICHE, *secrétaires.*

# LOI

## RELATIVE A LA CONTRAINTE PAR CORPS

### CONTRE

### LES ÉTRANGERS NON DOMICILIÉS EN FRANCE.

**Du 10 septembre 1807.**

Art. 1<sup>er</sup>. Tout jugement de condamnation qui interviendra au profit d'un Français contre un étranger non domicilié en France, emportera la contrainte par corps.

2. Avant le jugement de condamnation, mais après l'échéance ou l'exigibilité de la dette, le président du tribunal de première instance dans l'arrondissement duquel se trouvera l'étranger non domicilié, pourra, s'il y a de suffisans motifs, ordonner son arrestation provisoire sur la requête du créancier français.

3. L'arrestation provisoire n'aura pas lieu, ou cessera, si l'étranger justifie qu'il possède sur le territoire français un établissement de commerce ou des immeubles, le tout d'une valeur suffisante pour assurer le paiement de la dette, ou s'il fournit pour caution une personne domiciliée en France et reconnue valable.

*Suivent les signatures.*

# DÉCRET

## CONCERNANT LES GARDES DU COMMERCE.

Au palais des Tuileries, le 14 mars 1808.

Art. 1er. Le nombre des gardes du commerce qui doivent être établis dans le département de la Seine, pour l'exécution de la contrainte par corps, en conformité de l'article 625 du Code de commerce, est fixé à dix.

Les fonctions des gardes du commerce sont à vie.

Ils seront nommés par l'empereur.

2. Le tribunal de première instance et le tribunal de commerce présenteront chacun une liste de candidats en nombre égal à celui des gardes à nommer.

3. Le grand-juge ministre de la justice nommera un vérificateur, qui sera attaché au bureau des gardes du commerce.

4. Avant d'entrer en fonctions, le vérificateur et les gardes du commerce prêteront serment entre les mains du président du tribunal de première instance.

5. Le vérificateur et les gardes du commerce seront tenus de fournir chacun un cautionnement de six mille francs, lequel sera versé à la caisse d'amortissement.

6. Le bureau des gardes du commerce sera établi dans le centre de la ville de Paris.

Il sera ouvert tous les jours, depuis neuf heures du

matin jusqu'à trois, et depuis six heures du soir jusqu'à
neuf.

Les gardes du commerce seront tenus de s'y trouver
alternativement, et aux jours nommés, pour le service
réglé entre eux.

7. Les gardes du commerce seront chargés exclusivement de l'exécution des contraintes par corps, et ne
pourront, en aucun cas, être suppléés par les huissiers,
recors et autres personnes quelconques.

Ils pourront être commis par le tribunal de commerce à la garde des faillis, conformément à l'art. 455,
livre III du Code de commerce.

8. Les gardes du commerce auront une marque distinctive en forme de baguette, qu'ils seront tenus
d'exhiber aux débiteurs condamnés, lors de l'exécution
de la contrainte

9. Avant de procéder à la contrainte par corps, les
titres et pièces seront remis au vérificateur, qui en
donnera récépissé.

10. Tout débiteur dans le cas d'être arrêté, pourra
notifier au bureau des gardes du commerce les oppositions ou appels, ou tous autres actes par lesquels il
entend s'opposer à la contrainte prononcée contre lui.

Le vérificateur visera l'original des significations.

11. Le vérificateur ne pourra remettre aux gardes
du commerce les titres et pièces qu'après avoir vérifié
qu'il n'est survenu aucun empêchement à l'exécution
de la contrainte.

Il en donnera un certificat qui sera annexé aux pièces.

En cas de difficultés, il en sera préalablement référé
au tribunal qui doit en connaître.

12. Il sera tenu par le vérificateur deux registres, cotés et paraphés par le président du tribunal de première instance.

Le premier contiendra, jour par jour, et sans aucun blanc, la mention des titres et pièces remis pour les créances, des noms, qualités et demeures des poursuivans et débiteurs, et de la signification faite de l'arrêt, sentence ou jugement.

Le deuxième servira à inscrire les oppositions ou gnifications faites par le débiteur, lesquelles oppositions ou significations ne pourront être faites qu'au bureau des gardes du commerce.

13. Dans le cas où la notification faite par le débiteur, d'aucun acte pouvant arrêter l'exercice de la contrainte, sera faite postérieurement à la remise des titres et pièces au garde du commerce, le vérificateur sera tenu d'en donner avis sur-le-champ au garde saisi des pièces, qui donnera reçu de cet avis, et sera obligé de surseoir à l'arrestation, jusqu'à ce qu'il en ait été autrement ordonné.

14. Si, lors de l'exercice de la contrainte, le débiteur offre de payer les causes de la contrainte, le garde du commerce chargé de l'arrestation recevra la somme offerte : mais, dans ce cas, il sera tenu de la remettre, dans les vingt-quatre heures, au créancier qui l'aura chargé; et, à défaut par le créancier de la recevoir, quel que soit son motif, le garde déposera, dans les vingt-quatre heures suivantes, la somme reçue à la caisse d'amortissement.

Dans le cas où, en exécution du paragraphe 5 de l'article 781 du Code judiciaire, le juge de paix du canton ne pourrait pas ou refuserait d'ordonner l'arrestation dans la maison *tierce* où se trouverait le débiteur, et de se transporter avec le garde pour procéder à l'arrestation, le garde chargé de l'exécution requerra le juge de paix d'un autre canton.

Le garde du commerce n'aura pas besoin de l'autorisation et assistance du juge de paix pour arrêter le débiteur dans son propre domicile, si l'entrée ne lui en est pas refusée.

16. En cas de rebellion prévu par l'article 785, le garde chargé de l'arrestation en constatera la nature et les circonstances; il pourra établir garnison aux portes, et partout où le débiteur pourrait trouver la facilité de s'évader; il pourra requérir la force armée, qui ne pourra lui être refusée, et, en sa présence et avec son secours, procéder à l'arrestation.

17. Si le débiteur arrêté allègue avoir déposé ou fait signifier au bureau des gardes des pièces qu'il prétendrait suffisantes pour suspendre l'arrestation, et qu'il ne justifie pas du récépissé du vérificateur pour la remise desdites pièces ou de l'original desdites significations, visé par le même vérificateur, il sera passé outre à l'arrestation, sauf néanmoins le cas prévu dans l'article 786 du Code judiciaire.

18. En exécution de l'article 789, la consignation d'un mois d'alimens sera faite par le garde du commerce, qui cependant ne sera jamais tenu d'en faire l'avance, et pourra surseoir à l'arrestation tant qu'il ne lui aura pas été remis de deniers suffisans pour effectuer ladite consignation.

19. En exécution de l'article 793, seront observées,

pour les recommandations, les mêmes formalités que pour les arrestations ordonnées par les articles 783, 784, 789.

Néanmoins le garde n'aura pas besoin de témoins; et au lieu du procès-verbal d'arrestation, il donnera copie du procès-verbal de recommandation.

Le garde du commerce chargé de l'arrestation sera responsable de la nullité de son arrestation, provenant des vices de forme commis par lui. En conséquence, il tiendra compte aux créanciers des frais relatifs à l'arrestation annulée.

Le vérificateur sera responsable du dommage-intérêt accordé au débiteur par suite d'erreur ou de fausse énonciation dans les certificats émanés de lui.

20. Le salaire des gardes du commerce qui procéderont à une arrestation ou à une recommandation, est de..................................... 60 f. 00 c.

Dans le cas où l'arrestation n'aurait pu s'effectuer, il en sera dressé procès-verbal, pour lequel il sera payé seulement............... 20 .00

Le droit de garde au domicile d'un failli, sera de.................................. 5 00

21. Il sera aussi alloué aux gardes du commerce,

1° Pour le dépôt des pièces par le créancier. 3 00

2° Pour le *visa* apposé sur chaque pièce produite ou signifiée par le créancier ou le débiteur.............................. 0 25

3° Pour le certificat mentionné en l'article 11, droit de recherche compris........ 2 00 outre les droits d'enregistrement.

22. Le tiers des droits attribués aux gardes du com-

merce par l'article 20, sera par chacun d'eux rapporté chaque semaine, et mis en bourse commune entre les mains de celui d'entre eux qu'ils jugeront à propos de choisir, pour être ensuite partagé, tous les trois mois, entre les gardes du commerce seulement.

23. Les salaires fixés par l'article 21 seront mis en bourse commune pour subvenir aux frais de bureau de toute nature.

24. Il sera prélevé sur cette bourse commune une somme de trois mille francs pour le traitement annuel du vérificateur.

25. Après les prélèvemens prescrits par les deux articles ci-dessus, le surplus sera partagé, tous les trois mois, par portions égales, entre le vérificateur et chacun des gardes du commerce.

26. Le fonds des bourses communes établies par les articles 22 et 23 ci-dessus, ne sera susceptible d'opposition que pour fait de charge.

L'opposition ne durera que trois mois après l'époque de la distribution, à moins qu'il n'en soit autrement ordonné par le tribunal.

27. Si une partie a des plaintes à former, pour lésion de ses intérêts, contre un garde du commerce dans l'exercice de ses fonctions, elle pourra porter sa réclamation au bureau, qui vérifiera les faits, et fera réparer le dommage, s'il trouve la plainte fondée. Si la plainte a pour objet une prévarication du garde, le bureau dressera procès-verbal de l'accusation et des dires du plaignant et du garde accusé, lequel procès-verbal il sera tenu de remettre, dans les vingt-quatre heures, au procureur impérial près le tribunal civil du département,

pour par lui être pris tel parti qu'il avisera, sans préjudice des diligences réservées à la partie lésée.

Sur les conclusions du procureur impérial, le tribunal pourra interdire pendant un an le garde accusé.

Quel que soit le jugement, le procureur impérial en
donnera avis au grand-juge ministre de la justice.

# RAPPORT

DE LA COMMISSION DES PÉTITIONS,

À LA CHAMBRE DES DÉPUTÉS,

Du 3 mars 1827.

Des détenus pour dettes à Sainte-Pélagie présentent quelques observations à l'effet de concilier les intérêts des créanciers avec ceux des débiteurs.

Les pétitionnaires réclament contre la jurisprudence, qu'ils appellent nouvelle, du tribunal de la Seine, contraire à l'article 18 de la loi de germinal an 6, et à l'article 5 de la loi du 4 floréal même année.

Cette jurisprudence admet, disent-ils, qu'un débiteur civil et un débiteur étranger peuvent, à la requête de leurs créanciers, rester indéfiniment en prison : ils citent le jugement du tribunal de la Seine du 16 décembre dernier, qui refuse la liberté à un prisonnier après six ans de détention.

Les pétitionnaires allèguent aussi que la somme de 20 francs, qui doit être déposée, d'après la loi de germinal, ou du 5 avril 1798, pour nourriture des incarcérés, ne peut être représentée par 20 francs en 1827 : ils disent avoir réclamé, sur cet objet, près de M. le garde-des-sceaux, et n'avoir obtenu aucun résultat.

Les pétitionnaires, dans leur résumé, présentent les moyens qui, d'après eux, peuvent concilier les intérêts des créanciers et ceux des débiteurs.

La commission, par respect pour le malheur, et ayant trouvé dans la pétition des idées et des réflexions très justes, a l'honneur de vous en proposer le renvoi à M. le garde-des-sceaux.—Ce renvoi est prononcé.

# DISCOURS

## DE M. HYDE DE NEUVILLE.

### (Même séance.)

J'ai déjà défendu sept ou huit fois à cette tribune, les malheureux prisonniers pour dettes : je n'abuserai donc pas de vos momens pour la réclamation du malheur ; je ne chercherai pas à plaider longuement une cause très facile à défendre et très difficile à gagner ; je me bornerai à des faits.

Vous vous souvenez peut-être, Messieurs, qu'en 1815, je fis une proposition qui appelait des modifications à la législation sur la contrainte par corps : la chambre adopta cette proposition à la presqu'unanimité ; depuis, un homme dont le nom rappelle toutes les vertus, le bon, le vertueux Mathieu de Montmorency, développa avec beaucoup plus de talent ma pensée devant la chambre des pairs, et la chambre des pairs prit sa proposition en considération.

Je ne vous rappellerai pas qu'en 1819, M. le garde-des-sceaux déclara, devant la chambre des pairs, que notre législation sur la contrainte par corps était morcelée, incohérente, et qu'il fallait définitivement la changer.

Je ne vous dirai pas non plus que les amis de la religion, que les amis de l'ordre et de l'humanité la trouvent tyrannique envers les régnicoles, et barbare envers les étrangers ; je ne vous dirai pas enfin qu'elle porte, dans quelques-unes de ses dispositions, le cachet de la main qui a contribué à les rédiger.

Si j'abordais encore de semblables doctrines, je craindrais d'être combattu par ceux-là mêmes qui, en 1815, soutinrent ma proposition, et m'aidèrent de leurs conseils pour sa rédaction.

D'autres temps, d'autres mœurs, et il y a bien loin de 1815 à 1827; je me bornerai donc à vous rappeller que dans la dernière session, M. le ministre des finances lui-même convint à cette tribune que le taux des alimens était insuffisant; il ajouta qu'il avait été question de cette importante affaire au conseil, et que des commissions devaient être nommées pour régler, dans les départemens, comme à Paris, le taux des alimens des prisonniers pour dettes. Eh bien! ces commissions ne sont encore que dans l'imagination de M. le président du conseil.

Or, je vous demande, Messieurs, est-il juste que des malheureux, détenus souvent pour quelques sacs d'argent, soient plus maltraités que ne le sont les plus vils des galériens? Est-il juste qu'un infortuné père de famille soit réduit à n'avoir que neuf sous et demi pour vivre et pour subvenir aux besoins de ses enfans? Pourquoi donc le ministère, qui nous présente souvent des lois qui conduisent à Sainte-Pélagie, ne pense-t-il pas du moins à donner du pain à ceux qui ont faim, et à nous apporter des lois qui modifient la législation pour les victimes de l'agiotage, du jeu, du trois pour cent, et du syndicat?

# EXTRAIT

## DU *MONITEUR* DU 25 MARS 1828.

(Chambre des Députés.)

M. Lafitte, rapporteur.

Le sieur Gibot, détenu pour dettes à Sainte-Pélagie, demande qu'il soit apporté un adoucissement aux lois sur la contrainte par corps. La plupart des contraintes, dit-il, ne sont exercées que contre de malheureux pères de familles, et souvent pour des sommes si légères que les frais de la procédure élèvent la dette à plus du double de son capital; il propose comme moyens :

1° D'augmenter les alimens, taxés seulement à 20 fr. par mois.

2° D'abréger la durée de la détention, et d'assimiler à cet égard les étrangers aux nationaux.

3° De statuer que l'incarcération ne pourra avoir lieu que lorsque le capital de la dette s'élèvera au dessus du montant des frais.

Il y a, Messieurs, humanité et justice dans les vœux exprimés par le pétitionnaire, et il est difficile de ne pas désirer comme lui une réforme dans cette partie de nos lois.

Le but principal de la contrainte par corps n'a pu être que de fournir des garanties au commerce, de déterminer sa confiance, et par-là de faciliter son développement; mais le commerce, qui civilise tout, a-t-il besoin, pour sa sûreté, de recourir à des moyens qui rappellent les temps de la plus grande barbarie? évidemment non; pour s'en convaincre, Messieurs, il suffit de se rappeler ce qui se passe chaque jour sous nos yeux.

La contrainte par corps, Messieurs, ne peut être appliquée qu'aux négocians, et à ceux qui ne le sont point, dans le cas seulement où ils se sont engagés à l'occasion d'une opération de commerce; la règle est donc faite pour les négocians; l'exception, pour tous les autres individus : or, par qui les prisons sont-elles remplies? Faites-vous en rendre compte, et vous verrez, Messieurs, que la peine s'applique presque toujours à ceux qui se trouvent dans l'exception, et que peu de négocians s'en trouvent frappés.

Cependant, quelle différence entre l'immensité des transactions commerciales et quelques emprunts accidentels contractés par la dissipation ou le besoin; les vicissitudes des affaires occasionnent des faillites bien nombreuses, sans doute, et les faillis restent tous sous le poids de la contrainte; malgré cela, la loi ne confondant point le malheur avec le crime, le failli trouve secours et grâce; le banqueroutier seul est puni.

Disons-le donc franchement : les besoins du commerce ne réclament point l'exécution de la contrainte; *elle ne s'exerce qu'au profit de l'usure,* contre de malheureux pères de familles et quelques jeunes imprudens.

Les États-Unis et l'Angleterre, Messieurs, sont au sommet de l'échelle commerciale; eh bien! les États-Unis ont aboli l'incarcération pour dettes, et les voix les plus éloquentes s'élèvent de toutes parts en Angleterre pour que ce bel exemple soit imité.

La question, Messieurs, a paru assez grave au gouvernement pour que les ministres s'en soient occupés il y a quelque temps, si je suis bien informé.

N'est-il pas révoltant, en effet, que pour une misérable somme de 120 fr. un malheureux père de famille soit détenu pendant cinq ans, laissant des enfans sans pain? que l'étranger le soit pour la vie, supplice qui n'est infligé qu'à de grands criminels.

Messieurs, la douceur de nos mœurs ne s'accorde plus avec des mesures aussi sévères; des changemens plus favorables encore que ceux qui sont demandés par le pétitionnaire, ne peuvent manquer d'être faits à nos lois; et, par ces motifs, j'ai l'honneur de vous proposer le renvoi de la pétition à M. le garde-des sceaux et à M. le ministre de l'intérieur.—Adopté.

# DÉVELOPPEMENS

DE

## LA PROPOTISION DE M. JACQUINOT-PAMPELUNE,

DÉPUTÉ DE L'YONNE,

TENDANT à supplier SA MAJESTÉ d'ordonner la révision des lois
relatives à la Contrainte par corps.

IMPRIMÉS PAR ORDRE DE LA CHAMBRE.

Comité secret du 12 juillet 1828.

MESSIEURS,

La Chambre a bien voulu que je lui présentasse aujourd'hui les développemens de la proposition que je
lui ai soumise, et qui tend à ce que SA MAJESTÉ soit
humblement suppliée d'ordonner la révision des lois
relatives à la contrainte par corps, et la présentation
d'un projet de loi ayant pour objet de réparer les vices
de la législation, et de fixer les incertitudes de la jurisprudence sur cette importante matière.

Tenu par devoir de visiter et d'écouter les hommes que
la loi criminelle prive de leur liberté, je n'ai pu rester
indifférent sur la position des débiteurs qui, par une détention trop souvent prolongée, expient le tort ou le
malheur de n'avoir pas rempli leurs engagemens.

En parcourant, avec une vive émotion, deux maisons
de la capitale qui contiennent à elles seules autant de
détenus pour dettes que peut-être il en existe dans le
reste de la France; en voyant, dans l'une, plusieurs
femmes absolument étrangères à la profession du commerce, et néanmoins retenues comme si elles eussent été
des marchandes publiques; en trouvant, dans l'autre,
confondus avec des négocians, non-seulement des particuliers sans profession ou de simples artisans, mais
des militaires, des avocats, des hommes de lettres, des
étrangers et jusqu'à des fils de famille à peine majeurs,
je me suis trouvé naturellement conduit à essayer de
pénétrer dans la législation qui autorisait leur détention, à rechercher si elle n'était pas vicieuse en plusieurs
points, et s'il n'existerait pas des moyens d'adoucir tant
d'infortune, ou du moins d'en prévenir le retour, en
conciliant, s'il était possible, le vœu de l'humanité avec
les règles immuables de la justice.

Consulter le texte des lois existantes et les monumens
de la jurisprudence; explorer un grand nombre de faits;
recourir aux discussions législatives qui, à différentes
époques, se sont établies dans les deux Chambres; enfin,
rechercher et obtenir des renseignemens précieux, soit
de M. le président et de plusieurs membres de ce tribunal de commerce qui prononce à Paris tant de condamnations par corps, soit de M. le président du tribunal de la Seine, magistrat qui, placé par la loi entre le
débiteur arrêté et le créancier poursuivant, apprécie
chaque jour avec tant d'équité les plaintes de l'un et les
droits de l'autre; reconnaître enfin, d'après les élémens,
si la législation relative à la contrainte par corps n'est

pas telle qu'il soit urgent de la réviser, voilà, Messieurs, la tâche que je me suis imposée, et que je me suis efforcé de remplir, non sans un vif désir de pouvoir vous présenter, pendant le cours de cette session, des résultats qui fussent dignes de vous : ce sont ces résultats que vous m'avez permis de vous soumettre. J'ose réclamer votre indulgence, en considération des motifs et des sentimens qui ont présidé à mes recherches.

Je ne vous entretiendrai pas de l'origine de la contrainte par corps. Je ne la ferai point remonter aux institutions de ce peuple-roi qui, après même qu'il eut cessé d'exister, ne cessa point d'imposer ses lois à l'Europe. Je ne dirai pas quelles modifications elle a successivement éprouvées en France, ni à quelles règles elle fut soumise par les ordonnances de nos rois ; je ne rappellerai pas que, détruite sous ce régime révolutionnaire pendant lequel le désordre et l'anarchie usurpèrent le nom de liberté, elle fut ensuite rétablie, parce qu'il fut reconnu qu'elle seule était le moyen d'exécution nécessaire de certaines obligations. Je me bornerai à considérer, d'après notre législation actuelle, la contrainte par corps, sous quatre rapports principaux, c'est-à-dire comme garantie de certaines dettes civiles, comme garantie des dettes commerciales, comme garantie des engagemens stipulés en France par des étrangers envers des Français, et comme moyen d'obtenir le paiement des amendes et des dommages et intérêts prononcés en matière correctionnelle ; j'aurai l'honneur de soumettre ensuite à la Chambre quelques considérations sur les principes généraux qui sont ou pourraient être communs à l'exercice de toutes les contraintes par corps.

Je n'ai point l'ambition de comprendre dans cette discussion toutes les améliorations dont peut être susceptible le régime de la contrainte par corps, mais j'en proposerai qui sont tellement essentielles, qu'il ne pourra, ce me semble, s'élever aucun doute sur l'indispensable nécessité de réformer la législation relative à cette matière, et de la renfermer dans un Code spécial. Ne faut-il pas en effet, Messieurs, que, dans un pays où, grâces à nos institutions, le respect pour la liberté individuelle est devenu et sera désormais un véritable culte; la loi civile, n'abandonnant rien ni à l'arbitraire, ni à l'incertitude des jugemens humains, trace en caractères lisibles pour tous, et les cas où le créancier pourra priver son débiteur du plus précieux de tous les droits, et les conditions sous lesquelles il y parviendra?

Je ne m'étendrai pas longuement sur la contrainte par corps *en matière civile*; presque tous les principes qui la concernent spécialement ont été compris dans le titre 13 du livre III du Code civil.

Les cas où cette contrainte peut être seulement prononcée sont définis par les articles 2059, 2060, 2061 et 2062. L'article 2063 défend expressément aux juges de la prononcer, aux notaires et greffiers de la stipuler, et même aux Français de la consentir, hors les cas déterminés par la loi; et il faut convenir que ces cas, tels que le stellionat, la violation du dépôt nécessaire, le défaut de restitution de titres confiés aux officiers publics, etc., présentent des violations tellement graves des engagemens les plus sacrés, qu'il était juste que le législateur vînt au secours des créanciers, en punissant, par la privation de la liberté, la mauvaise foi des débiteurs.

Les autres dispositions du titre 16 déterminent, sur la contrainte par corps en matière civile, plusieurs règles et aussi quelques exceptions, toutes marquées au coin de la sagesse et avouées par les principes : ainsi, par exemple, la contrainte par corps ne peut être prononcée ni contre les mineurs, ni contre les septuagénaires, les femmes et les filles, si ce n'est dans le cas de stellionat ; ni enfin, pour une dette moindre de 300 francs.

Le complément des dispositions du Code civil est renfermé d'une manière à peu près complète dans le titre 15 du livre V du Code de procédure civile, lequel cependant a innové, sur un point important, aux dispositions d'une loi antérieure, celle du 15 germinal an 6 ( 4 avril 1798 ), loi dont je serai obligé de vous entretenir dans un instant.

Quelque bien combinée que soit cette législation, il importe cependant de relever une omission qu'on y a reconnue, et qui a entraîné une bien grave dérogation aux principes de la législation ancienne.

L'article 18 de la loi de germinal an 6, en déterminant les cas d'élargissement des débiteurs détenus, portait que « cet élargissement aurait lieu *de plein droit* » *par le laps de cinq années consécutives de déten-* » *tion.* »

Le bénéfice de cette disposition générale s'étendait à tous les détenus pour dettes, et par conséquent aux détenus pour dettes civiles, comme à ceux qui avaient contracté des dettes purement commerciales.

Mais en rappelant textuellement, quant à la con-

se trouve que dans la loi du 15 germinal an 6 ; loi qui, outre qu'elle est incomplète, présente le désavantage de n'être pas en harmonie avec les codes qui depuis ont formé le droit commun et universel de la France. Cette loi étant donc tout ce qui existe maintenant sur cette matière, cherchons à connaître ses principaux vices.

D'abord est-il juste que la contrainte par corps puisse être exercée en matière de commerce pour le paiement des plus modiques sommes, tandis qu'en matière civile, et d'après l'article 2065 du Code civil, elle ne peut être prononcée pour une somme moindre de 300 francs ? Il semble que le principe qui a fait établir une limitation dans le second cas prescrive d'en admettre une dans le premier ; car ce principe ne repose pas seulement sur un sentiment d'humanité, mais il s'appuie également sur l'intérêt bien entendu du créancier, en lui interdisant la faculté d'exercer, pour le paiement d'une modique somme, une voie de poursuite tellement coûteuse, que le sacrifice des frais finit par surpasser celui du capital et des intérêts.

L'inconvénient de la contrainte par corps pour de modiques sommes, même en matière de commerce, est tellement senti, qu'à défaut de limitation légale, plusieurs tribunaux de commerce en ont d'office établi une : ainsi, à Paris la contrainte par corps n'est pas prononcée pour les dettes qui sont au-dessous de 100 fr. Jamais il ne s'est élevé de réclamation contre cette jurisprudence ; pourquoi donc la loi prévenant tout arbitraire, n'établirait-elle pas elle-même la limite ? Pourquoi, prenant en considération le montant des frais de capture et celui des alimens, ne refuserait-elle pas au créancier le droit de se constituer lui-même en perte, sans autre but que celui d'aggraver la position de son débiteur, et de placer celui-ci dans l'impossibilité de se libérer jamais!

On a objecté, je le sais, que la contrainte par corps, pour le paiement des petites dettes commerciales, est la sauve-garde d'un genre de commerce qu'il faut se garder de détruire, celui qui existe entre les fabricans et les petits marchands appelés *colporteurs*. Sans doute ce genre de commerce, qui tend à faire pénétrer dans les campagnes les produits de l'industrie, doit être protégé, bien qu'il ne soit que trop préjudiciable à l'ordre public, par les moyens qu'il donne aux malfaiteurs de voyager partout avec un prétexte plausible. Mais en vérité, au point où nous en sommes, avec l'activité de notre industrie et de notre commerce, avec la masse des capitaux qui sont aujourd'hui en circulation, peut-on craindre de porter atteinte même au colportage, en fixant à 100 fr. ou 150 fr., peut-être même à 200 fr., la somme au-dessous de laquelle le défaut d'acquittement d'une créance n'entraînerait pas la privation de la liberté du débiteur? Vous ne le penserez pas, Messieurs, et vous serez portés à ériger en fixation légale ce qui, jusqu'à présent, n'est émané que de la conscience des juges.

Il y aurait, dans tous les cas, un autre adoucissement auquel je ne penserais pas qu'il fût possible de se refuser. Je conçois que l'inexécution d'une dette commerciale considérable puisse exposer le débiteur à être privé de sa liberté pendant cinq ans; mais lorsque la dette est modique est-il juste de lui appliquer le même effet? N'oublions pas que le créancier qui emprisonne son débiteur doit lui fournir des alimens ; lors donc que ces alimens ont été consignés pendant trois années consécutives, lorsque leur montant total équivaut à trois ou quatre fois la dette, ne peut-on pas penser que, si elle n'a pas été acquittée, c'est qu'il y avait défaut de ressources ; et par exemple, le même principe qui, après cinq ans de détention, continuera à s'appliquer au débiteur d'une somme principale excédant 500 francs, ne pourrait-il pas au bout de trois ans, être invoqué par le débiteur d'un capital moindre de 300 francs ? Il semble qu'un tel allégement soit en tout conforme aux principes de la justice distributive.

Ce n'est pas tout, et les faits dont j'ai déjà rendu compte à la Chambre l'ont déjà mise sans doute sur la voie d'une amélioration autrement importante.

Des états authentiques prouvent qu'à Paris un tiers environ, ou un quart au moins des détenus pour dettes, en vertu de jugemens des tribunaux de commerce, ou n'ont aucune profession, ou exercent des professions absolument étrangères au commerce. Pour quels engagemens ont-ils été condamnés ? Pour des lettres de change dont ils étaient quelquefois endossseurs, mais plus communément tireurs ou donneurs d'avals.

Effectivement, à la faveur de l'article 632 du Code de commerce, qui répute *actes de commerce* les lettres de change entre toutes personnes, il n'arrive que trop fréquemment que des marchands, des fournisseurs, et presque toujours des usuriers, parviennent à éluder la sage garantie des lois protectrices de la liberté individuelle, en se faisant souscrire des lettres de change par des individus qui n'ont jamais été négocians, et pour des causes qui, dans la réalité sont absolument étrangères à des opérations de change, de rechange ou de commerce.

Sans entrer ici dans un examen approfondi des dispositions de cet article 632, non plus que des articles 1er, 112, 636 et 637 du même Code, il me suffit de faire observer que l'intention manifeste de ces articles n'a été que de protéger le commerce, d'assurer l'exécution des contrats de change, mais non pas d'encourager la fraude et l'usure.

Le contrat de change a été inventé pour l'avantage des relations commerciales, pour éviter les transports d'espèces et les remplacer d'une manière commode et utile par des remises de place en place. Lors donc qu'une lettre de change est signée par un négociant, la seule qualité du débiteur doit faire qu'un tel engagement soit réputé commercial, et que l'exécution en puisse être poursuivie par la voie de la contrainte par corps.

Mais si le signataire, ou l'endosseur, ou le donneur d'aval ne sont point commerçans, il semble que la présomption de la loi doive céder à l'évidence des faits, et qu'il soit juste, en ce cas, d'admettre une exception à la disposition trop générale de l'article 632; cette exception serait simple, elle consisterait, soit à obliger le porteur de la lettre à prouver que la signature a eu pour cause de véritables opérations de commerce ou de change, soit d'admettre le débiteur à établir que les causes de son engagement étaient absolument étrangères à de telles opérations.

J'avoue qu'entre ces deux partis le premier me paraitrait préférable, comme conduisant plus directement au but ; il aurait, en effet, le précieux avantage de garantir les familles des malheurs trop fréquens auxquels les expose l'inexpérience des jeunes gens. Combien n'y en a-t-il pas qui, à peine parvenus à une majorité précoce, voient leur fortune compromise et souvent absorbée par des engagemens surpris à leur faiblesse ? Trop souvent ces engagemens sont souscrits pendant leur minorité, avec des dates en blanc, qui, par la fraude la plus coupable et la plus difficile à prouver, n'ont été remplies par le créancier qu'au moment où le débiteur, devenu majeur, a acquis la capacité de contracter.

En un mot, ce parti détruira infailliblement l'usure, qui ne vit que de lettres de change et qui, par ce moyen, n'osera risquer les capitaux dont elle fait un si désastreux usage.

Vainement s'efforcerait-on de réclamer ici en faveur du commerce : s'il a un intérêt très réel à assurer par la voie rigoureuse de la contrainte par corps l'exécution des engagemens véritablement commerciaux, il n'en a aucun à faire jouir de cette faveur des engagemens qui n'ont de commercial que l'apparence. Les vrais négocians ne livrent jamais leurs capitaux ou leurs marchandises pour des lettres de change, qu'autant que ces lettres sont revêtues de signatures connues et inspirent quelque confiance; si elles ne sont signées que d'individus non négocians, on peut dire que par cela seul elles n'ont point cours dans le commerce, qu'elles restent entre les mains des parties, ou que si, lors de l'échéance, elles semblent avoir été négociées, il est de fait que les prétendues parties prenantes n'ont point été légitimes propriétaires et ne figurent sur la lettre que pour lui donner l'apparence d'un engagement commercial, ou pour attribuer au véritable créancier les moyens d'augmenter les frais et de consommer la ruine du débiteur.

Ajoutons, Messieurs, que suivant les principes établis par nos anciennes lois, notamment par l'ordonnance de 1566 et par celle de 1673, la contrainte par corps en matière de commerce était simplement facultative; qu'il dépendait des juges de la prononcer ou de la refuser suivant les circonstances; que c'est la loi de germinal an 6 qui, pour la première fois, en a établi le principe d'une manière absolue pour toutes les dettes commerciales. N'est-il pas juste, n'est-il pas humain, n'est-il pas indispensable d'apporter maintenant à la rigueur de ce principe des exceptions reconnues nécessaires, et dont l'admission ne pourra, sous aucun rapport, compromettre les véritables intérêts du commerce?

Les étrangers aussi n'auront-ils pas quelque droit à votre commisération?

Des considérations du plus grand intérêt ont dicté les dispositions de la loi du 10 septembre 1807, qui, rétablissant les principes de notre ancienne législation, autorise l'exercice de la contrainte par corps pour le paiement et même pour la sûreté de toutes les dettes quelconques contractées en France par des étrangers envers des Français.

Cette loi ne me paraît pas susceptible d'être abrogée; elle touche de trop près aux règles du droit des gens et de la réciprocité, qui est la base de ce droit. Comment, en effet, n'userions-nous pas chez nous d'un moyen dont presque toutes les nations usent envers les étrangers ? Ne serait-ce pas nous placer envers elles dans une situation inférieure à celle dans laquelle elles se maintiennent relativement à nous ?

Mais si le principe de la contrainte par corps envers les étrangers ne peut être méconnu, comment du moins ne serait-il pas modifié, en ce sens que les étrangers jouiraient, quant à la durée de leur détention, des mêmes avantages que les nationaux ? Le motif qui fait admettre, à l'égard des Français, la limitation de la détention, est la présomption qu'après une longue privation de sa liberté, il ne reste plus au débiteur aucuns moyens de libération; or, cette présomption n'est-elle pas également applicable au Français et à l'étranger ? et ne peut-on pas dire même que la privation de la liberté est d'autant plus difficile à supporter pour celui qui, éloigné de sa famille, de ses amis, de sa patrie, en un mot, se trouve privé de toutes chances de consolation ?

J'appuierais donc, de toutes mes forces, une disposition hospitalière qui assimilerait les débiteurs étrangers aux débiteurs français, pour la durée de l'emprisonnement.

La contrainte par corps, pour le paiement des amendes, des dommages-intérêts et des frais en matière correctionnelle, a aussi besoin d'être assujettie à des règles fixes, principalement quant à son exécution et à sa durée qui doivent, tout à la fois, être le moins onéreuses que possible au débiteur, et maintenir cependant les intérêts et les droits du trésor.

Ce double but paraît avoir été atteint par les dispositions des articles 210, 211 et suivans du Code forestier; célérité et économie dans l'exécution, durée de l'emprisonnement proportionnée à la quotité des condamnations, faculté au débiteur d'obtenir la liberté en donnant une caution qui assure les droits du trésor, tout paraît avoir été prévu par cette loi qui, préparée par le Gouvernement, avec la coopération de la magistrature, et adoptée dans les Chambres, après une discussion approfondie, est loin de déparer la collection de nos codes.

Il semble de toute justice de rendre absolue une législation qui n'est encore que spéciale, et qui a obtenu l'assentiment public ; où est la même raison, doit être aussi le même droit : je ne crois pas, Messieurs, qu'il soit nécessaire d'insister sur ce point.

Après avoir ainsi passé en revue les quatre espèces d'engagemens qui donnent lieu à la contrainte par corps, après avoir indiqué des améliorations spéciales à chacune d'elles, veuillez permettre, Messieurs, que j'aie l'honneur de vous proposer quelques-unes de celles qui pourront être introduites sur la contrainte par corps en général, et qui par conséquent seraient applicables en faveur de tous les débiteurs soumis à cette voie de rigueur.

Je parlerai d'abord des alimens. Ils sont fixés par la loi à une somme de 20 francs par mois. Cette somme est égale pour toute la France, et, par cela même, est inférieure aux besoins dans certains lieux, tandis qu'elle peut être suffisante, ou même trop considérable, en d'autres lieux.

C'est là manquer le but. Une consignation d'alimens

doit suffire à sa destination, mais ne doit être ni au-dessus ni au-dessous du taux nécessaire pour qu'elle la remplisse. Or, il est évident qu'un taux uniforme pour toutes les localités, un taux qui est le même à Paris et dans la plus petite ville de France, est trop souvent injuste, ou envers le créancier ou envers le débiteur. Le prix des choses nécessaires à la vie varie suivant les localités; et puisqu'il est en général plus ou moins élevé en proportion de la population, pourquoi ne suivrait-on pas cette proportion?

Entre plusieurs modes qui ont été proposés, et sur lesquels il y aura lieu de délibérer, je me permettrai d'indiquer ici celui qui me paraîtrait le plus convenable. Il consisterait à confier, dans chaque département, à une commission le droit de déterminer, à des époques périodiques, par exemple tous les cinq ans, le montant des consignations alimentaires des détenus pour dettes. On pourrait appeler dans cette commission mixte des fonctionnaires publics et des citoyens. Présidée par le préfet, elle pourrait être composée des présidens des tribunaux civil et de commerce du chef-lieu, du procureur du roi, du président de la chambre des notaires, de celui de la chambre des avoués, et de notables négocians; elle serait chargée de se déterminer dans les limites d'un *maximum* et d'un *minimum* fixés par ordonnance du roi, insérée au Bulletin des lois.

Il est un dernier point qui me paraît mériter la plus grande attention, parce qu'il tient à une véritable bizarrerie de législation, que la justice ne permet pas de laisser subsister. J'ose réclamer ici, Messieurs, votre indulgence et votre attention, pour des détails à vrai dire fastidieux, et qui ne tirent leur intérêt que du motif pour lequel je suis obligé de vous les exposer.

Suivant l'article 798 du Code de procédure civile, le débiteur arrêté, mais non encore écroué, doit être mis en liberté, s'il offre et consigne, en cas de refus, *les causes de son emprisonnement et les frais de capture.*

Mais l'article 800 décide que le débiteur une fois qu'il est *légalement incarcéré,* n'obtiendra son élargissement que sur le paiement ou la consignation de la dette principale, des intérêts échus, *des frais liquidés, de ceux d'emprisonnement et de la restitution des alimens consignés.*

De la combinaison de ces deux articles, presque tous les tribunaux ont tiré la conséquence que si, au moment de son arrestation et avant d'être écroué, le débiteur arrêté payait ou consignait le principal et les intérêts de la dette, qui sont les *causes de l'arrestation,* puisque la contrainte par corps ne peut être exercée pour les dépens, et s'il y ajoutait le montant des frais de capture, il devait être mis en liberté.

Tandis, au contraire, que, s'il se laisse écrouer, il est rigoureusement tenu de se conformer à l'article 800 du même Code, et ne peut plus obtenir sa liberté qu'en payant, en sus du principal, des intérêts, des frais de capture et des alimens consignés, le montant de tous les frais liquidés, c'est-à-dire non-seulement des frais faits pour parvenir à la condamnation, mais encore de tous les frais d'exécution, même de ceux, par exemple, d'une saisie interposée sur ses meubles, par suite de cette même condamnation.

Les conséquences de cette application judaïque de l'article 800 sont tellement rigoureuses qu'un malheureux débiteur incarcéré pour une dette commerciale de 120 fr., et qui au moment de son arrestation et avant d'être écroué, serait devenu libre, en payant uniquement le principal, les intérêts et les frais de capture, c'est-à-dire environ 200 fr., ne peut souvent obtenir la liberté, une fois qu'il a été écroué, qu'en ayant ou consignant une somme de 1,000 ou 1,200 fr., en sorte que l'exorbitance d'une dette grossie par des frais qui n'ont rien de commun avec la contrainte par corps, prolonge la détention outre mesure, en mettant le débiteur dans l'impossibilité de se libérer et en ne permettant plus aux personnes bienfaisantes, qui s'occupent avec tant de zèle du sort des détenus pour dettes, de venir au secours de ce débiteur, lorsqu'il a un créancier assez dur pour ne rien vouloir céder de la rigueur de son droit.

D'un autre côté, les tribunaux sont divisés sur la question de savoir si, lorsque la contrainte par corps a été prononcée mais non encore exécutée, le débiteur peut en prévenir l'effet, en offrant de consigner les causes de la contrainte, c'est-à-dire le principal et les intérêts de la dette seulement, et, si l'on veut, en y ajoutant les dépenses faites pour parvenir à la condamnation; ou si au contraire les offres ne doivent empêcher la poursuite par corps qu'autant qu'elles comprennent la dette principale avec tous les accessoires, y compris les frais relatifs à l'exécution déjà donnée au jugement de condamnation.

Les uns ont pensé que les débiteurs non arrêtés devaient jouir des mêmes avantages que les débiteurs arrêtés ; mais non encore écroués, et par conséquent faire cesser toute contrainte par corps possible, en offrant le principal et les frais.

Les autres, au contraire, appliquant rigoureusement les termes du § 3 , article 1258 du Code civil, ont voulu que les offres des débiteurs ne fussent valables qu'autant qu'elles comprendraient tous les frais liquidés et une somme pour les frais non liquidés, sauf à parfaire.

Il est d'une grande importance qu'une disposition nouvelle fasse cesser, à cet égard, l'incertitude de la législation et la divergence des opinions.

Je ne balance pas à me décider en faveur de la liberté, et je pense qu'ici il faut venir au secours des débiteurs de sommes modiques qui, par l'accumulation des frais, se trouveraient réduits à voir perpétuer leur détention.

C'est un principe reconnu que la contrainte par corps ne peut être prononcée que pour le principal et les intérêts de la dette, et qu'elle ne doit jamais l'être pour les frais.

Ainsi un débiteur qui aurait payé le principal et les intérêts ne pourrait pas être arrêté pour les frais.

Cela posé, et s'il est vrai qu'après son arrestation et avant d'être écroué, il doive obtenir sa liberté en consignant le principal, les intérêts et les frais de capture , comment serait-il privé de ce droit avant d'être arrêté ? comment en serait-il privé après qu'il aurait été écroué ? et comment, parce que, dans ce dernier cas, il serait encore plus malheureux, ne pourrait-il plus obtenir sa liberté qu'en payant des frais pour lesquels la contrainte par corps n'a pas été prononcée ?

Il est évident qu'il faut ici une parfaite uniformité de

principes. Or l'expérience prouve jusqu'à quel point certains huissiers, qui ne connaissent que trop l'article 800.
du Code de procédure civile, abusent des rigueurs de cet
article : aussitôt que le jugement est rendu, ils saisissent
les meubles, avec établissement de gardien, absorbent
la valeur du mobilier qui ne paie qu'une faible partie
des frais de ces ruineuses exécutions ; ou, si le débiteur,
pour obtenir quelques délais, paie des à-comptes, on ne
manque pas d'en faire l'imputation sur les frais, après
quoi les pièces sont remises à un garde du commerce,
et la contrainte par corps s'exécute, dans la réalité, pour
des dépens ou pour un capital qui serait éteint, si les
règles d'une juste et humaine imputation avaient été
observées

. Pour faire cesser ces graves abus, il suffira d'appliquer, au cas où l'arrestation a été suivie de l'emprisonnement, les dispositions de l'art. 798 du Code de procédure civile, et de donner ainsi aux débiteurs la faculté
de prévenir l'exercice de la contrainte par corps, pour le
paiement ou la consignation du montant des causes par
lesquelles elle a été prononcée. Enfin, il faudrait établir
en règle générale que tous les paiemens en à-compte faits
soit avant, soit après son arrestation, par un débiteur
condamné par corps, seront, nonobstant toutes stipu-
lations contraires, imputés sur le capital et les intérêts
de la dette.

Telles sont, Messieurs, les principales améliorations
qu'amènera sans doute une judicieuse révision de la législation française sur la matière si importante et si
grave de la contrainte par corps : s'il s'agissait ici de
vous entretenir du résultat complet de cette révision,

je ne me bornerais point à de simples aperçûs, et je serais obligé de me livrer à une discussion beaucoup plus étendue.

Je ne pourrais me dispenser de rappeler ce privilége de la vieillesse accordé par nos lois aux septuagénaires détenus pour dettes civiles, et refusé, sans restrictions aucunes, aux septuagénaires détenus pour dettes de commerce.

Je serais obligé d'entretenir encore la Chambre de la nécessité d'établir des règles fixes sur le mode et les effets des recommandations destinées à retenir le débiteur à la requête d'un nouveau créancier, lorsqu'il a satisfait à la dette pour laquelle il a été arrêté.

Je parlerais des difficultés qui se sont élevées si souvent dans les tribunaux sur la question de savoir si et jusqu'à quel point sont applicables à la contrainte par corps, en matière de commerce, les dispositions du titre 15, livre V du Code de procédure civile.

Enfin j'examinerais si les dispositions du projet de loi que je sollicite pourraient, sans tomber dans le vice de rétroactivité, influer sur les dettes contractées et sur les arrestations effectuées avant sa promulgation.

Toutes ces questions et bien d'autres encore mériteraient une discussion longue et approfondie; mais dès qu'il ne s'agit en ce moment que de prononcer sur l'utilité, la nécessité et l'urgence d'une révision, je crois que les détails dans lesquels je suis entré ont suffi pour démontrer à la Chambre que cette révision est indispensable.

Si la Chambre veut bien me tenir quelque compte de mes efforts et exprimer son vœu pour la mesure que j'ai l'honneur de proposer, j'ose assurer qu'elle en sera amplement récompensée par les bénédictions d'un grand nombre d'hommes qui gémissent sous le poids d'une législation vraiment trop rigoureuse.

J'ai tout lieu de croire, Messieurs, qu'il est dans la pensée du ministère d'ordonner une révision qui est le vœu de la justice et de l'humanité. Il est digne en effet du Gouvernement du roi de rassembler, dans un code de la contrainte par corps, tous les principes, toutes les règles d'exécution qui sont éparses dans nos lois ; de ne laisser subsister que ce qui est utile, d'abroger ou d'adoucir ce qui paraîtrait trop rigoureux. C'est ainsi que les créanciers et les débiteurs, connaissant leurs droits et leurs obligations, ne seront plus exposés à des erreurs toujours si déplorables en matière aussi grave ; les officiers ministériels aussi, se renfermant dans leurs devoirs, et de justes facilités étant accordées à la libération, le nombre des détentions pour dettes sera diminué, sans nuire aucunement à l'intérêt bien entendu des créanciers.

Tel sera, je l'espère, l'effet de ma proposition, si, après avoir obtenu votre approbation et celle de la Chambre des Pairs, elle se présente devant la Majesté royale avec d'aussi importantes recommandations.

FIN.

# TABLE DES MATIÈRES.

## DEUXIÈME PARTIE.

### CONSIDÉRATIONS MORALES, HISTORIQUES ET DESCRIPTIVES.



## FIN DE LA TABLE.

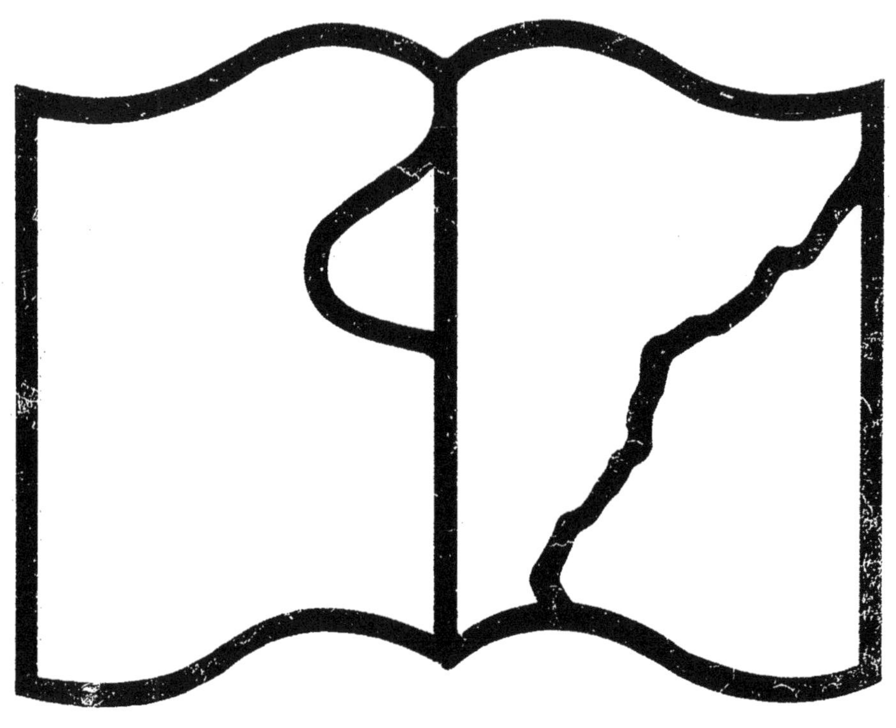

Texte détérioré — reliure défectueuse

NF Z 43-120-11

Contraste insuffisant

**NF Z 43**-120-14